いのちのどこが大切なのか

ハイデガーとアーレント

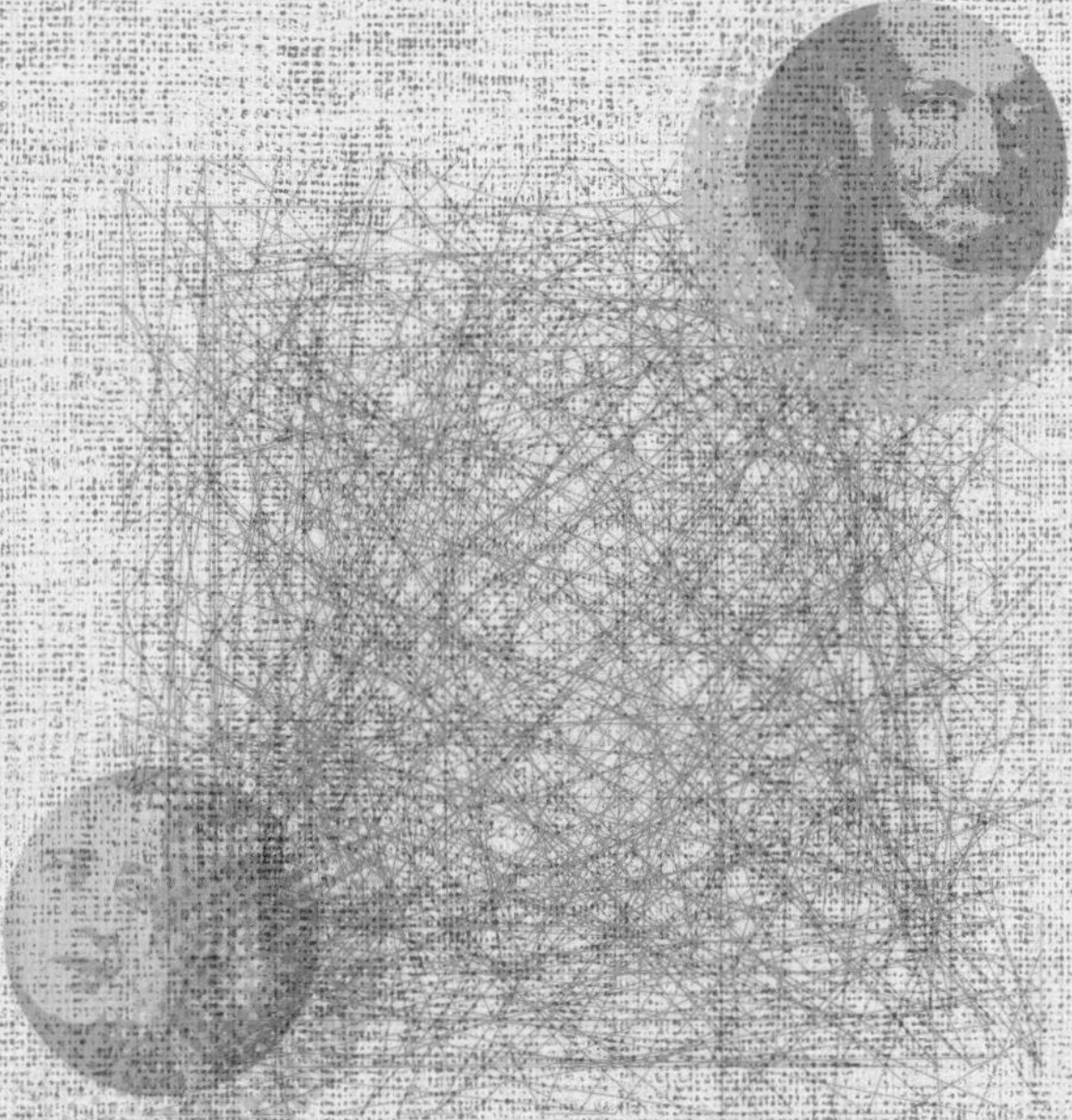

森一郎［著］

春風社

いのちのどこが大切なのか　ハイデガーとアーレント

目次

凡例

一、ニーチェ、ハイデガー、アーレントの次の著作から引用、参照する場合は、略号で記し、原著の頁数を添える（拙訳の頁数で代えた場合もある）。

FW：Friedrich Nietzsche, *Die fröhliche Wissenschaft* (1882, ^{2}1887), in: *Sämtliche Werke. Kritische Studienausgabe* Bd. 3, Deutscher Taschenbuch Verlag / de Gruyter, 1980（『愉しい学問』森一郎訳、講談社学術文庫、二〇一七年）

Za：——, *Also sprach Zarathustra* (1883-1885), in: *Sämtliche Werke. Kritische Studienausgabe* Bd. 4, 1980（『ツァラトゥストラはこう言った』森一郎訳、講談社学術文庫、二〇二三年）

SZ：Martin Heidegger, *Sein und Zeit* (1927), 15. Aufl., Niemeyer, 1979（『存在と時間』全三巻、原佑・渡邊二郎訳、中公クラシックス、二〇〇三年）

GA：*Martin Heidegger Gesamtausgabe*, Klostermann, 1975-（『マルティン・ハイデッガー全集』創文社）

HC：Hannah Arendt, *The Human Condition* (1958), The University of Chicago Press, Paperback edition, 1989（『人間の条件』志水速雄訳、ちくま学芸文庫、一九九四年）

Va：——, *Vita activa oder Vom tätigen Leben* (1960), Piper, 2002（『活動的生』森一郎訳、みすず書房、二〇一五年）

EJ：——, *Eichmann in Jerusalem. A Report on the Banality of Evil* (1963), Penguin Books, 1977（『エルサレムのアイヒマン　悪の陳腐さについての報告』新版、大久保和郎訳、みすず書房、二〇一七年）

LMT：――, *The Life of the Mind / Thinking*, Harcourt Brace & Company, 1978（佐藤和夫訳『精神の生活（上）』岩波書店、一九九四年）

一、引用文中の〔〕は、引用者の補足。引用文中に原語を添える場合は、（）を用いる。

一、外国語文献からの引用に際して、日本語訳に依拠している場合、その訳書を注記した。先人の功績に敬意を表する。訳文に従っていない場合もあるが、ご容赦を乞う。

一、ギリシア語はアルファベットにしてイタリック体で記す。長母音はηとωのみ長音記号を付け、カタカナ書きする場合もこれに準ずる（固有名詞はこのかぎりではない）。

序

いのちのどこが大切なのか――この問いが私の口をついて出てきたのは、一九九〇年代後半だった。当時、末期医療を受けていた祖母が、病院のベッドに長らく臥《ふ》し、絡まるチューブに繋《つな》がれ、あげくは喉から人工呼吸器を入れられ、傍《はた》から見て拷問のように延命措置をされていることに愕然とした。家族としては、肉親に少しでも長生きしてもらいたいと思う反面、生命維持に徹底してこだわる現代医療技術に違和感は拭えなかった。末期《まつご》の苦しみを長引かせるだけにしか見えないのに、それどころか、生への執着をこれ見よがしに露呈させるかのごとくなのに、死を可能なかぎり遅らせる技術的手段の開発と普及がエスカレートしていく。

現代医療の至るところで見かけるこの光景を前にして、そこまで大切にされている「いのち」の、いったいどこが大切なのか、と問うことは、反時代的、いや反社会的に響く。しかし、以後その問いは私を捉えて放さなくなった。

われわれが漫然と口にしている「いのちの大切さ」は、不問のイデオロギーと化しており、現代人にとってそれは自明の真理である。そこには、人命を蔑ろにして絶滅戦争や民族虐殺や殺戮兵器開発に走ってきた二〇世紀の政治的事態に対する深刻な反省がある。その点を看過すべきではない。しかしだからといって、いのちの大切さの教えを永遠不変の真理と見なすことはできない。生命尊重主義は、人類史上、比較的新しい思想であり、近代に固有な観念形態である。そういう時代に反人道的出来事が次々に起こるのも、主流に対する対抗運動、つまり反動としてなのである。それらは、人びとがいのちの大切さをまだ十分調教されていないから起こるのではない。いのちが大切にされる時代だからこそ、その随伴現象として人命否定の論理がまかり通るのであり、だからこそ厄介なのだ。いのちの大切を鼓吹すれば、それだけ世の中は平和で安全になると思うのは、話が逆さまなのである。

　人命尊重主義は近代のイデオロギーだと、なぜ言えるのか。理由は単純で、近代以前には、ただ生きることが絶対視されることはなかったからである。「ただ生きることではなく、よく生きることが大事」とは、べつに、古代哲学者が刑死直前に開き直って言い放った過激思想ではない。生きることには、いろいろな意味づけがありうる。いかによく生きるかという多様性を競い合うことが、人類の文明や文化を花開かせてきたと言えるほどである。宗教、政治、思想、学問、詩歌、芸術、すべてそうだった。それらを一切削ぎ落として「生命それ自体」に一極集中するほうが、よほど偏っている。

　いやいや、人間の営みは万事、いのちあっての物種だ、と言う人もある。なるほど、生命それ自体は、あらゆる人間的活動の条件であり、それを跨《また》ぎ超えることは誰にもできない。いのちある者たちがそのいのちを蔑ろにするのは、自己否定である。しかし、すべての人間的活動を「生命」という原理に還元するのは、やはり行き過ぎである。生命至上主義は危うい一元化であり、その極端さは反生命主義を惹起させないではおかない。

いのちのどこが大切なのか――この問いは、たんなる皮肉ではない。むしろこの問いは、ただ生きることに極端に重きが置かれることによって見えにくくなっている「よく生きること」の多様性を、もう一度問い直すことなのである。

もう一つ、はっきり見えてくることがある。生命尊重主義が、近代を主導してきた根本原理である万物平等主義と強く結びついていることである。いのちあるものは、生きているかぎり、みな等しく、いのちに違いはなく、ましてや上下や優劣があってはならない――この平等原則は、すべての人間に関して当てはまるだけではない。動物、植物、ひいては海洋や山野など、いのちあるものと見なされるかぎりの万物に及ぶ。人命のみを重んじる人間中心主義は克服されなければならないとされ、地球環境を形づくるもの一切が等しくいのちのあるものと見なされ、等しく大切にされるべき愛護対象となる。

私はいつも思うのだが、こうしたいのちの万物平等主義は、むしろ人間中心主義の貫徹である。もともと人間が自分たちのいのちを第一と心得ることからあみ出した発想を、人間以外の存在者に拡大しているだけの話である。自分が真理と思い込んでいる思想を、思想とは縁もゆかりもない他の存在者に、際限なく押しつけているのであり、要するに、自己満足である。そんな手前味噌が、どうして人間中心主義の克服になるのか、理解に苦しむ。

生命尊重主義の素姓をたどると、近代という時代を根底から規定している自然平等主義に行き着く。万有には上下も貴賤もないとする無差別的世界観が成立し、そこから派生したのが、いのちの平等主義である。私は、近代に特有でありながら普遍性を主張する思想を、その発祥に遡って問い尋ねる試みを、「近代精神の系譜学」と呼んでいる。その重要な柱の一つが、自然平等主義の系としてのいのちの平等主義への問いなのである。天にも地にも尊卑なしという無差別普遍宇宙像をもたらしたのが、ガリレオの望遠鏡だったとすれば、その無差別世界観をいち早く我がものとし、死の忌避という意味での生命尊重の原理を打ち出したのが、ホッブズの哲学体系だった。

本書で、近代初頭のガリレオとホッブズの新機軸に繰り返し言及されるのは、こうした事情による。それとともに、いやそれ以上に重要な導き手となるのが、二〇世紀の哲学者、ハイデガーとアーレントである。さらにここで、近代の生命尊重主義と鮮烈なコントラストをなして浮上してくるのが、古代ギリシア人の行為的生《プラクシス》（政治）と観照的生《テオーリア》（哲学）の理想である。

私はかつて、いのちの大切さというテーマに、ハイデガーの「死への存在」という実存把握を通して行き着き、死の可能性を孕んだ生の有限性に力点を置く哲学が有望だと考えた。この考え方を見直すきっかけとなったのが、ニーチェやアーレントに案内されて出会った古代ギリシア人たちだった。「ただ生きることではなく、よく生きることが大事」とは、ソクラテスの遺訓というより、「この世に生きることと自体はろくでもないことだが、だからこそ天晴れに生きてみせよう」とばかりに張り合ったギリシア市民のモットーだったのである。底抜けのペシミズムに裏打ちされた古代自由人の活動的生には、死を超えるものへのまなざしがギラギラ輝いていた。そこに躍動していたのは、不滅の栄光を求める不死志向であり、永遠の真理を求める知への愛も、そこから生まれ育ったのである。

そのような視点を携えて現代に目を転じると、浦島太郎ではないが、とにかく生きることへの執着が生命の尊厳という美名のもとに権勢をふるっている異様さが、どうしても目についてしまう。よく生きることとはいかなることか、つまり幸福への問いを差しおいて、何が何でも死なないことが尊いとされ、あげくの果てには、テクノロジーの限りを尽くして不死を手に入れることが企てられている。人命の尊厳という人間中心主義思想が他の生き物にも適用された結果、動物倫理や動物福祉論が賑やかとなっている。動物を食べることとの忌避が、植物を食べることとの忌避にまで徹底化されないのが不思議なくらいである。ただ生きること一点主義の限界が馬脚を現わしたのが、反出生主義の流行である。「こんな世の中、生まれてこないほうがよかった」と思い詰めるところまでは、古代人と似ていて面白い。

いのちの大切さの教えを金科玉条のように唱和する近代の趨勢を一語で表わしているのが、アーレントの『人間の条件』第四四節のタイトル「最高善としての生命」である。本書の問題意識を集約しているこの近代理解の試金石となったのが、二〇二〇年春に人類を襲ったいわゆるコロナ危機、つまりコロナ騒動だった。生の多様性を切り捨てる生命至上主義が吹き荒れたあの狂騒は、いったい何だったのか。その同時代的体験をもとに試みた反時代的考察を、本書には二篇収録した。

以上で、第Ⅰ部「**ヒューマニズムの系譜学**」の趣旨説明を行なったことになる。ここで、本書の構成を一通り概観しておこう。

第一章「**哲学にとって死はどこまで問題か**」では、ハイデガーの強調する「死への存在」から伝統的な「不死と永遠」へ、という問題設定の転轍《てんてつ》が、アーレント『精神の生』を軸に図られ、第二章「**いのちのどこが大切なのか**」では、近代の生命尊重主義（ヒューマニタリアニズム）と真逆の、死に損ないの古代人の死生観が、古典的ヒューマニズムとして再発見される。第三章「**自然的平等について**」では、近代平等主義の起源をたどって、古代のソフィストにまで行き着き、第四章「**哲学的人間学の自然主義的起源**」では、平等原則と生命尊重のドッキングを果たしたホッブズの手前に、ガリレオの望遠鏡という出来事があったことを確認する。第五章「**コロナ禍はどこまで危機なのか**」では、アーレント『人間の条件』第四四節を範として、「最高善としての生命」信仰に覆い尽くされたコロナ騒動を観察し、第六章「**コロナ禍において見えてきたこと**」では、ふたたびコロナ騒動の状況から出発し、近代精神の系譜学の系としてのアーレント『革命について』読解へ向かおうとする。

第I部が全体として、本書のメインタイトル「**いのちのどこが大切なのか**」によって表わされるのに対して、第II部「**ハイデガーからアーレントへ**」は、本書のサブタイトル「**ハイデガーとアーレント**」に符合している。この第I部と第II部の対応関係は一見分かりにくいが、正・副タイトルのもとに別々の主題の論考を集めたというわけではない。ハイデガー、アーレントとともに「いのちの大切さ」について考えたのが第I部で、その「ハイデガーとアーレント」の関係を考えたのが、第II部なのである。別の言い方をすれば、出だしの第一章に示された「ハイデガーからアーレントへ」という方向性を、両哲学者の関係に即して肉付けするのが、第Ⅱ部である。

第七章「**制作と哲学、制作と政治**」では、ハイデガーが古代哲学のうちに「制作されてあることとしての存在」論を発見し、その批判を企てて『存在と時間』を著したという経緯を瞥見する。第八章「**制作と哲学、制作と政治（続）**」では、アーレントがハイデガーの試みを換骨奪胎して、行為を制作モデルで捉えてきたプラトン以来の政治哲学の伝統を批判したのが『人間の条件』だったことを確認する。第九章「**死と良心**」では、ハイデガー『存在と時間』の中心をなす「死」と「良心」の分析の存在論的射程を再考し、第十章「**良心をめぐって**」では、ハイデガーの良心論の批判的継承として、アーレント『精神の生』の「一人なのに二人」論を解釈する。第十一章「**どこまでわれわれは哲学をすすめられるか**」では、古代以来の観想的生の理想が近代において失墜したことの起源を、ガリレオの「作って－見る」の創始に見てとるアーレントの議論を振り返り、第十二章「**世界と真理をめぐって**」では、ハイデガーからアーレントへの批判的継承の意義を、世界と真理という哲学の二大テーマに関して暫定的に総括する。

以上の概観からも窺えるように、本書に収録した論考は、二章ずつのペアになっている。執筆当時多かれ少なかれ対応を意識して書いた二本を一セットにし、第Ⅰ部、第Ⅱ部ともに三セットずつ、合計六つの対論として配置してある。二部構成の体裁自体は、六曲程度ずつゆるやかなつながりで連作を並べた往年のLPアルバムのA面・B面の構成手法にあやかっている。一昔前に出した『死を超えるもの

──３・11以後の哲学の可能性』（東京大学出版会、二〇一三年）でとった編集方針がこれだった。本書は、内容に関しても、旧著とオモテ・ウラの間柄にあると考えていただいてよい。

序にしては、やや長い前置きとなった。本書の趣旨については、あとがきで補うことにし、われわれの問い「いのちのどこが大切なのか」を尋ねて、本論に入っていくことにしよう。

第Ⅰ部　ヒューマニズムの系譜学

第一章　哲学にとって死はどこまで問題か
——死生観と哲学観〔1〕

一　死と哲学との親和性？

「哲学の最大の問題は死である」——こんなふうに言う人がいる。これが、恐ろしく大胆な発言であるのは明らかである。哲学には、ほかにもいくつも根本問題があるはずだからである。たとえば、「人間は何をどこまで知ることができるか」、「何をもって真となすか」、「有るとはどういう意味か」、「万物に根拠はあるのか」、「善とは何か」、「私とは何者なのか」、「神は存在するか」等々。これら古くから哲学者たちを悩ませてきた大問題にひけをとらぬどころか、死こそ究極のテーマにほかならない、と言い切れるだけの理由があるのだろうか。もしあるとすれば、その死を論じ切った者こそ最高の哲学者と見なされるべきだし、とどのつまり、愛知の営みは「死の哲学」にきわまる、ということになる。少なくとも、哲学の最大の問題に関するこの論定が、もう一つの根本問題、つまり「哲学とは何か」という問いに対する決定的解答を与えようとするものであることは明らかである。ここで争われているのは、何をもって哲学と称するかという、いにしえよりかまびすしい哲学観なのである。

じつを言うと、私自身かつてこのテーゼに魅入られていた時期があった。当時は、「われわれ人間は死すべき存在であり、誰もがそのことを何よりも気に懸けている。よって、死ほど重要な問題はありえない」と考え、これを、自分なりにものを考えるさいの旗がしらとしたのだった。そして、哲学史上「死の哲学」を大がかりに展開したとおぼしきハイデガーという哲学者にねらいを定め、その主著『存在と時間』の研究に励んだ。こういったことは、私個人のエピソードというだけでもなさそうである。思うに、かつて一世を風靡した生と実存の哲学なるものも、程度の差こそあれ、死の問題を賭金とするものだったと言えるだろう。たとえば、カミュの『シーシュポスの神話』の書き出しを思い起こしてみればよい。「真に重大な哲学上の問題はひとつしかない。自殺ということだ[2]」。

目下の私は、「死は哲学にとって最大の問題である」と主張するのは留保したいと思っている。かつての論調からすれば、一種の転向と見なされようが、自分としては、この回心はそれなりにラディカルな問い返しによるものだった、と考えている。というのも、先のテーゼを翻《ひるがえ》して、「死がそれほど問題であるのはそもそもなぜなのか？」と反問することは、依然として可能だからである。もしこの問いが、「われわれの時代つまり近代が、〈いのち〉最優先の時代、言い換えれば、ヒューマニズム全盛の時代だからだ」という答えをあてがわれるとすれば、どうだろうか。そのような一定の時代的制約——もっと言えばイデオロギー——によって哲学のあり方が根底から、その自覚もないままに左右されてよいものだろうか。われわれは「哲学の最大の問題は死である」と威勢よく言い放つことで、知らず識らずのうちに、「いのちを大切にしよう」とドスのきいた声でささやいてくる「時代精神」という名の悪しきデーモンに愚弄されているのではないのか。いや、それればかりでなく、近代よりもはるかに古い起源を有する、かの「愛知」の営みそのものを、向こう見ずにも格下げしていることにはならないか。――こうした懸念はたんなる杞憂ではないだろう。

近代という時代が「最高善としての生命」を奉じてやまない、という歴史制約的な事情を喝破したのは、アーレントの主著『人間の条件』第四四節であった。この点はおいおい見ていくが、彼女は別のところで、つまり遺著『精神の生』第一部『思考』の第九節で、次のように述べている。

近代では、ショーペンハウアーと同じく、次のような考えを抱く人びとを見つけることはべつに珍しいことではない。つまり、人間の可死性こそは哲学の永遠の源泉であり、「まことに死は、哲学に生命を吹き込む守護神であり、……死なくして、哲学することなどほとんどありえないだろう」と。若きハイデガーも『存在と時間』のなかで、死へと先駆することこそ、それを通してひとが本来的自己に達し、世人の非本来性から解放されることのできる決定的経験だ、と依然として論じた。その際ハイデガーは、実際にはこの説が、プラトンが指摘していたように、かなりの程度、大衆の見解から発したものだということにはまったく気づいていなかった。

(LMT, 79f.)

アーレントのこの見立てからすれば、ハイデガーの死の哲学——自己自身の可能性である死をあくまで可能性として持ちこたえる「死への先駆」が本来性への道をひらく、という思想——は、ショーペンハウアーと同様、死を哲学に結びつけたがる近代人に特有の発想になお囚われたままだ、ということになる。それをアーレントは、若さゆえの勇み足（先駆？）だとするのだから、これはもうかなりきつい皮肉と言えよう。私はこの文章をはじめて読んだとき、居心地の悪い感じがし、なんてイヤミな解釈だろうと思ったが、その後次第にアーレントの見方に自分が傾いてゆくのを感じるようになった。

それにしても、アーレントも言っているように、「哲学史を通じて、死と哲学との間には親和性があるとする非常に奇妙な観念がしつこく続いてきた」（LMT, 79）のは確かである。彼女が参照しているショーペンハウアーが、プラトンの描くソクラテスの言葉を引き合いに出しているのも正当であるように見える。念のため、そのショーペンハウアーの発言（『意志と表象としての世界』続編の第四一章「死ならびにわれわれの本質自体の不壊性と死との関係について」の冒頭）を、省略なしに引いておこう。

> 死とは、哲学に生命を吹き込む本来の守護神（Genius）ないしは哲学の庇護者（Musaget）であり、それゆえソクラテスは哲学を、タナトゥー・メレテー、つまり死の稽古、というふうにも定義したのである。それどころか、死というものがなかったら、およそ哲学することすら困難であったことだろう。[3]

死が哲学者を鼓舞する「守護神」であるとされているのは、ひょっとしてそれは、近代ヒューマニズムという名の「悪しき霊（genius malignus）」もしくは「疫病神」ではなかったか、という先のわれわれの懸念に通じなくもないが、もう一つの「哲学の庇護者」という言い方にも、捨てがたい味わいがある。というのも、ギリシア語の“*mousagetēs*”とは、「ムーサ」の女神たちを導く「学芸の奨励者」たる神アポロンの別名であり、しかもこの名高い神は、古代人にとって、まさに「疫病神」つまり「死神」を意味したからである。アポロンの使徒ソクラテスは、この神の命ずるままに「死の稽古」を哲学の本分と見なした、ということになる。だとすると、引用に際してこの部分を割愛したアーレントは、そのような「死の哲学」の正統性を無視しているのではないか。——そういう逆の疑念も湧いてくる。

しかしながら、実際はアーレントは、『パイドン』でのソクラテスの言い分をべつにもみ消そうとしているのではなく、むしろこれに彼女ならではのユニークな解釈を施している。そしてその解釈のポイントこそ、ハイデガーはまだその問題次元に「まったく気づいていなかった」とアーレントが断言していた当のものにほかならない。

では、いったいソクラテス－プラトンの「死の稽古としての哲学」という考え方は、どのように理解されるべきなのか。これが、その後永らく「死と哲学との親和性」という主張の最も有力な典拠の一つとされてきたことを思うとき、「哲学にとって死はどこまで問題か」を考えようとするわれわれに、アーレントの『パイドン』解釈は、にわかに重要性を帯びて立ち現われてくる。くどいようだが、ここで問題となっているのは、「哲学とは何か」という、反省を事とする哲学にとって避けることのできない事柄なのである。実際、われわれが取り上げている『精神の生』第一部『思考』とは、アーレントなりの哲学観が集成され総括された書であった。

とはいえ、そのような錯綜した問題にすぐ立ち入るのではなく、もっと初歩的なところから、つまり、さまざまな死生観を整理し区別することから始めることにしよう。その途上で、「ハイデガーと死の問題[4]」にもふれることになろう。

二　死生観いろいろ

ひとくちに、死生観を区別するといっても、さまざまな観点が可能であろう。ここでは、生に対して、死をどのように意味づけるか、さらにその場合、生はどのように意味づけ返されるか、という点に絞って、ごく大雑把な割り切り方をあえてしてみたい。つまり、以下で行なう区別立ては、死が生と相関的な現象であるという前提から出発し、その両項がいかなる関係において考えられているかという観点を軸にしていく。哲学が死を問題にする仕方も、この観点に基づいて、ある程度整理することができよう。かなり平板なまとめとなるが、見通しを与えるための一つの試みとして、ご容赦いただきたい。

議論に入る前に一つお断わりをしておく。以下で扱われる「死」が——さらに言えば「生」もだが——、いかなる意味で理解されているか、あらかじめ説明してほしいと言われるかもしれないが、これに対しては、「解釈学的循環」という逃げ口上でもって、「定義」はしないことにさせていただく。なるほど、ハイデガーのように、人間が現実的に命を落とすこととしての「落命（Ableben）」と、現存在――そのつどの私――が死の可能性を生きることとしての「死ぬこと（Sterben）」とを分け、前者を「生物学的－医学的」つまり科学的な死の概念、後者を「存在論的－実存論的」つまり哲学的な死の概念、と区別したうえで、後者に即して死の哲学を展開するのも一策であろうが、ここではそのやり方は踏襲しない。なるほど、『存在と時間』で彫琢された「可能性としての死」の概念――「可死性（Sterblichkeit, mortality）」とも表現できる――には、それなりに長所があるが、逆にその洗練された概念性にわざわいされて見えにくくなってしまう面がないともかぎらず、最初からそれを前提するのは控えたいと思う。

また、ハイデガーの分析にも見てとれ、一般に好んで用いられる人称による整理の仕方、つまり「一人称の死／二人称の死／三人称の死」という場合分けも、さしあたり遠ざけておく。さらにハイデガーには、「死への存在（Sein zum Tode）」を、「非本来的」様態、つまり逃避的で隠蔽的な日常的あり方と、「本来的」様態、つまり先駆的で直視的な哲学的あり方に分ける発想があるが、この割り切り方もカッコに入れておく。そうした死生観によって、哲学観もただちに決定されてしまうことのないように、である。

では、生から見た死の意味づけの諸相を見ていこう。これには、まず、（**A**）死を生の対極に置き、その対照において死を考える場合（**生／死**）がある。これに対して、（**B**）死を生と切り離さず、両項を一体のものとして捉える見方（**生―死**）もある。

そして、このように大別される二通りの死生観が、これはこれで、さまざまな形態に分岐してゆくことが分かる。それらを大まかに列挙していくことにしよう。

死を生の反対現象とする見方（A）の下位区分としては、少なくとも次の三様の意味づけの仕方が挙げられる。

（A―1）敵対者としての死

一方の参照項である生に、絶対的価値が置かれるとすれば、その反対項とされる死は、反価値そのものである。生が肯定される度合に応じて、死は否定的に見積もられる。ここでは死は、生の侵犯者、破滅者であり、生を後生大事にしている者の眼には、憎むべきもの、許しがたいものに映る。これは、死を無意味なものと見なし問題外とするというより、むしろ死を最高度に問題視することである。死神という大昔からのイメージは、単純なように見えてじつは多義的であり、敬して遠ざけるという対策が定番であったが、それに比べて、死へのあくなきこだわりは、近代ヒューマニズムの際立った特徴であろう。[5] 生の敵対者としての死を徹底的に排除することによって、生をどこまでも清廉潔白なものにしようとする死生観には、しかし落とし穴がある。つまり、絶対的価値にまで高められた生の内実そのものは問われないまま放置されており、その空洞を事後的にとにかく補填しなければならない。「死の撲滅」を究極目標とする現代医療技術にまとわり付いている諸困難とは、その母胎である近代ヒューマニズムが「生命の尊厳」を不問の前提として抱え込み、その負債は技術的には決して返済できないことに由来する。そこで、生命倫理学をはじめとする補完部門が作られ、帳尻合わせに奔走させられるのだが、その標語「クオリティ・オブ・ライフ（生の質）」の空疎さは、どうにも覆いがたいものがある（この言葉を聞くと私などは、「一寸の虫にも五分の魂」ということわざをつい思い浮かべてしまう）。

（A－2）救済者としての死

これと反対に、生を忌むべきもの、厭わしきものと見る考え方からすれば、それを一掃してくれる死は、むしろ解放者、救済者だということになる。生に悩める者は、死にあこがれ、これを待ち望む。生の価値が否定されるのと裏腹に、死の意味は高騰する。ただし、これにもいくつかのパターンがあり、生を端的に最悪と見るか、それとも一定の状態における生にかぎって禍悪と見なすか、によって場合分けできる。言うまでもなく、前者には、古来さまざまな表現を与えられてきた「ペシミズム」が属する。古代ギリシア人が、「一番よいのは生まれてこなかったこと／しかし生まれてしまった以上／次によいのはすぐ死ぬこと」と囃し歌のように唄ったのは有名だが、こうした身も蓋もない厭世観はべつに彼らの発明ではなく、むしろ、健やかで嘘のつけない古代人たちが地上の至るところでアッケラカンと表明していた知恵であった。こうした先天的《アプリオリ》なペシミズムとは別個に、一定の状況下での生にもはや何の意味も見出せないがゆえに死を待望する、という限定つきの後天的《アポステリオリ》なペシミズムもある。じつはこれは（A－1）のヒューマニズムの時代にもありがちである。過剰な期待ゆえに絶望してしまう近代的自我の自殺願望などはこれに当たる（現代社会に増殖を続ける反出生主義者もこの系列に属するだろう）。延命医療によって無理やり生かされ拷問のような責め苦を舐めさせられている不治患者にとって、死ほど望ましいものはない。「生は苦であり死こそ救い」という症状の古典例としては、旧約聖書の英雄ヨブの嘆きを挙げることができよう。神は彼を死なせてくれなかったのである。

（A―3）よそ者としての死

さらに、死を生の反対側に押しやるのを徹底させて、生のまったき外部に放逐すれば、もはや死はどうでもよいもの、無関係なものとなる。この見方にとって、死はそもそも問題となりえない。それにかかずらうのは「愚か」なのである。死から一切の意味づけを剝奪するこの考え方の代表者は、言うまでもなく、古代ギリシア後期の賢者エピクロスである。「多くの人びとは死を、あるときには、もろもろの災厄のうちでも最大のものとして忌避し、またあるときには、この（世の）生におけるもろもろの災厄からの休息として、これを選び取るのである」が、「死は〔…〕実は、われわれにとって何ものでもないのである。なぜなら、われわれが現に生きて存在しているときには、死はわれわれのところにはないし、死が実際にわれわれのところにやってきたときには、われわれはもはや存在していないからである」[6]。また、古代ローマのエピクロス派の詩人哲学者ルクレティウスは、こう歌っている。「精神の本質は死すべきものである、と理解するに至れば、死は我々にとって取るに足らないことであり、一向問題ではなくなって来る」[7]。このように、古代の原子論的唯物論者たちは、死の恐怖を「非科学的」なりと却けることによって、「心の平静（アタラクシア）」の境涯を得ようと努めた（現代の自然主義者たちはどうか。

あるいは、エピクロス的な死の観念を現代ふうにアレンジしたサルトルの場合はどうか)。とはいえ、エピクロスにしても、「立派に生きるための習練と立派に死ぬための習練とは、もともと同じものだ」と言っており[8]、その自然哲学の全体が「死の稽古」という意味を担っていたのかもしれず、だとすると、それもまた、裏返しされた形での、死を最大限に問題とする哲学だったのでは、との疑いは依然として残る。ちょうど、「自然な死」の観念に行き着いたモンテーニュの思索が、死に対する強烈な自意識に裏打ちされていたように。

さて、以上で、死を生と対置させる死生観(生/死)の瞥見をひとまず終え、今度は、死を生と合体させる考え方(生―死)のほうをざっと見ていくことにしよう。すると、この(B)の場合にも、三通りの意味づけの流儀が可能であることが分かる。ただし、ここでは、生と死は切っても切り離せない間柄にあると考えられているので、(A)の諸相とは異なって、両者の一体としての「死すべき生」――やまと言葉で表わせば〈いのち〉――が、一個の全体として意味づけされることになる。

(B－1) 臨死のペシミズム

死は苦の最たるものであり、それが生に付きまとって離れない、と見なされるときには、この〈いのち〉は、(A－1)や(A－2)とはまた別の意味において、悪しきもの、まがまがしいものだとされる。もはやここには、「清浄無垢の生」も「救いとしての死」もありえない。生きているかぎり死から逃れることはできない、と頑なに思いつめている点では、エピクロスの冷笑を買うだけかもしれないが、この出口なしの閉塞状況こそ、じつに、近代に最もポピュラーな死生観ではないだろうか。たとえば、パスカルの有名な「牢獄の比喩」を思い起こしてみよう。「ここに幾人かの人が鎖につながれているのを想像しよう。みな死刑を宣告されている。そのなかの何人かが毎日他の人たちの目の前で殺されてゆく。残った者は、自分たちの運命もその仲間たちと同じであることを悟り、悲しみと絶望のうちに互いに顔を見合わせながら、自分の番がくるのを待っている。これが人間の条件（la condition des hommes）を描いた図なのである[9]」。この悲惨な拘禁状況から何としてでも目をそらそうと、われわれはその場しのぎの「気晴らし」に一見呑気そうに打ち興ずるのだ、とパスカルは近代人の心性を抉り出すのである。こうしたモラリスト的洞察が、ハイデガーの「頽落」批判に受け継がれるのは言うまでもない。さらに、ペシミズムの大御所ショーペンハウアーの「現世＝刑務所」説も、このレベルに位置づけるのがおそらく適当だろう。

（B－2）臨死のオプティミズム

これに対して、同じく生と死を不可分の全体と捉えながら、死という「限り」があるからこそ〈いのち〉は輝き現われるのだ、とする逆の見方もありうる。「われわれが死すべき存在であるのは、欠陥でも汚点でもない。かえって、われわれが有限であるという一点から、一切の「有意義性」は湧出する。なぜなら、もし死がなかったなら、それこそ「死ぬほど退屈」ということになるに違いないから」というわけである。これこそ、実存の哲学に固有の、死を積極的に意味づける作法にほかならない。ここでは、「有限性」はマイナスであるどころか、価値の源泉を表わす根本語であり、反対に「無制約性」や「永遠性」といった事象規定のほうが欠如概念と目される。あくまで「現世（Welt）」に定位して「生死（Existenz）」を分析して「憂慮（Sorge）」の構造を取り出し、ひいては「存在一般の意味」まで「時間」および「歴史」の観点から論じ切ろうとした『存在と時間』期のハイデガーは、やはりその代表格と言うべきだろう。死すべき人間の身丈に合った有限性本位の存在論を、現代人は前向きだとして好意的に受け止めるが、かつてはこういった考え方が広く受け入れられることはなかった。なぜか。「死あってこその生」という意味づけの貫徹は、かの最高価値に真っ向から抵触するからである。つまり、ひとたび死に意味づけの最終拠点を認めてしまえば、不死の神々あるいは永遠の存在者たる神は、かつてそれが専有していた絶対的意味づけの権能をすっかり剝奪されてしまうのである。だとすれば、死すべき者たちの有限性にあくまで定位する死と時間の哲学とは、最高価値の価値喪失つまり「神の死」の時代に流通するにふさわしい「神のいないオプティミズム」の思想だと言ってよい。

（B―3）大死のヒロイズム

初歩的整理というには問題が入り乱れてきたが、もう少しご辛抱いただきたい。生と死を丸ごとの全体と考える仕方には、もう一つの、非近代的な形態がありうる。「死は生の完成である。死によって生ははじめて完全なものとなる」とする死生観がそれである。なるほど、これも、死による補塡を仰ぐことで全体としての〈いのち〉を意味づけるという行き方においては、（B－2）と同じ構造をもっている。しかし決定的に違う点がある。ここでは、「有限性」の立場は突破されている、もしくは少なくとも、突破されるべきだとされている。そしてその場合、「有限性」に代わる主導概念とは「完全性」であり、アリストテレスの言葉遣いで言えば「完全実現態（エンテレケイア）」ということになる。これは、われわれ近代人にはおよそ異質で難解な発想である。アリストテレス解釈者たろうとしていた頃のハイデガーでさえ、この発想とは距離をとり、結局は近代路線になびいたように思われるほどである。ともあれ、この古風な死生観の一つの極致を、それとハイデガーの思想との異同を押さえながら、節を改めて浮き彫りにしてみたい。もとより拙速は覚悟の上で[10]。

三　「終わりへとかかわる存在」と「終わりに達していること」

先述の通り、ハイデガーは、死を徹頭徹尾「可能性」として理解することを要求する。『存在と時間』の他のどの箇所でもそうだが、ここではまさしく「可能性は現実性よりも高次に立つ」（SZ, 38）との大原則が堅持されている。誰もがこの方針を聞けば、「どこがアリストテレス的なのか？」と尋ねたくなってくるだろう。そう、これは「可能態（デュナミス）」よりも「実現態（エネルゲイア）」をより高次と考えたアリストテレスの発想の転倒にほかならない。そしてこの戦略は、「可能性」としての死をその

「現実化」としての死に対して徹底的に優先させたハイデガーの死の分析に最もくっきり現われてくる。

この点をはっきりさせるには、『存在と時間』の死の分析の途上で行なわれている「終わり（Ende）」についての議論を思い起こす必要がある。なるほど、この終わり論は――それが組み込まれている死の分析の全体もだが――元来、「現存在の全体性」を視野のうちに収めるための作業の一環である。だから、この点だけとってみれば、ハイデガーもまた「死は生の完成である」とする（B―3）の考え方に連なっているように見える。そして、形式的にはこのことはあくまで正しい。なぜなら、求められるべき「全体性」とは、長い議論を経たうえで、死という「終わり」を可能性として持ちこたえる「先駆」というまったき「死への存在」として最終的に確定されるのであり、かつこれこそは、ハイデガーの死の分析が至りつく結論にほかならないからである。

だが、仔細に見れば、実存にふさわしい完全性への道はじつは決定的に途絶していることが分かる。そもそも、「おのれに先んじて」という性格を第一契機としてもつ「気遣い（Sorge）」と呼ばれる現存在の存在には、「不断の非完結性」（SZ, 236）が抜きがたく存しており、それゆえ、この存在者を全体として捉えることは、最初から――それどころか幾度も――挫折を余儀なくされる。そこでハイデガーは分析を立て直し、広く存在者の諸領域を渉猟して、現存在に適合した「終わり」の概念を獲得しようとする。その探査が行なわれるのが、問題の第四八節「未済、終わり、全体性」なのだが、この捜索も、当初の見込みからすれば不調に終わる。そこで検討される存在者の「終わり」が、いずれも――「果実」であれ「降雨」であれ「道路」であれ「制作工程」であれ「パン」であれ――「終わりに達していること（Zu-Ende-Sein）」を意味し、かつ、それらがすべて「事物的存在者もしくは道具的存在者の規定」であって、現存在にふさわしい「終わり」の概念としてはまったく適切ではない、とされてしまうからである（SZ, 245）。

では、ハイデガーはこの窮地をどうやって脱出するのか。現存在にふさわしい「終わり」を求める旅はどう落着するのか。その答えは、さしずめ青い鳥のよう、というか、灯台下暗しのあっけないものである。つまりハイデガーは、「現存在はいち早くつねにおのれの終わりである」（SZ, 245. 強調は原文、以下同様）と言って片を付けるのである。とはいえ、これが決定的な転回点を意味していることは、それに続く次の言葉からも明らかである。「死でもって意味されている終わることとは、現存在が終わりに達していることを意味するのではなく、この存在者の終わりへとかかわる存在のことを意味する」（SZ, 245）。「終わりに達していること（Zu-Ende-sein）」から、「終わりへとかかわる存在（Sein-zum-Ende）」つまり「死への存在（Sein zum Tode）」への反転。この――コペルニクス的ならぬ――コロンブスの卵的な転回に、『存在と時間』の死の分析の最大の賭金がひそんでいる。死は遠い将来にはじめて出来するのではなく、生きながらにして可能性としての死をいつも気に懸け、みずからの終わりに臨んでいることが、そのまま実存の全体性をなす、というわけである。

かくしてハイデガーは、「未了（Noch-nicht）」という「不断の非完結性」を抱え込んだままのあるがままの現存在に、それなりの「全体性」をあてがうことに成功したように見える。たしかに、形式的に見てこの手続きには文句のつけようがない。死という終わりまでも実存可能性の範疇に包摂して規定しうることを示すことによって、「可能性は現実性に先立つ」というハイデガーの大胆な存在論的テーゼもまた、十分確証されたかのようである。しかしながら、ここにはある重大な遺漏があるように思えてならない。

ここまで見てきたように、「終わりに達していること」から「終わりへとかかわる存在」への転回に、ハイデガーの議論の要所はあるのだが、その跳躍が起こる直前の箇所（SZ, 245）をもう一度詳しく見てみることにしよう。「死において現存在は完成されはしない」とあるが、その論拠というのは、前々段落で述べられている次の主張である。「完成されたものとなるものは、可能的な仕上がりに到達しなければならない。完成とは、「仕上がり」の一つの様態であり、それに基づけられている。仕上がりはそれ自身、事物的存在者もしくは道具的存在者の規定としてのみ可能である」。このように、「仕上がり（Fertigkeit）」という規定は現存在にはふさわしくないカテゴリーであって、かつそれ抜きには「完成（Vollendung）」もありえないがゆえに、現存在が「完成」という仕方で「終わりに達していること（Zu-Ende-sein）」はナンセンスだ、とハイデガーは言っているわけである。

ここには、ある種の予断がひそんでいる。なるほど、「仕上がり」が「事物的存在者もしくは道具的存在者の規定」でしかない、ということなら分からなくもない。これは、自然的存在者たとえば「果実」が、種ごとにあらかじめ定められた成熟のプロセスをたどって完成するとか、人工的生産物たとえば「絵画」が、眼前のモデルや作者のイメージを下敷きにして制作されて完成するといったケースを考えればよい。しかしだからといって、現存在の場合、さしあたり「可能的な仕上げ」が見当たらないがゆえに「完成」もまたありえない、と言い切れるだろうか。われわれの生には、遺伝子プログラムや製作上の青写真とは別種の仕方で、死という可能性への先駆としてではなく、死の現実化とともに訪れる「完成」というものが、何といってもありうるのではないか。

とはいえ、死でもって訪れる完成という考え方をゆるぎなく肯定できる現代人は、ほとんどいないだろう。むしろ、「たいてい現存在は、未完成のうちに終わるか、さもなければ崩壊したり憔悴し切ったりして終わるのである」（SZ, 244）とするハイデガーのほうに、おそらく軍配を上げることだろう。死によって円成する生なんてありっこないと、そうわれわれはみな考える。それゆえ、現実化された死ではなく、可能性のうちに純粋に保たれた死、つまり「今ここで私に切迫している死」との出会いに、「死の哲学」の活路を見出す方向性（B－2）のほうが、はるかに見込みがあるように思われもするのである。

ところが、古代人は、これとはおよそ異なる死生観をわれわれに突きつけてくる。その考え方を紹介してくれている優れた「人文主義者《ヒューマニスト》」を、少なくとも二人、私は知っている。一人はニーチェ、もう一人はアーレントである。[11]

ニーチェの『ツァラトゥストラはこう言った』第一部の終盤に、「自由な死」という注目すべき章がある。出だしはこうなっている。「多くの者はあまりに遅く死に、少数の者はあまりに早く死ぬ。「ふさわしい時に死ね」という教えは、いまだ奇異に響く。／ふさわしいときに死ね。これがツァラトゥストラの教えである」（Za, 93）。ニーチェは、時宜にかなった「完成をもたらす死（der vollbringende Tod）」がありうること、そしてそれを積極的にめざすべきことを説く。もちろんニーチェは、この可能性がほとんどの人間にとって無理難題であることを承知のうえで、ツァラトゥストラに語らせている（その意味ではハイデガーの「死への先駆」の思想に通じるものがある）。「自由な死」という理想は、ニーチェの「超人」思想に属するものであり、明らかに「ヒューマニズムを超えて」いる。[12]

しかも、この死生観は、われわれ近代人にとっては「奇異に響く」かもしれないが、古代の自由人たちにとっては珍しいものではなかった。ニーチェも、古代的徳との親近性を自覚していたに違いない。じつにそのことを、アリストテレスを手がかりにしながらわれわれに示唆してくれているのが、アーレントなのである。

『人間の条件』第五章「活動」の第二七節でアーレントは、古代ギリシア人の「幸福〔エウダイモニア〕」観についてやや詳しく論じている。それを彼女は、古代ギリシア以来伝わる有名なことわざ「何人《なんぴと》も死ぬまでは幸福とは言えない」の解釈という形で行なっている。その中心的なくだりを、少し長くなるが、重要性にかんがみて引用しておこう。

幸福（*eudaimonia*）というのは、束の間の気分にすぎない幸せ（happiness）とも、生涯の一定の期間には摑むことができても他の期間には失ってしまう幸運（good fortune）とも異なり、生命それ自体と同じく、永続的な存在状態のことであって、変化を受けつけることもなければ、変化をもたらすこともありえないものである。アリストテレスによれば、幸福である〔現在形〕と幸福であった〔完

了形〕とは同じなのである。（HC, 193）

〔幸福という〕こうした不変の人格同一性〔…〕が感知できる存在者として把握されうるのは、それが終わりに達したときにはじめてである。言い換えれば、〔…〕ある人が誰であるか、ということのまったきあり方（essence）が存在し始めるのは、生が物語だけあとに残して立ち去るときのみである。〔…〕それゆえ、「完全 essential」であること、「不死の名声」を得るような物語と人格同一性をあとに残すことを、意識的にめざす人は誰でも、自分の生命を危険に晒すだけでなく、アキレウスがそうしたように、短命と夭折をはっきり選択しなければならない。自分の唯一最高の行為を成し遂げ、それ以上は長生きしない人だけが、自身の人格同一性と望みうる偉大さに対する議論の余地なき主人であり続ける。なぜならその人は、自分が始めたことが引き起こすであろう帰結と進展から身を退き、死へと引き下がるからである。（HC, 193f.）[13]

何がここで言われているのだろうか。それは、「終わりに達していること」つまり現実化された死においてはじめて、幸福という人間の「まったきあり方」が成就するのだという、先に挙げた（B－3）つまり「大死のヒロイズム」にほかならない。しかもこのことをアーレントは、「活動（action）」という人格性開示のレベルで論じており、ハイデガーの言う「事物的存在者もしくは道具的存在者の規定」との根本的区別において語っている。そのさいアーレントは、アリストテレスの「エネルゲイア」論との関連を示唆している。「見る」が「見た」つまり「見てしまった」を意味するように、「幸福である＝よく生きる」とは、「幸福であった＝よく生きた」すなわち「よく生き終えた＝死に切った」を意味するのだ、と。「完全な生」とは「自体目的としての活動のさなかにある存在状態（*energeia*）」であり、それはそのまま「終わり・終局目的に達している存在状態（*entelecheia*）」でもある、というのである。この大胆なアリストテレス解釈はひとまず措こう。[14] ここで言われているのは、真に幸福である人つまり完璧に生き切った人とは、ずばり、死に達した人のことである、と古代ギリシア人は考えていた、ということである。ここでは、死は生の反対でも限界でもなく、終局目的であり、喜ばしき生の完成・円成を意味する。

それにしても、こんな「生き方＝死に方」がいったいありうるのか。古代叙事詩人が描くアキレウスのような神々しい英雄ならともかく、われわれにはとてもこんな、とうに人間のレベルを超えた理想状態は望めそうにない。それどころか、われわれ疑り深い近代人の目には、古代人のこうした死生観は、あまりにも楽天的に、つまり能天気に映る。[15] では、ギリシア人たちは、底抜けのオプティミズムに浸っていただけなのか。——断じてそうではない、というのがアーレントの見立てである。

後年の『精神の生』第一部においてアーレントはふたたび、かのギリシアのことわざ「何人も死ぬまでは幸福とは言えない」を取り上げ、ソロンはどういうつもりでこの言葉を吐いたのかを説明している。[16] アーレントによるとこうなる。「「まだ生きている間は誰も幸福とは呼べない」とは、実際には、「誰も幸福ではない。日の下に生きている死すべき者たちは、誰しもみじめである」という意味である」（LMT,

165)。(A－2)に属するこうしたアプリオリな厭世主義こそ、ギリシア人をして、あの明朗快活な――ニーチェの言葉を借りれば「アポロン的」な――「生き方＝死に方」競争へと駆り立てた当のモティーフであったとすれば、どうだろうか。そして、その死に損ないの者どもによって、人類史上まれな文化的偉業の数々が産み出されたとすれば、どうか。

四　生死を超えた何か――「彼岸主義」と哲学

以上、死生観をいろいろと見てきたが、じつは、最初に立てた問題はほとんど手つかずのまま残っている。それは、ソクラテスの「死の稽古としての哲学」という考え方はどのように解されるべきか、というものであった。

ところで、先に示した死生観の分類には、まだ決定的に不十分な点があった。つまり、**A**(**生**／**死**)と**B**(**生**―**死**)と並べて、さらにもう一つの可能性**C**を挙げるべきだった。それは、「生」と「死」に加えて、「生死を超えた何か」という第三項を含んだ別種の死生観である。この「何か」には、生死を超え出たさまざまなものが代入可能だから、それをXと表記すれば、Cは「**生死→X**」と表現できよう。

この場合、比重は明らかにXの方に移る。それゆえ当然、死には重きが置かれなくなる。そう、死よりもいっそう高次の審級があれば、死など大したことはないと言えるのである。それどころか、死がX

へと至る通路と見なされるとすれば、Xを最優先させる者にとって、死は「喜ばしき知らせ」となる。これは、「世界内存在はおのれの存在可能性に関して、おのれの死よりもいっそう高次の審級を持っているであろうか」(SZ, 313)と、修辞疑問的に問うたハイデガーの考えとは、およそ隔たった水準に位置する。つまり、ここでのXは、死を超えた「世界外」の審級なのである。Cの死生観とは、現世超越的な「彼岸主義」、もしくはニーチェの言う「背後世界論」に相当する。

あくまで生死の枠内でものを考えようとするわれわれ現代人にとって、このXは理解を超えている。思えば、先の(B−3)の可能性が、今日ほぼ無視されているのも、その「死によって完成される生」という理想状態が、人間の条件である可死性を跨ぎ越えるものだからであり、つまり「不死の名声」といった価値基準を持ち出すのが一種のルール違反と感じられてしまうからである。その意味では「大死のヒロイズム」は、それが「生死を超えた何か」をはらんでいる以上、正しくはBとCの狭間に位置づけられるべきものである。ともあれ、この「何か」に算入されると目されるものを挙げれば、それが現代人にとってどれも耳障りに響くことは言うまでもない。たとえば、「君が代」という大義名分はどうか。あるいは「神の国」や「極楽浄土」、はたまた「永遠の真理」はどうか。

こういった旧来のお題目は今日総じて色褪せており、そんな「妄想」に取り憑かれて死を受け入れるなど、知性の敗北以外の何ものでもないというのが現代人の相場となっている。宗教や民族学ならともかく、よりにもよって哲学の議論において、生死を超えた何かを大義名分に掲げて死を意味づけるなんて、酔っ払って自殺するのと大差ないと、誰しもため息をつくことだろう。そんな譫言《うわごと》よりは、ハイデガーとともに「死より高次の審級など存在しない」と世俗主義を貫き通すほうが、よほどまっとうな態度であるように見える。

しかし、ここには厄介な問題が一つ残っている。ソクラテスに「死の稽古としての哲学」を語らせているプラトンの『パイドン』とは、まさに「生死を超えた何か」をめざして欣喜雀躍として死ぬことを大々的に論じている書物なのである。死を嬉々として迎え入れるのが哲学者のあるべき姿だと言って憚らないばかりか、それを実演してみせたからこそ、ソクラテスは、哲学者中の哲学者として長らく讃えられてきた。しかるに、今確認したように、「生死を超えた何か」はことごとく非哲学的だとされるのが現代である。「霊魂の不滅性」というテーマを、古代哲学史の専門研究としてならともかく、哲学プロパーの議論として真面目に取り上げるのは困難である。だとすれば、ソクラテスは、あるいは少なくとも『パイドン』その他に登場するソクラテスは、哲学者中の哲学者どころか、譫言を言い散らかしているだけの酔っ払い爺ということになる。これが実状なら、怪しげなその発言のうち、現代でも通用しそうな「死の稽古としての哲学」というフレーズだけを、自説の権威づけのために利用するのは妥当だろうか。そこには、死生観の相違のみならず、哲学観の決定的断絶がひそんでいるというのに。

『パイドン』におけるソクラテスの死生観は、これまでの整理に従えば、Cの「彼岸主義」に入ると考えざるをえない。するとそれは、死を重大視する近代ふうの「死は哲学の最大の問題」といった発想とはおよそかけ離れている、ということになる。あるいはせいぜい、Cに隣接した（B－3）「大死のヒロイズム」に重ね合わせることができるか、それとも――ニーチェがそう見なしたように――（A－2）

のうちの「アプリオリな厭世主義」として解釈することができるか、のどちらかだろう。この三つの選択肢はいずれも、「古代的」――より正確には「非近代的」――と形容されてよい。これに対し、(B－1)「臨死のペシミズム」や(B－2)「臨死のオプティミズム」のような、生の内部でのみ死を論じかつ重大視する近代的見解を、ソクラテス－プラトンの古典的死生観と結び付けることには、相当の無理がある。有限性の立場で理解された「死は哲学の最大の問題」なるテーゼは、『パイドン』からは引き出せないのだ。ソクラテスはそんなことは全然言っていない。「死んだほうが清々するからさっさと死にたい」と言っているのだから。では、この法外な気前のよさは、いったい何を意味しているのか。この問題に取り組むことなしに「死の稽古としての哲学」なる哲学観を古代以来の伝統然と言い立てるのは、詐称と言うほかない。

その意味では、ニーチェのように「ソクラテスは生まれつきペシミズムの病魔に取り憑かれていた。つまり彼は先天的な病人だった」とする「ソクラテス＝アプリオリの厭世主義者」説は、悪意に満ちた曲解に見えて、じつは問題の所在を見抜いた一つの有力な解釈であったことが分かる。[17] 不治の病に冒されて生そのものを誹謗する「アポステリオリの厭世主義者」にとって「死こそ救い」が妥当するように、生そのものに恨みを抱いて死を福音とする彼岸主義をソクラテスは説いたのだ、というわけである。こうした穿《うが》った見方は、哲学者の鑑《かがみ》を不当に矮小化しているかのように見えて、『パイドン』から「死は哲学の最大の問題」説を都合よく引き出す近代のソクラテス理解者よりも、まっとうな解釈であろう。とはいえ、AにもBにも還元されない死生観Cを哲学の祖のうちに見届けるためには、このニーチェ的説明にとどまるわけには行かないことも、また確かである。

ところで、近代人にも首肯《しゅこう》しうるもう一つの解釈の可能性がある。「ソクラテス（もしくはプラトン）が、死を超えた何かを信じているのは、古代の特定の宗教を背景としている。つまり一定の信仰が前提されている」とする見方である。なるほど、死を超えた何かということになれば、これはもう「来世」や「天国」を諄々と説く宗教の独壇場であるかに見える。『パイドン』で執拗に論証が試みられる霊魂不滅説の根底に、古代のオルフェウス教－ピュタゴラス派の「肉体は墓場」、「魂の浄化としての死」、「輪廻転生」といった教義が見え隠れすることは、言うまでもない。そうした信仰を共有していないわれわれが、ソクラテスの死生観にまじめに付き合ういわれはないと、そう割り切ることも一策ではある。

しかし、この種の「啓蒙的」な割り切り方にも問題がある。ソクラテス（またはプラトン）はべつに宗教を弘《ひろ》めようとしているのではなく、あくまで哲学の問題として、死を超えた何かについて語っているからである。ここでは、死生観とともに、哲学観が問題となっていることを忘れてはならない。そこを一緒くたにして宗教的死生観と片付けてしまえば、哲学固有の次元は残らなくなってしまう。なるほど、『パイドン』は信仰の書であるとするのも一つの読み方ではあろうが、「哲学を捨て宗教に身を委ねたソクラテス」というのは、彼を哲学の祖と仰いできた自称ソクラテスの後裔にとって、はかばかしくない解釈である。だいいち、ソクラテスの言い分を「非哲学的」と決めつけられるほど、それほどわれわれ現代人は、哲学とは何かという問いへの明確な答えを有しているだろうか。少なくとも私は、ソクラテス－プラトンのペアと張り合う自信は、残念ながら持ち合わせていない。

それでは、『パイドン』に示唆されている死と哲学との摩訶不思議な間柄は、どう解されるべきか。死を重大視などしていないソクラテスだが、それでも彼が、何らかの意味で死と哲学との親和性を語っているのは確かである。では、それはいかなる意味で、なのか。この問題に有望なヒントを与えてくれているように思われるのが、本章の第一節でふれたアーレント『精神の生』の第一部『思考』なのである。

アーレントの哲学批判の総決算とも言えるこの著作が提起している問題を、ここで逐一取り上げることはできないが、『パイドン』に描かれた「死にゆくソクラテス」をアーレントがどう解釈しているかを、大雑把にではあれ見ておくことにしたい。ニーチェとはまた違った意味で哲学を突き放して眺めるアーレントならではの辛辣な、それでいてどこか実感のこもった見解が、そこには見出せる。言うまでもなく、『パイドン』についても、目下のテーマに関わるごく一部しか扱えない。以下では、ニーチェによる批判以後みるみる評判を落としたプラトンの身体蔑視および背後世界論を、ニーチェに抗して積極的に解釈するという課題に向けてのささやかな下図を描くことで満足しなければならない。

五　死と哲学との親和性ふたたび

表題から窺えるように、アーレント晩年の書『思考』は、「ものを考えることを事とする哲学的生はいかなるあり方をとるのか」という問いを立て、執拗に追究している。この問いが切実となるのは、哲学者の生活というのが、世間一般の人びとの生き方とはまるで違った、およそ常識からかけ離れたものであるかぎりにおいてである（そうでない凡俗の輩が哲学者を自称するケースは、ここでは除外される）。そのような哲学者の典型を、アーレントはソクラテスに見出しており、幾度もソクラテスの名が呼び出されることになる。先に引用した第九節に続く第一〇節「思考と常識との内部抗争」もその一つである。もっとも、「ソクラテス的対話篇」とは言いがたい『パイドン』の読解がそこでの眼目だから、実際にはプラトン解釈が主となっているが。

　冒頭でアーレントは、古代ストア学派の開祖ゼノンが神託として授かったと伝えられている「死者の色を身につけよ」という意味深長な言葉[18]を引いた上で、こう述べる。

> 実際、哲学者が心ここにあらずの放心状態に陥ったり、思考に全生涯を捧げて、多くの人間的能力の一つでしかないもの〔思考〕を専門家として独占し、絶対視する生き方をしたりする様子は、普通の人びとの常識からすれば、そう〔つまり死んだように〕見えるに違いない。というのも、われわれが通常暮らしている世界で最も根本的な消失経験とは死であり、現われからの引きこもりとは死ぬことだからである。（LMT, 80）

ここで言われていること、つまり常識からすれば現世から引きこもって思索にふける哲学者というのは死人そっくりに見えるということが、『パイドン』でのソクラテスの発言を理解するカギだ、というのがアーレントの提案である。しかも皮肉屋アーレントは、ハイデガーがそのことに気づいていないのは、彼がそれほど筋金入りの「専業哲学者」――この語自体、相当皮肉だが――だからか、それとも、まだ哲学者の域に達していないからかのいずれかだろう、とほのめかしている。もっとも、この反語で当てこすられている相手は、べつにハイデガーにかぎらない。「愛知者」とは名ばかりで俗世にご執心の学者風情《ふぜい》は、いつの時代にも掃いて捨てるほどいる。かく言う私だって、ご多分に漏れず浮気性ゆえ、象牙の塔に閉じこもるのが関の山、出家遁世には当分縁がない。

　それはともかく、現世を舞台とする生き生きした「活動的生（vita activa）」の側から見れば、ひたすら思索に没頭する哲学者の「観想的生（vita contemplativa）」が、およそ「非活動的」で「死んだも同然」に映るのは致し方ない。星空の観察に夢中になったタレスが地上の井戸に落ちトラキア娘に笑われた故事以来、えんえんと哲学にまとわり付いてきたこの明白なギャップこそ、『パイドン』において「死と哲学との親和性」（LMT, 83）が語られている当の文脈なのだ、とアーレントは見る。ここで念頭に置かれているのは、『パイドン』（64A）でソクラテスが、「本当に哲学にたずさわっている限りの人々は、ただひたすらに死ぬこと、そして死んだ状態にあること、以外のなにごとも実践しないのだが、このことに恐らくは他の人々は気づいてはいないのだ[19]」と神妙に言うや、対話者の一人シミアスがわが意に反してプッと吹き出してしまった、その「笑い」の微妙なニュアンスなのである。

　テーバイの人シミアスは、続けてこう述べる。「多くの人々はそのことを聞いて、哲学している人々に対して実にうまいことが言われた、と思うでしょう。そして、私の同郷の人々はそれにまったく賛成するでしょう。本当に、哲学している人々は死人同然の生き方をしている。そして、そういう目に遭う〔つまり死ぬ〕のが哲学者に相応《ふさわ》しいということは、自分たちにも解っている、と」（64B）。この健全な常識の立場を、アーレントは次のように要約する。「世の多数の人びとの観点から見れば、哲学者は死を追い求めることしかしていない。そこから、多数の人びとは、彼らがそもそも気にしているとして、哲学者は死んだほうがましなのだと結論する」（LMT, 83f. 強調は引用者）。シミアスは「同郷の人々」つまりテーバイに住む「愚鈍」で「哲学に無感覚な、この世を享楽するボイオティア人[20]」の反応をとくに想定して述べているが、アーレントの言うように、その反応はいつの時代にも絶対的多数派だと考えるべきだろう。とりわけ、「生より死のほうが望ましい」と説く「死の説教者」に向けて「だったらさっさと死ね！」と忠告したニーチェこのかた、哲学者を自任する人びとの間でさえ、実際はボイオティア人ふうの良識ばかりが目立つ。

さて、このように『パイドン』ではまず、常識的、非哲学的な立場から見た「哲学者＝死人」説が取り上げられているが、もちろんソクラテスの吟味はそれで終わるわけではない。そうした俗説の確認のあと、「本当の哲学者がいかなる意味で死人同然の生き方をしており、いかなる意味で死を受けるにふさわしく、どのような死を受けるにふさわしいのか」（64B）が、はじめて問いただされることになる。かくして、哲学者は死を最高善と見なし死へと向かうのだ、とする「死の稽古としての哲学」観が展開されてゆくのだが、アーレントは、哲学者の視点から死の意味が完全に転倒させられてゆくその議論の主要モティーフを、次の二点にまとめている。「「真の哲学者」つまり思考に全生涯を費やす人は、二つの願いをもっている。一つには、あらゆる種類の仕事から解放されたい、とりわけ自分の身体から自由になりたい、という願いである。〔…〕二つ目は、真理、正義、美、といった思考の関心事が〔…〕接近可能でリアルとなるようなあの世に住んでみたい、という願いである」（LMT, 84）。さしずめ、身の程知らずの浮世離れした哲学マニアの二つの願い、といったところか。

このように、「死の稽古としての哲学」という発想には、ニーチェが槍玉に挙げたような「身体蔑視」と「背後世界論」という転倒した論理が内属している。しかし、もしそうだとすれば、これをプラトン主義的－形而上学的な倒錯した思考様式として糾弾する前に、なぜそのような地に足のついていない願望をそもそも哲学者は抱くのか、を理解する必要があろう。それも、ニーチェ流のルサンチマンの論理に還元することなく。

「正しく哲学している人々は死ぬことの練習をしているのだ」（67E）とソクラテスが述べるのは、実際こうした文脈においてなのだが、このような形で表明されている「死と哲学との親和性」について、アーレントはあっさりこう述べる。「もちろん、こういったことはすべて、内心とは裏腹のことが言われているので油断は禁物である――あるいは、もっと学術ふうに言えば、比喩的言語で語られている」（LMT, 84）。

「哲学とは死の稽古なり」という古来有名なソクラテスの発言は、じつはダブル・スタンダードだった――こういう軽薄な語り口を平気で交えるので、講壇哲学者たちからアーレントは胡散臭く思われがちなのだが、果たして胡散臭いのはどちらだろうか。先哲の遺言を後生大事に祭り上げて「死は哲学の最大の問題なり」とおごそかに宣《のたま》うことこそ、はるかに巧言令色と言うべきではないか。かえってアーレントのように、ソクラテスはここで死を「メタファー」として用いていると取るほうが、テキストを地道に理解しようと努めているように思われてならない。

アーレントはこう続ける。「死という比喩《メタファー》、あるいはむしろ、生と死の比喩的な転倒――私たちがふつう生と呼んでいるものは死であり、私たちがふつう死と呼んでいるもののは生なのだという〈意味転倒〉――は、〔…〕勝手気ままなものではない」（LMT, 84）。この「たとえ」はやはりそれなりの「実感」を伴っている、というのである。では、その経験的裏付けとはいかなるものか。そもそもこれは何のたとえなのか。

答えはこうなる。哲学的思考という「経験」こそ、「死」によってたとえられている当のものである、と。死はここでは哲学的生そのもののメタファーなのだ。アーレントによれば、「死と哲学との親和性」とは、――「死は哲学の最大の問題」ということではなく――死ぬことと哲学することとはそのあり方において似たところがあるという意味だ、ということになる。もしそうだとすれば、哲学するとは、一種の「仮死」状態を生きることであろうし、しかもその状態においてこそ、哲学者は生きた心地がすることだろう。逆に、その仮死状態から引き離されて現世に埋没し切ってしまい、ソクラテスの言うごとく「哲学をするゆとりを失う」（66D）とき、彼はもはや生ける屍も同然なのである。

このように、『パイドン』を一つの原型とするプラトニズムの身体軽視や現世遊離の傾向とは、もとはといえば、思考に専心する哲学者のこうした実感に根ざしていた、というのがアーレントの解釈である。ここで少し穿った見方をすれば、「専業哲学者」を自称したがらなかった彼女もまた、つねづね同じような「思考の経験」に襲われていたのではないか、と思われる。もしそうでなかったら、次のような記述を果たして残せただろうか。

思考が、それ自身の条件を確立すべく、目の前にあるものを一切遠ざけることによって感覚的所与に対して目を塞ぐとすれば、それは、遠くのものが露わになる余地を作るためである。ごく単純に言えば、哲学者が例の放心状態に陥ると、現存しているものがことごとく不在となるのは、現実には不在の何かが、彼の精神に現前するからである。その場合、不在となるもののなかには、哲学者自身の身体も含まれる。〔…〕私たちは考えているとき、自分自身の身体性を意識してはいない。――この経験があるからこそ、プラトンは、魂は身体から離脱して不死になると説いたのである〔…〕。(LMT, 84f.)

この現象学的記述に、妙に実感がこもっていると感じてしまうのは、私だけではあるまい。とはいえアーレントは、このような茫然自失の恍惚状態は、思考本来の「経験自体に本来備わっている」のであって、「個人的な信念や信仰とはほとんど無関係」(LMT, 85) としているから、そうした穿鑿は無用なのかもしれない。総じて、アーレントの解釈のポイントは、プラトン以来の形而上学の身体軽視や二世界説とは、意識下の心的機制が生み出したものでもなければ、宗教上の信仰に引きずられた結果でもなく、まさに哲学的思考の本性に由来するものだ、とするところにある。しかもアーレントは、そのような「思考する自我」の経験のいわゆる「脱自」性格から、伝統的に「永遠」と同一視されてきた「立ち止まる今（ヌンク・スタンス）」という観念を引き出そうとする（cf. LMT, 86）。『思考』最終第四章で再び取り上げられ、ハイデガーの時間論への皮肉ともなっている、アーレントのこの「瞬間」論については、ここではもはや追跡できない。

ともかく、思考にふけって「瞑想」状態にある哲学者にとっては、「目の前にあるもの」はすべてどこかに消え失せてしまう。逆に言うと「私は、考えている間は、私が現実にいる場所にはいない」（LMT, 85）のであり、いわば現世から離れて別世界に住んでいる。思考に特有なこの「遁世・隠遁・隠居」状態のことを、アーレントは術語的に「引きこもり（withdrawal）」と呼んでいる。「私は、あたかもどこか遠い遠い国、見えないものの国に引きこもってしまったかのようである」（LMT, 85）。じつにこの種の「不思議の国」こそ、かつて哲学者たちが「英知界」と呼び、その一員となることを望んでやまなかった当のものにほかならない。かくして、形而上学的な「背後世界」の想定が、少なくともある程度までは、現象学的に解明可能となる。

思考に見られる、かくも浮世離れしたあり方のことを、アーレントは、ニーチェを踏まえたハイデガーの形容を承けて、「異常・法外・常軌を逸している（out of order, außerordentlich）」と好んで表現している。「思考が「常軌を逸して」いるのは、たんに、生き続けるのに必要な他のあらゆる活動を止めてしてしまうからだけでなく、あらゆる通常の関係性をひっくり返してしまうからなのである」(LMT, 85)。そして、この転倒される「関係性」のなかには、「生」と「死」との関係も含まれる。常識の立場からすれば、哲学者とは「死人も同然」なのだが、逆に、ひたすら思考のみを追い求める哲学者にとっては、生きるとは考えることであり、かえって、考えなしの生き方こそ「死」を意味する。この「価値転倒」を、アーレントは次のようにまとめている。

思考の観点から見れば、ただ現にそこにいるだけの生は、無意味である。直接的な生および感覚に与えられた世界の観点から見れば、プラトンが示唆したように、思考とは、生きながらの死である。「思考の国」(カント)に生きる哲学者は、こういった事柄(生や死)を当然、思考する自我の見地から眺めがちである。思考する自我からすれば、意味なき生とは、一種の生きながらの死なのである。

(LMT, 87. 強調は引用者)

なるほど、『ソクラテスの弁明』でのソクラテスは、たとえ刑死を免れても哲学する自由を奪われるようなら、いっそ殺された方がましだ、と主張している。『クリトン』での有名な発言、「大切にしなければならないのは、ただ生きることではなく、よく生きることなのだ」の真意も、「哲学者にとって、ただ現にそこにいる(thereness, Dasein)だけの生は無意味であり、生きながらの死でしかないのに対して、おのれの哲学を全うして潔く死ぬことこそ、よく生きることなのだ」というところにあったように思われる。もちろんここから、『パイドン』で引き続き論じられる霊魂不滅説までは、かなりの飛躍がありそうで、この思想をソクラテス自身が説いたとは、にわかには信じられないが、少なくとも、その跳躍点のこちら側にソクラテスを置くことはできそうである。プラトニズム的な彼岸主義の原点は、生死を平然と超越して哲学に没頭したソクラテスの生き方＝死に方のうちに求めることができる。その記憶が、『パイドン』での「死の稽古としての哲学」という死生観＝哲学観に刻印されているとするなら、結局のところ、そこから引き出される結論は、こうなる――「哲学にとって死など問題ではない。哲学の最大の問題とは、哲学そのものだ」。常識からすれば「狂っている」としか見えないこの「哲学マニア」の倒錯ぶりを弁《わきま》えずして、「死は哲学の最大の問題」と宣うのが呑気すぎることは、今や明らかだろう。

　このように、哲学者にとって、生死を超えるほど重要であるのは、じつは哲学それ自体である。つまりこの場合、死生観Cの「生死→X」におけるXとは、哲学にほかならなかった。「哲学にとって死はどこまで問題か」という問いに対して、ソクラテスなら、きっと訝《いぶか》しげにこう聞き返すことだろう――「よく分からないのだが、死がなぜ問題なのか。哲学者にとって、哲学以上の問題が何かあるのだろうか。もっとも、死を考えるのも哲学のうちというのなら、話は別かもしれないね」。なるほど、『パイドン』で死の哲学に打ち興ずるソクラテスは、どう見ても、愉しくて仕方ないといった風情である。とはいえ、われわれ現代人がその天真爛漫ぶりに付き合えるかどうかは、定かではない。[21]

註

〔1〕本章はもともと、一九九八年三月二八日に電気通信大学で開かれた中島義道氏主宰市民向け勉強会「無用塾」の席上で読み上げられた発表原稿「ハイデガーと死の問題」に大幅に加筆して成ったものである。以下で述べられているように、特定の論者に対する批評をねらったものではなく、私自身の以前の立場に対する自己批判を意図するものであり、「ハイデガーから、ニーチェとアーレントを経由して、古代ギリシア人へ」という進路を模索する試みである。その意味で本書第二章と対をなす。本章が直接の批判対象としているのは、かつて自分のハイデガー解釈を要約しようと試みた拙論「時間の有意義性について」(原論文一九九四年成立。拙著『ハイデガーと哲学の可能性——世界・時間・政治』法政大学出版局、二〇一八年、所収)である。

〔2〕Albert Camus, *Le mythe de sisyphe, Essai sur l'absurde*, Gallimard, 1942, p. 17.『シーシュポスの神話』清水徹訳、新潮文庫、一九六九年、一一頁。

〔3〕Arthur Schopenhauer, *Die Welt als Wille und Vorstellung II*, Sämtliche Werke, Bd. II, Suhrkamp, 1986, S. 590. 有田潤・塩屋竹男訳、『ショーペンハウアー全集7』白水社、一九七四年、一一頁。

〔4〕ハイデガーにおける死の思索のあらましは、本書第九章「死と良心——『存在と時間』の中心部」を参照。

〔5〕「近代ヒューマニズム」という大雑把な表現についての吟味は、本書第二章で行なう。

〔6〕ディオゲネス・ラエルティオス『ギリシア哲学者列伝(下)』加来彰俊訳、岩波文庫、一九九四年、三〇一頁。

〔7〕ルクレーティウス『物の本質について』樋口勝彦訳、岩波文庫、一九六二年、一四六頁。

〔8〕ディオゲネス・ラエルティオス前掲書、三〇二頁。

〔9〕Blaise Pascal, *Pensées*, in: *Œuvres complètes de Pascal*, Bibliothèque de la Pléiade, Gallimard, 1954, p. 1180. 前田陽

一訳、『世界の名著24　パスカル』中央公論社、一九六六年、所収、一五五頁。

〈10〉かつて私は、「大死一番」など、しょせん「犬死」でしかありえない、と評したことがある（「書評　辻村公一『ハイデッガーの思索』」、実存思想協会編『ことばと実存　実存思想論集Ⅷ』以文社、一九九三年、所収）。しかし、大死などありえないとするのも一個の独断ではないかと、その後思うようになった。なるほど、「臨死」を超え出た「決死」を説く英雄主義の鼓吹には、近代人としては依然として同調しかねる。しかし、プラクシスおよびテオーリアの至福という意味での「死を超えた」不死や永遠であれば、われわれにも理解可能であろう。

〈11〉なお、アーレントのもう一人の恩師でもあったヤスパースは、『哲学』中の著名な「限界状況」論において、ハイデガーとはまた違った「死の実存哲学」を展開している。そこでは、死が「完成として開かれてくる」ような「深み」の次元が告げられており、注目に値する。「死のうちには、概念的理解を超えた仕方ででではあるが、完成が秘められている」（Karl Jaspers, *Philosophy II: Existenzerhellung*, Piper, 1994, S. 229. 渡辺二郎訳、『中公バックス 世界の名著75　ヤスパース　マルセル』中央公論社、一九八〇年、三一四頁）。ヤスパースの言うこの「概念的理解を超えた」次元をあえて理解するために、アーレントはアリストテレスの「エネルゲイア」概念を持ち出している、と考えるのは考えすぎであろうか。

〈12〉「ヒューマニズムを超え」ようとするニーチェとハイデガーの志向については、拙論「自由な死と死への自由——ニーチェから見たハイデガー」（原論文一九九五年成立。拙著『ニーチェ　哲学的生を生きる』青土社、二〇二四年、所収）を参照。

〈13〉拙訳『活動的生』では、二四七頁以下に相当。

〈14〉アーレントの活動論がアリストテレスの「プラクシス」概念を引き継いでいることは明らかであり、よく知られてもいるが、アーレントが「エネルゲイア」というアリストテレス哲学の根本概念を摂取しようとしていることは、十分理解されているとは言いがたい。本文中で取り上げた『人間の条件』第五章の箇所に付された注二七は、『形而上学的』第九巻第六章の「エネルゲイア」論をはっきり指示している。拙論「エネルゲイアのポリス的起源」（原論文二〇一六年成立。拙著『ポリスへの愛――アーレントと政治哲学の可能性』風行社、二〇二〇年、所収）を参照。

〔15〕 われわれ現代人はもはや、前近代的な英雄のあり方について積極的に語ることができなくなっている。かつての日本人なら、死をものともしない「武士道」を誇りえたかもしれないが、その再興を待望するのは、笑止であるどころか、危険きわまりないことなのだ。この現状認識はいくら強調してもし過ぎることはない。しかしだからといって、現代に適合しない「実存の美学」がかつて存在したことまで否認してしまうのは、得策であろうか。むしろ問われるべきは、そうした別様の可能性を語ることをわれわれが封じられてしまっているのはなぜか、近代以前を無下に拒むようにし向けている近代とはどんな時代か、といった問いであろう。なるほど、死に対して気前よくふるまえ、というのは暴力的なアナクロニズムかもしれない。しかしながら、そのような「奇異に響く」思想をアプリオリに排除してしまうのもまた、別な意味で暴力的――自分たちに理解不能なものを受け付けないという意味において――なのではないか。結局それでは、非近代を根こそぎスクラップ化してしまう近代の軍門に降《くだ》るだけではないのか。

〔16〕 アーレントはこのソロンの言葉に注して、次のように述べている。「このことわざの思想内容がはじめて完全に解明されたのは、『存在と時間』におけるハイデガーの死の分析によってである。そこで方法論上のきっかけとされているのは、人間の生が――「物」が、完成し仕上げられてはじめて世界に存在し始めるのとは違って――もはや存在しなくなるときにはじめて完成する、という事実である。それゆえ、生は、み

ずからの死を予期することによってはじめて、一個の全体として「現われ」、分析を受けつけることができるのである」(LMT, 235)。ここを読むと、アーレントは、ハイデガーの死の分析を手引きとして、(B－3)の死生観を提示しているようである。そこで私としても、アーレントのこの注に導かれて『存在と時間』の死の分析を再検討してみたが、結果的に、ハイデガーから逸れていくことを余儀なくされた。もう少しハイデガーに好意的に解釈することもできたであろうが、少なくともアーレントのコメントには「皮肉」がこめられている、と私は考えている。

〔17〕『愉しい学問』三四〇番「死にゆくソクラテス」(FW, 569f.)を参照。岩田靖夫訳『パイドン』岩波文庫、一九九八年、の訳注91では、ニーチェの見解に近い解釈が示されている。

〔18〕ディオゲネス・ラエルティオス『ギリシア哲学者列伝(中)』加来彰俊訳、岩波文庫、一九八九年、二〇六頁。アーレントは取り上げていないが、ゼノンがとったと伝えられる反応もまた興味深い。「そこで彼は、神託の意味するところを推察して、古人の書物を読むようにしたとのことである」(同頁)。なるほど、古典を読むとは「死者たちと交わる」ということなのだろう。

〔19〕以下、『パイドン』からの引用は、岩波文庫の岩田靖夫訳に拠り、ステファヌス版の頁付けを記す。

〔20〕岩田訳『パイドン』一八〇頁、訳注13の説明による。

〔21〕本章では、プラトニズムに対するニーチェの批判的見解にしか触れられなかった。言うまでもなくこれは、『ツァラトゥストラはこう言った』第一部の「背後世界論者」、「肉体の軽蔑者」、「死の説教者」といった章で典型的に打ち出された立場である。しかしこれをニーチェの最終的立場と見なすことはできない。なぜなら、同書第三部では、Cの「彼岸主義」とおぼしき境地に、ツァラトゥストラ自身が向かっていくからである。とりわけ「大いなるあこがれ」と「もう一つの舞踏の歌」の章には死のモティーフが濃厚であり、

明らかに「生死を超えた何か」が仰ぎ見られている。きわめつけは最終章の「七つの封印」で、そこでは「永遠」と合体する恍惚があからさまに歌い上げられている。それゆえ、ツァラトゥストラにとってのXとは「同じことの永遠回帰」そのものだった、と見てよい。もちろん、これをそのままプラトニズムと同一視はできないが、第一部の立場からの何らかの「転回」があった、と考えるほかはない。少なくとも、第一部の「自由な死」の理念が「プラクシス・モデル」（B－3）を呈しているのに対して、第三部で描かれる「哲学者の仮死状態」は「テオーリア・モデル」つまりCに近い、と見てそれほど間違いではあるまい。総じて、『ツァラトゥストラ』第三部で提示される「哲学的生」のあり方――世間から引きこもって「孤独」のうちに思索に没頭し、ついに「瞬間」において「永遠」を摑む、という「生きながらの死」――は、アーレントの「思考」論の道具立てによって統一的に解釈されうるように思われる。拙著『快読 ニーチェ『ツァラトゥストラはこう言った』』講談社選書メチエ、二〇二四年、および『ニーチェ　哲学的生を生きる』青土社、二〇二四年、で示した読解を参照されたい。

第二章　いのちのどこが大切なのか
——古代ギリシア人の死生観への一瞥〔1〕

一　あるソクラテス的反問

「いのちを大切にしよう！」——至るところでこの標語が唱えられているのを聞く。たとえば、むごたらしい殺人事件が起こり、世情を驚かすと、世の識者や教育者——こういう「先生」たちに、みずからの無知を身に沁みて弁えていた「愛知者（フィロソフォス）」たちは、「知者（ソフィスト）」という名を贈った——がマスコミや論壇に登場しては、「こういう凶悪事件が起こるのは、生命の尊さを教えてこなかった現代社会に問題があるからだ」と論評し、社会問題解決の指針をご丁寧にも与えてくれる。つまりそれが、「いのちの大切さを学校現場でしっかり教え込むようにしなければならない」という提言だったりする。良識と慈愛に満ちた先生方にとっては、「生命の尊重」とは、現代において忘れられがちな、だからこそ万人がまずもって立ち返るべき最重要のモラルであるらしい。

ところでその場合、特徴的なことに、「いのちのいったいどこがそんなに大切なのか？」という反問はあくまで封じられたままである。その手の質問はどうやらタブーらしい。いやそれどころか、そんなぶしつけな質問をすること自体、道徳の衰退を助長する反社会的行為と決めつけられかねない。

なるほど、社会貢献を使命とする有徳な「知識人」には、相応の約束事というものがあり、それに背くのはルール違反なのだろう。しかしながら、根本において何が問題なのかという一事のみを突き止めたいと欲する「愛知者」にとっては、話はおのずと異なる。ものをつくづく考えることを偏愛する彼ら「自由精神」にしてみれば、問うことをどこかで止めてしまうというのは、とにかく窮屈でならないのだ。偏屈と笑われようと、ひねくれ者と嫌われようと、ソクラテスのような筋金入りの哲学者なら、世の人びとが「いのちを大切にしよう！」と合唱しているところに闖入《ちんにゅう》しては、「よく分からないので、ぜひ教えてもらいたいのだが、いのちのどこが大切なのかね？」と問い返すに違いない。

なお、これと似たソクラテス的反問としては、「脳死がどうの安楽死がどうのとすこぶる賑やかだが、死すべき者が死ぬのをどうしてそう重大視するのかね？」、「地球環境に寄生しているだけの君たちに、環境保護を唱える資格があるのかね？」、「子どもたちのいじめ問題の解決に取り組んでいるようだが、大人が介入して問題が解決されるのかね？」、「戦争の撲滅を理想とする人たちに聞きたいのだが、戦争は人間にとって意味がないのかね？」、「民主主義を徹底させようとしているようだが、それで政治がよくなるのかね？」、「学生に分かりやすい授業をと一生懸命みたいだが、そんな他愛もないことにうつつを抜かすヒマがよくあるね！」とか、色々思いつく。こんなふうに現代人の関心事を疑ってかかるとキリがないし、ウンザリする人も多いだろうから、これ位にするが、視点を変えてのんびり眺めると、世のまじめ一辺倒の議論がどれもまったく違ったふうに見えてくるから不思議である。

というわけで、本章で試みたいのは、「いのちのどこが大切なのか」という、現代では「不適切にもほどがある！」と叱責されかねないソクラテス的反問である。これをニーチェふうに表現すれば、「反時代的考察」ということになる。付いていけないという人は、幸いにも哲学とは疎遠な、まっとうな社会人であろうし、それでべつに何の問題もない。

二　「ヒューマニズム」の起源へ

世の諸賢の診断によれば、現代人は「いのちの大切さ」を忘れているとのことだが、果たして本当だろうか。ひょっとすると、現代ほど「生命の尊厳」が声高に叫ばれている時代もまれではないのか。世の中は「最高善としての生命」[2]を奉ずる諸勢力に満ち満ちてはいないだろうか。

ここで「いのち」と言われているのは、死という可能性を内蔵しているかぎりでの、われわれ人間の「生存（Dasein）」のことである。「死なないでただ生きている状態」と言い換えてもよい。この「いのち」を最優先させる、現代に特徴的なシステムとしては、近代臨床医学――あるいは現代医療テクノロジー――が挙げられる。何が何でも生き永らえることをめざすこの体制は、その本質において、各種の疾患治療のみならず「死の撲滅」を最終目標としている。逆に言えば、患者が死ぬことは、医療側にとっては敗北を意味する。そこで、生存維持のための投薬、手術、延命装置などの技術的手段が総動員され、しかもそれらの技術水準は日進月歩で開発され改良され、「進歩」していく。かくして、体中に無数のチューブを差し込まれ身体機能計測装置で日夜監視された、あまたの臨死の人が、医療側の敗北を少しでも遅らせるために、奴隷然と生き延びさせられていく。そのむごい光景に少しでも思いを馳せれば、「現代では人命がおろそかにされている」とは口が裂けても言えないはずである。むしろ、お釣りがくるほど過保護に、いのちは大切にされている。そのツケがどこにどのように回ってくるか、には誰もが等しく口を閉ざしたまま。

ところで、ここでの「いのち」は、それが「ただ生きているだけの状態」を表わすかぎり、狭義のヒトの生命活動をはみ出して、生きとし生けるもの全般のあり方を指示しうるのは明らかである。「いのち」のこのような拡大解釈に応じて、動物や植物といった生き物一般が「尊厳」を帯びるようになる。それどころか、これまで生物学的には「生命体」とは考えられてこなかった森や山、川や海など自然一般が「いのちを孕《はら》んだもの」と見なされ、心優しき配慮《ケア》の対象へと仕立て上げられる。こうして、一九世紀に始まる動物愛護運動、自然保護運動から、今日の動物福祉政策までの慈悲深い博愛精神のうねりが、全宇宙に遍く膨れ上がってゆくわけである。しかも、世の人はこれを、地球市民の課題である脱―人間中心主義の動きとして諸手を挙げて歓迎しているようである。

だが、果たしてこの「いのちの普遍化」は、人間中心主義の終焉を意味しているのだろうか。なるほど、「ただ生きているだけの状態」にもっぱら「いのちの大切さ」を見出そうとするなら、その恩恵を人類のみに独占させるのは、どう見ても不当な寡占であり、依怙贔屓《えこひいき》であろう。「いのちの平等主義」は全人類に妥当するのみならず、生きているかぎりのありとあらゆるものが正当な権利を有する。とはいえ、この一見「人間中心主義の超克」と見える事態は、ひょっとすると、人間が人間自身の生命に対して付与する「尊厳」を、森羅万象の自然的存在者にもそのかけらを適用することを通じて、強行に正当化しているだけの話かもしれない。みずからの生のみじめさに悩んでいるわれわれ人間は、その苦悩の泥沼に他のあらゆる生き物を引きずり込んでは、それらに「同情」もしくは「哀れみ」をおぼえてひそかにウットリする、といった自己満足に浸っているだけではないのか。じっさい、ペットがどんどん人間臭くなるのならまだしも、今や地球全体が「かよわくかわいそうな生き物」然と扱われ、次第に「人間化」されつつある、というのが現状ではないだろうか。

もしそうだとすれば、人間だけでなく自然も大切にしよう式のちゃっかりした「いのちの大切さのすすめ」とは、じつは、人間中心主義の貫徹以外の何ものも意味しない。少なくとも、「いのちの大切さ」の教えが、人間中心主義つまりヒューマニズムの中核をなすドグマだということは明らかだと思われる。学校の保健室や老人介護施設、病院の集中治療室のみならず、大自然の至るところに、弱者への同情の余地を嗅ぎつけては、ヒューマンなドラマを惑星規模で脚色しないではすまないイデオロギーのお決まりの台本が、「生命の尊厳」と題されているとすれば、どうだろうか。

とはいえ、私は何もここで、ヒューマニズム打倒を訴えるつもりはない。そうではなく、一方で「人間中心主義の克服」を現代思想の課題として勇ましく唱えておきながら、他方で「いのちの大切さ」をさも情け深そうに説いてまわる識者の主張には、明らかな不整合があることを指摘したいだけである。そしてもう一つ、「いのちの大切さ」をドグマつまり不問の前提として内蔵している、われわれの時代の「ヒューマニズム」とは、いったいいかなる素姓を有するのか、を知りたいと思うのである。人間中心主義のもたらす弊害や社会問題をどうすれば解決できるか、といった魂胆や色気は私にはない。むしろ、「われわれとは何者であるのか？」という反省を事とするもっぱら哲学的関心から、一つの自己省察的な問いを発したいと考えるばかりである。そしてその問いとは、「ヒューマニズムの起源はどこに？」という、へたをすると行方不明になりかねないほど、おそろしく悠長な問いである。これを、ふたたびニーチェの言葉を借りて表現するなら、「ヒューマニズムの系譜学[3]」ということになろう。

三　二つの「ヒューマニズム」

ここで、言葉遣いを急ぎ訂正しなければならない。これまで何気なく「ヒューマニズム」という名称を用いてきたが、じつのところこの語は、そう簡単には総称できない多義性を孕んでいるからである。なるほど、今日ふつう「ヒューマニズム」と言う場合、この語は、いわゆる「人道主義」――つまりこれまで問題にしてきたような「人命尊重主義」、あるいはその拡大版としての「いのちの博愛主義」

――を指して用いられる。ところが歴史的に見ると、これはむしろ後発的な用法であることが分かる。つまり、かつて「ヒューマニズム」とは、「いのちの大切さ」を説く立場を表わす言葉ではまったくなかった。この語義変遷は、初歩的確認事項に属することながら、現代往々にして看過されがちであり、その結果、多義的なはずの「ヒューマニズム」の意味が一緒くたにされ乱暴に論じられているのが実状のようなので、言わずもがなの注釈をあえてここで加えておくことにしたい〔4〕。

「ヒューマニティー（humanity, Humanität）」という近代語は、直接的にはラテン語の"humaitas"を語源とするものであり、これを「人間性」と訳すのは必ずしも間違いではないにしろ、元来はそれ以上の含みがあり、キケロなど古代ローマの著作家においては、「文化的に陶冶された人間的能力の完成状態・高いレベルでの人格形成」、ひとくちに言えば「教養」のことを指した。「文化」と言えば、当時はもっぱらギリシアに範を仰いでおり、キケロはギリシア語の"*paideia*"の訳語として"humanitas"という言葉をあてた〔5〕。ここで重要なのは、古代の「フマニタス」には「人間の向上」という上昇志向的なニュアンスが顕著に見られ、したがって「人間がただ生きている状態」とはむしろ正反対の意味だった、という点である。「フマニタス」には、「人間性の謳歌」もしくは「人間愛」の精神を汲みとれなくもないが――このラテン語に対応するギリシア語"*philanthrōpia*"は「人間（*anthrōpos*）への愛（*philia*）」という意味である――、それは「ただ人間として生きていること」ではなく、「よき人間・優れた人格として生きること」に価値を置いたうえでの人間の力強さの肯定のことだった。その場合、生きとし生けるものすべてが有しているような「いのち」などには、何ら肯定的価値は与えられていなかった。要するにそれは、畜生並みの、言い換えれば人間以下の、低級で下劣な状態と見なされていた。

こうした古代的な「人間主義」が、中世における断絶をくぐりぬけて熱烈に復興されたのが、西洋近代の幕開けとなる「ルネサンス（古代復興）」の時代だった。まさにここにおいて「ヒューマニズム」の精神が新たな装いのもとに創設され、かつそれが、以後の近代の歩みを導く礎《いしずえ》として継承されていった。とはいえ、それは当時あくまでれっきとした「復古」運動であり、基本的には、向上を重んじその結果としての差別化を是とする古典的人間観が手本とされていた。その際、人間の向上を育《はぐく》む方途として大々的に採用されたのが、古代のそれを模範とする学問・学芸であり、詩歌や哲学などの古代文献の受容や継承であった。イタリア・ルネサンスの開拓者であったダンテやペトラルカ、ボッカッチョなどはもとより、フィレンツェの新プラトン主義のフィチーノやピコ、さらに、「ヒューマニスト」の代表格たるエラスムス、モアら、少し下ってはモンテーニュなどにしても、程度の差こそあれ、すべて古典文献の尊重という態度においては変わりなかった。彼ら「ルネサンス・ヒューマニズム」の担い手を等しく「ヒューマニスト」と呼んでよいとすれば、その公分母は「古代学芸愛好」の気風にあった、と言うべきであり、したがってその訳語としては「人文主義者」が最もふさわしい。少なくとも、古代ギリシア・ローマを模範として仰ぐこうした運動は、「古代（に花開いた高度の学芸）への愛」を特徴とするものでこそあれ、決して、「人間（としてただ生きていること）への愛」ではなかった。

このように、ルネサンス以来の「ヒューマニズム」とは、生きるって素晴らしいな式の人命本位的な「人道主義・博愛精神」では元来なく、古代ギリシア・ローマの学芸を「教養」として大切にする「古典愛好精神」を意味し、「人文主義」と訳すほうがよい。また、“the humanities”も、もちろん「諸人間性」などでは全然なく、「人文諸科学」と訳すべきである。このことは、あまりに初歩的な事実確認ではあるが、「ヒューマニズム」について論ずるうえで看過されてはならない。五、六百年の伝統を持つこの「元祖ヒューマニズム」との区別において、今日われわれが耳にする「いのちを大切にしよう！」というスローガンを特徴づけるとすれば、後者は新参者にふさわしく、正確には“humanitarianism”と表記すべきである（ちなみに“Neuhumanismus”と言えば、こちらは、ルネサンス風古代愛好精神が遅れてやってきた一八、一九世紀のドイツの「新人文主義」のことを指し、その担い手としては、ヴィンケルマン、レッシング、ヘルダー、ゲーテ、フンボルトなどが挙げられる）。

それにしても、このような語義説明に何の意味があるというのか。われわれにとっての問題である「ヒューマニズム」とを区別しようが、「ヒューマニズム」を「ヒューマニタリアニズム」と呼ぼうが、それと、古色蒼然たる「元祖ヒューマニズム」とを区別しようが、そんな些末なことどうでもいい。——そう感じる人もいることだろう。なるほど、「ルネサンス・ヒューマニズム」と一九世紀以来の「近代ヒューマニズム」との間には意味のうえで大きな歴史的断層が走っており、そのはなはだしさたるや、同列に論ずることが無意味な同音異義語に見えるほどである。しかし、われわれが「近代ヒューマニズム」の問題をじっくり再考しようとするなら、その歴史的起源を詳らかにすることは、何といっても回避できない課題となる。とりわけ、ここに見られる語義変遷は、たんなるズレや移行にとどまらない深刻な断絶性を有しており、そうした転回がどのように起こったのかは、きわめて興味深い謎を秘めている。というのも、「いのちを大切にしよう！」というスローガンとはまさに正反対のことが、すなわち「生命の尊厳など笑止千万。ただ生きるなど何の意味もない。それなら死んだほうがましだ」とするおよそ異質の死生観が、ヒューマニズムの原点には位置していたからである。これだけ由々しい転倒がいかにしてありえたのか。――問題の核心はここにある。

とはいえ、「ヒューマニズムの系譜学」は広大な問題群をなすものであり、それらをここで展開することはできない。以下では、ごく初級的な確認作業を行なうことだけで満足しなければならない。その確認作業とは、ルネサンス・ヒューマニストの顰《ひそ》みに倣って、古代人の死生観に一瞥を投げかける、という「人文主義的」かつ「反‐人道主義的」な一作業である。というわけでわれわれは、「ルネサンスのイタリア」へ、ではなく「古代ギリシア」へ直行することにしよう。

四　人文主義者ブルクハルトの見解

さて、ルネサンス・ヒューマニズム本来のふるさとである古代ギリシアへ「直行」と言ったが、このおどろおどろしい旅路には、その事情に詳しい堅実な案内人に随行してもらうのが賢明だろう。われわれには、まさにそういう人のことを「ヒューマニスト」と呼んできた、ルネサンス以来何百年にもわたる「人文主義」的伝統の蓄積が与えられており、優秀な先達には事欠かない。たとえば、私はつねづね、現代思想に霊感を与えてきたニーチェの著作などは、古代世界という異境に分け入るさいのガイド役としてうってつけだと思っている。古典文献学の研究から出発したニーチェは、近代ドイツの新人文主義によって育まれ、そこから思索の糧をたっぷり引き出した筋金入りのヒューマニストなのだから。

とはいえ、「ふさわしい時に死ね」と説いて、いのちに対する気前のよさを顕揚する一方、「死ぬということになればもったいぶる」大多数の「余計な者たち」など、「生まれてこなければよかったのだ」と主張して憚《はばか》らないニーチェ（『ツァラトゥストラはこう言った』第一部「自由な死」の章を参照）を、いきなり「ヒューマニスト」の典型として選ぶのは、やや穏当さを欠くように見える。これは見かけ上、つまりわれわれ現代人がどっぷり浸かっている「ヒューマニタリアニズム」の見地からそう見えるだけであり、じつは、まさにかくも勇猛なニーチェこそ、古代の「元祖ヒューマニズム」の申し子のようなものだ、と私は確信しているが、手堅いガイダンスの必要という当面の要請には、鼻血が出そうな煽情的言辞は、やはり少しきつすぎるようにも思う〔6〕。

そこで以下では、もう少し受け入れやすそうな、しかしニーチェに優るとも劣らぬ、もう一人の「人文主義者」を随行員として選ぼう。その人物とは、バーゼル大学時代の若きニーチェの年長の同僚であったヤーコプ・ブルクハルト（一八一八－九七年）である。

先ほど、古代的ヒューマニズムの復興としてのルネサンスという時代に触れたが、じつにこの「ルネサンス」という概念を広く定着させたのは、ほかでもない、ブルクハルトの『イタリア・ルネサンスの文化』（一八六〇年）であった。そして、この稀代の文化史家が驚くべき該博さのかぎりを注ぎ込んで彫琢した古代ギリシア研究の集大成こそ、遺著として没後出版された『ギリシア文化史』にほかならない。ニーチェがバーゼル大学に赴任した頃、ブルクハルトはこの仕事を完成させようとしている最中だった。両者の間の影響関係が気になるところだが、ともあれ、われわれはまずもって、人文主義のこの模範的作品に接することのできる幸運に感謝すべきであろう。

この大著のなかで、われわれの関心に直接かかわってくる箇所は、「ギリシア的生の総決算」と題された第五章[7]である。そこには、古代ギリシア人にとって「いのち」とはいかなるものだったかが概括的に記述されており、まことに啓発的である。では、「生存（Dasein）の価値」（S. 348. 三一五頁）は当時どう考えられていたのか。これに対するブルクハルトの見解は一貫している。――「ゼロ以下」であった、というのがその答えである。

ブルクハルトは、「十八世紀におけるドイツ人文主義〔つまり先ほど触れた「新人文主義」〕の偉大な興隆以来」、一般に流布していた楽天的ギリシア理解――古代ギリシア人は「幸福」であった、少なくとも「ペリクレス時代〔ギリシア古典古代の絶頂期〕のアテナイ人たちは年がら年じゅう歓喜のうちに生活していたにちがいない」とする見方――に抗して、こう述べる。「これは、歴史判断の、かつて現われた最大の偽造の一つであり」、古代ギリシアの「伝承された文書世界は、神話の時代から人間生活全般を嘆き、かつ貶《おとし》めているのであるが、人々はこの文書世界全体の発している騒然たる抗議の声を聞き落としたのであった」（S. 348. 三一五頁以下）。

要するに、一見天真爛漫にこの世の生を謳歌しているかに見え、われわれが高らかな人間肯定の思想をそこから引き出すのを常としてきた古代ギリシア人というのは、実際は、骨の髄まで「ペシミズム（厭世観）」に取り憑かれた悲劇的民族であった、というのである。神々の栄光や英雄たちの勇姿について語るホメロスやヘシオドスの叙事詩などは、どれもこれも徹底的に「ペシミズム」という大文字のモティーフによって染め抜かれている、と見るのが妥当であり、プロメテウス、ヘラクレス、アキレウス、アガメムノン、オイディプス、といった登場人物がたどる運命はことごとく悲惨のかぎりを尽くしており、生存の無価値に関するギリシア的感受性を証言して余りある、というのである。

手始めに、ブルクハルトが紹介している『イリアス』の印象的な一節を挙げておこう。「この地上で呼吸し、はい廻っているあらゆる生類の中で――とゼウスは心に思う――人間ほど哀れで惨めな者はない」（S. 357. 三三四頁。『イリアス』松平千秋訳、岩波文庫、一九九二年、では下巻一七八頁）。これは、神々の王たるゼウスが、人間どもの戦争の巻き添えを食らっている神馬たちを不憫《ふびん》に思って言うセリフである。神馬とはいえ、馬畜生ごときにもはるかに劣る、と人間の生を神が見下しているのだから、これはもう相当の侮蔑表現と言わざるをえない。さらに、古代の叙事詩人として名高いピンダロスの次のような詠嘆の言葉もブルクハルトは引いている。「神々は死すべき人間たちに幸福一つ当りに禍い二つを割り当てる」（S. 357. 三三四頁）。神々が人間に対して、恩寵どころか、こんな不届きで邪悪な態度を示すとされていたのでは、救いなどありそうにない。ギリシアの神々にとって、栄光を手に入れた人間を妬んで破滅に追いやるなど朝飯前なのである。その一方で、神々自身はオリンポスの山上で不死の安楽な生活を送っているのだから、ここに神々と人間の相克が生ずることは避けられない。ゼウスに昂然と反逆して人類を救済しようとする巨人プロメテウスや、アポロンの神託に翻弄された我が運命を呪いつつも崇高さを失わないオイディプス王が英雄視されるゆえんである（ニーチェ『悲劇の誕生』第九節を参照）。その意味では、ギリシア人の「異教」的な神観念は、たしかに「ヒューマニズム」的と言えるだろう。そこには、神に抗する人間の力強さの肯定がある。

とはいえ、ブルクハルトは、「人間の生存についてのギリシア人の一般的な評価」としてあっさりとこう言い切ってもいる。「神々の干渉のあるなしにかかわらず、人間はどのみち不幸なのである」（S. 349. 三一六頁）と。また、以上のような「神話とその声である叙事詩の中に表わされているギリシア人の厭世観《ペシミズム》の前史」（S. 359. 三四〇頁）の概観を終えるにあたって、ブルクハルトは駄目押し的にこうも言い添える。「ヘシオドスの『仕事と日々』にはギリシア的意識が人間の五つの世代という話の形で言い表わされているが、現在と未来についてあれほど徹底的に厭世観的に、かつあれほど完全に絶望的に述べている国民はたぶんほかにいないであろう」（S. 358. 三三六頁）。『仕事と日々』の有名な「パンドラの箱」の逸話が物語っているように、ギリシア人にとって「希望」とは、ゼウスが人間を懲らしめるために贈ったとされる、とっておきの禍悪以外の何ものでもなかった。つまり、彼ら古代人は、苦難のどん底にいる隣人を励ます博愛家よろしく「今は苦しくとも、いつかきっと報われる」と言葉をかけて「希望」を抱かせることは、苦しみに満ちた生をいたずらに引き延ばす拷問のようなものだ、と考えていたらしい。

こう見てくれれば、「われわれがここで特に相手にしているのは、極度におのれの苦悩を感じ、それを意識せずにはいられなかったような民族なのである」（S. 360. 三四一頁）という言い方が、たんなる誇張ではないことに思い至る。では、それほどまでに「傷つきやすい面」（S. 360. 三四一頁）を持っていたギリシア人が、にもかかわらず人類史上他に類を見ない壮麗な文化を築き上げたのはなぜか。――と問いたくなるところだが、おそらくこの問いの立て方は、的外れなのである。つまり、この場合「にもかかわらず」は不適切であり、その反対の「まさにそれゆえにこそ」の方が正しい。苦悩に対する鋭敏きわまりない感受性を持っていたからこそ、ギリシア人は稀有の文化を造り出すことができた、というのは『悲劇の誕生』でのニーチェの仮説だが、それと似た考えをブルクハルトも抱いていた。「これらの人たち〔芸術家、詩人、思想家〕が個人として現世の生活をどれほど悲惨と考えていたにせよ、彼らのエネルギーは、みずからの中に生きているものの自由にして偉大な形象を世界に産み出そうとする意欲を断念することはないのである」（S. 361. 三四三頁以下）。

そして、だからこそ、ニーチェの言う「ギリシア人とペシミズム」の問題は決してたんなる好事家《こうずか》的トピックにとどまらない重要性を持つのである。ペシミズムの宿痾に冒された大昔の民族が勝手に自滅していった、というだけなら話は簡単なのだが、そうは問屋が卸さない。古代にひしめいていた「健やかなペシミスト」たちは、一切のペシミズムを近代ヒューマニズムと相容れない前代の遺物と見なし葬り去る近代人に向かって、ひょっとしてこうささやいてくるのではないか。「君たちは「いのちを大切にしよう！」と盛んに絶叫しているようだが、そのいのちのどこが大切なのか、われわれに示してくれないか。とてもそうは思えないからこそ、われわれは苦しみ抜いたすえ、ただ生きていることの無意味さに何とか一矢報いようと、都市国家を築いたり、学問芸術を興したりしたのだが」。古代ギリシア人は、「民主主義」や「科学」といった近代人の誇りとするものの原点を創設した栄誉に浴しているだけに、この反問には凄みがある。ではいったい、われわれはギリシア人からの問いかけに、どう答えるべきか。「現代人には、冷酷な古代人の与《あずか》り知らぬ心優しき博愛精神がある」と言って済ませられるのか。それとも、「万能のテクノロジーを手にしている以上、われわれの勝ちだ」と居直るべきか。だが、われわれの自慢の種のこの二種の発明は、古代人の高笑いを買うだけかもしれない。それに、もとはといえば、そうした重装備の鎧兜《よろいかぶと》で二重に保護されているはずの〈いのち〉のどこが大切なのか、どうにもピンとこないからこそ、われわれはこの問いの前に佇んでいるのではなかったか。

五　古代的死生観の根本命題

如上の難問に性急に答えるのはひとまず控え、もう少しブルクハルトに同行してギリシア的厭世観に付き合ってみることにしよう。今度は、神話的世界ではなく、「歴史時代におけるギリシア人の思想」(S. 359. 三四〇頁)が話題となる。

まずはこれまでの確認から。「ギリシア人たちは、人生一般を、またおよそそういった事柄を讃美したり、ましてそれを贈り物と考えて神々に感謝しようなどということを思い付いたことは一度もなかった」（S. 363. 三四七頁以下）。「ギリシア人の詩歌や散文において圧倒的な勢いでわれわれに立ち向かってくるのは、民衆のうえに根差す事実としての厭世観《ペシミズム》であって、しかもそれはまったく反省の結果生じたのではなく、ましてやそこには、われわれの世紀において行なわれたような〔ショーペンハウアーとその亜流の厭世思想が念頭に思い浮かべられている〕、多方面にわたる理由付けなどは全然なされていなかった」（S. 364. 三四九頁）。古代ギリシアの文献を渉猟して「そこで耳にされるのは、一貫して流れている人生蔑視の声である」（S. 364. 三五〇頁）。こうしてわれわれは、ギリシア的死生観のいわば「根本命題」に行き当たる。いわく、「人間は不幸に生まれ付いている、もともと世にいないこと、もしくは早くして死ぬことが最善である」（S. 364. 三五〇頁）。

「この世の生を最悪と観ずる」こうしたペシミズムを、多少の変奏はあれ、どれほど多くの古代の著作家たちが率直に表白していたか、をブルクハルトは列挙してみせる。その現世怨嗟のオンパレードたるや、ゾッとするというより、呆れて笑いがこみ上げてくるほどである。歴史の父ヘロドトス、大悲劇詩人のソフォクレスやエウリピデス、さらには哲学者のプラトンやアリストテレスまでもが、みんな仲良く、「人間にとって生まれないのが最善であり、次善はすみやかに死ぬことだ！」と、いのちに対する誹謗中傷の大合唱を謳い上げているのだから。やれやれ、何とまあ不謹慎で不埒で無節操で無責任な人たちか、とおかしくて吹き出してしまうのは、私だけではないだろう。

とはいえ、ここまで露骨に言われてしまうと、現代人のはしくれとして「いやいや、人生そんなに捨てたものではないよ」と、しおらしく生のことをかばいたくなったりする。そんなことを言い出そうものなら、口の減らない彼らには、「お前はカエルの仲間か何かか?」と嗤われるのがオチだが[8]。こうなると、何だが自分がイソップ寓話のなかに入り込んだような気さえしてくるから不思議である。ちなみに、ブルクハルトによれば、「ギリシアの寓話は、動物を題材とした場合でさえ、かつては生の蔑視を前提としていた」(S. 381. 三八六頁)。「生き物はみんな一生懸命生きている、ボクたちも頑張らねば!」と発奮して「生の讃歌」をいじましく輪唱するわれわれ現代人とは、根本的に違う。察するに、こんな不真面目な古代人が現代にタイムスリップしてきたら、彼らは笑話の種には事欠かないだろう。現代人が深刻な社会問題として受け止めている地球環境、脳死、いじめなどどれをとっても、彼らの「生の蔑視を前提とする」見方からすれば、大笑いのタネになること必定である。

それはともかく、かの「根本命題」からして、生を終わらせてくれる「死」というのは、古代人にとって望ましいものだった、ということに当然なろう。「この世に存在しないほうがこの世に存在しているよりもよく、死ぬことができるということはそもそも神々の恩寵であって、高貴な所業に対する高貴な報酬として神々から授けられるのだという考えは、数多くの物語が引き合いに出されながら立証されているものであり、それらの物語はギリシア人の厭世観《ペシミズム》の真の共有財産となっていた」(S. 372. 三六九頁)。まただからこそ、当時「自発的に死ぬ人たち」が少なくなかったのであり、「ギリシア人にあっては生命はもろもろの財宝の最高のものでは全然なかったということが何らかの点によって証明されるとすれば、それはまさにこれ〔自発的な死の事例〕なのである」(S. 373. 三六九頁以下)。日本語の「いのち」という言葉には、「一番大切なもの」という含意がある。「いのちを大切にしよう!」という掛け声が空疎に響くのは、一つにはそれが同語反復で何も言っていないからである。ところが、ここ古代ギリシアでは、生命とは、宝物どころか、負債・借金のようなものであり、むしろ、死んでそれを免れることができることのほうが幸運と見なされていた、というのである。手持ちの財産を注ぎ込んで宝くじを買いあさるように、「自発的に死ぬ」ことが何やら横行していたらしい。

というわけで、ここから話題は「自発的な死」に向かう。実際、そうでなかったら、かの「根本命題」はこけおどしになってしまうだろう。そして、いのちをみずから断つことがタブーとなっている現代社会に、古代人の死生観が由々しく抵触するとすれば、それはまさにここなのだ。われわれの古代探訪はいよいよ険しい奥地に入り込むことになるが、たぶん遭難はしないだろうと私は高を括っている。

ところで、ここまで来るとさすがに疑念を抑え切れない人も出てくることだろう。「古代ギリシア人だって生きることに執着していたのではないか。もしそうでなかったら早々にめでたく民族滅亡と相成ってしまったはずだから」と。この点に関してブルクハルトはこう述べている。「ギリシア人にとっても生への愛着が生れつき具《そな》わっていて、大抵の人たちは、他の民族と同様に死を恐れていたことは、事改めて言うまでもない。しかしこの恐怖は公然と嘲笑されたのであり、これと相対立する感情が絶えずまかり通っていたのであった」(S. 373. 三七〇頁)。古代にも「生への愛着」はあるにはあったが、「公然と嘲笑」されたというのである。それは、人間の尊厳の証しどころか、どんな生き物にも付きまとう卑しさや醜さのしるしであり、そういう弱みを見破られるのは恥ずかしいことだった。

なるほど、生き物として存在している以上、ショーペンハウアーの言う「生きんとする意志」が人間にも備わっていることは否定できない。これは古代ギリシア人も同じであった。しかし、彼らがわれわれ現代人と違うのは、その「自然的欲求」を崇高なものとして尊重することは決してなかった、という点である。現代人が「生命への畏敬」と見なしているものが、古代人の眼には「生命への執着」と映じていた。なにしろ、何が何でも生きたいという本能はどんな生物にも多かれ少なかれ見られるのだから、それを人間は自慢できるはずもないからである。それなのに、近代ヒューマニズムは「ただ生きていること」にこだわることを「人間らしさ」の証明として重んじ、ここに「人間の尊厳」を何としても見出したがっている。しかし、それでは人間を動物レベルに貶めることにならないだろうか。そして実際、その種の生存本能なら自然界を見渡せばどこにでも転がっているから、当然、心の宏い人道精神は、動物愛護から環境保護にまで拡大していくことになる。

それだけではない。病院のベッドの上で生かされているだけの高齢者の人口が増えたからといって、平均寿命がまた伸びたと喜ばしいニュースとして報じられたり、お達者とは言いがたい長寿者が無差別に顕彰されたりする。それは、動物園や水族館で飼い殺しの目に遭っている野生動物の延命記録が更新されて喜ぶのと、あるいは、絶滅に瀕した稀少生物が保護されてやっと存命しているのを喜ぶのと、似ていないだろうか。こういった無差別的な「生命の尊重」は、古代人にはとうてい理解不可能だったろう。もっとも、人間を家畜並みに扱うことなら古代人も得意としていた。そう、奴隷制という非情なシステムがそれである。なるほど、介護施設へ行けば、生命の尊重という現代社会の最高原則に屈従する苦役に就かされているあまたのお年寄りたちを観察できる。老人病棟では、手足を縛られ隷属状態に置かれた医学の奴隷の姿を見学できる。そんな現代人が古代人を一蹴できるだろうか。

生命への執着をさらけ出すことを恥とした古代ギリシア人は、「老年」に関しても相当ストレートに物を言っていた。「青春」の美しさにはあらゆる賞讃を惜しまなかった彼らの間では、しばしば「何の遠慮もなく老年についての悲嘆がきわめて声高に発せられるのを耳にする」(S. 374. 三七二頁)。ここでは、かの「根本命題」は、青春に帰される高い価値のために、若干の変形を蒙ることになる。いわく、「青春が過ぎ去ったならばただちに死ぬのが最善の道であろう」(S. 375. 三七三頁)。愛すべき若さをたたえる一方で、憎むべき老いをののしる悪口雑言が、感傷的な詩人のみならず、冷静沈着な哲学者アリストテレスの『弁論術』にも出てくることに、ブルクハルトは注意を促す。[9] ここでは、『ホメロス讃歌』の「アフロディテへの讃歌」の一句のみ引いておこう――「神々も老齢を嫌う」(S. 376. 三七六頁、『四つのギリシャ神話』逸見喜一郎・片山英男訳、岩波文庫、一九八五年、では一七七頁)。

人類は昔から「不老長寿の夢」を思い描いてきた。そして、その宿願を現代の医療テクノロジーは叶えてくれるかの勢いである。たしかに人間は、平均すれば、以前より「死ななくなった」いや「死ぬのが遅くなった」かもしれない。何もそこまで長生きしなくても、と贅沢なことが言えるようになったこと自体、感謝すべきところもあろう。しかし、これをもって医療技術の勝利と浮かれられるほどおめでたい人はそういない。なぜか。それは一つには、もともと「長寿」とワンセットであったはずの「不老」の願望が置き去りにされているからである。老練や老獪ならともかく、すっかり老いぼれて老残や老醜をさらけ出すくらいなら、そんな長命など寿《ことぶき》どころか拷問みたいなものだと、誰だって考えている。いわんや、回復の見込みもなくチューブにつながれおむつをされて……という奴隷状態で、おめおめ生き永らえたいと思うだろうか。にもかかわらず、そうした冷酷無比の延命医療が人命尊重の大義名分の下で、生き地獄を作り出している。少し考えれば誰にでも分かることが口に出して言えないこの現状は、「いのちの博愛全体主義」とでも呼びたくなる。

くどいようだが、「長寿」は「不老」と一緒でなければ意味をなさない。ギリシア人はこの点をしみじみ弁えていただけでなく、若さの持続の方がただ長生きすることよりもはるかに困難であることを知っていたがゆえに、老年には価値を置こうとしなかった。現代人は死ぬのが遅くなった一方で、老けるのはむしろ早まっている、とひそかに感じるのは私だけだろうか。老け具合というのはなかなか実証的には測定できないので、検証はむずかしいが。逆に言うと、老化は現代医療技術によっては対応できないものを含んでいる。なぜなら、この問題は、「美」という——オリュンピアの祭典や神々しい裸体彫刻を創造した——古代ギリシア人が得意とした高度の観念を前提しているからである。ちなみに私は、脳死判定や臓器移植の論議に膨大なエネルギーを使うよりは、「人間の身体美とは何か?」とのんびり思索をめぐらす方が、よほど健全でヒューマニズム的であると思っている。

ところで、ここで一つの疑問が沸いてくる。ギリシア人は青春をたたえ老年をおそれていたが、では、われわれ現代人はどうか。あからさまに口にするかどうかを別にすれば、事情は何も変わっていないように思われる。たとえば、ブルクハルトは、すでに古代において、「白髪になりかけている髪を染めるのがよいと考えられていた」ことや、「頭が禿《は》げたとき、それを隠すために天人花《てんにんか》の冠をかぶっていた」

者があったことに言及している（S. 375. 三七三頁）。これが現代人の風習と酷似しているのは明らかである[10]。しかもこうした抵抗は、「老年そのものに対する恐怖」（S. 374. 三七二頁）と表裏一体である。とすれば、白髪を染めたりかつらをかぶったりする現代人の感受性は、どこか深いところで、古代ギリシア人が抱懐していたようなペシミズムとふれ合っているのではないか。

もちろんわれわれには、「青春が過ぎ去ったら、ただちに死ぬのが最善だ」とまで言い切る勇気はさすがにない。しかし、どんなにどっぷりと近代ヒューマニズムに浸かっていても、依然としてわれわれには、元祖ヒューマニズムに近しい部分、それを懐かしく感じてしまう感性が備わっているのではないか。しかもこの深部の隣接面は、最終的には、かの「根本命題」にまで及ぶようにも思われる。つまり、われわれの中にも近代的ならざる部分が残っており、その古層が、古代的死生観という、われわれに異質なはずの考えに感応しているのではないか。だからこそ、まったくの他者のはずの古代ギリシア人のペシミズムが、われわれ現代人の耳にも懐かしく響くのではないか。かの「自発的な死」にしても、事情は同じではないのか。この憶測はもう少し調べてみる値打ちがありそうである。

六　「自発的な死」のかたち（その一）

本格派の人文主義者ブルクハルトは、今見てきたようなギリシア的「老醜嫌悪」を瞥見したのち、今度は、生命の誕生つまり子をもうけることについても、古代人が消極的見解を示していた点に注意を促す。「今までに立証されてきたような人生評価においては、子供を作ることに反対するある種の論理的結論すらときとして述べるのを、どうしても避けるわけにはいかなかった」(S. 377. 三七八頁)。「この世に生まれないのが最善」というのだから、生まれてしまった赤ちゃんに対しては「(自分たちのあやまちで)悪いことをしてしまった」と不憫に思うのが当然で、その新しい生命が背負うことになる呪われた生涯を思うと、親の偽らざる情としては、誕生お祝いをするどころか、お通夜そこのけに痛切な哀悼の思いを抑えきれない、というのである。

この発想は、われわれから見ると相当異様な感じがするが、意外にも、現代に通じる部分がある。昨今深刻になりつつある「少子化現象」には、次の実践的三段論法がどこかで働いている。「どうせ、これからの世の中ますます悪くなる一方であり、絶望的だ。ところで、これから生まれてくる子どもはその災厄を引き受けなければならず、かわいそうだ。ゆえに、熟慮と情愛に満ちたわれわれは、子どもを作らない(性交はするが)」。気がつけば、子作りを功利主義的によしとしない反出生主義が、猛威をふるっている。

しかし、いくらニヒリズムに取り憑かれた現代人でも、古代の風習であった悪名高き「捨て子と子殺し」の大義名分に賛同することは憚られるだろう。「広く行き渡っていた人生についての厭世観的見解がすでに、捨て子や子殺しの決意を少なくとも大いに容易にしたこと、すなわち、憐愍《れんびん》の情がそこに共に作用していたということは大いにありそうなことである。それは、自殺をも大いに促進したのと同じ確信から生じた結果であった」（S. 378. 三七九頁以下）。「奇形児は確かに大部分の古代民族においてはただちに殺されることになっていた」（S. 379. 三八一頁）などと聞けば、われわれ人道主義者は眉を顰めずにはおれないが、そうした反人道的措置が、少なくともギリシアにおいては、意外にも、子を思う「憐愍の情・同情（Mitleid）」からなされた形跡がある、というのである。

この意外さは、子が非業の死を遂げた場合、古代において称賛された親の対応の仕方を知ればさらに高まるだろう。「著名な男たちがその息子たちに、それも暴力による死によって先立たれた場合、自分たちは死すべき者を生んでいたことを知っていたのだ、としか言わなかった」（S. 379. 三八三頁）。「彼らは人生の無価値を非常に強く感じていたので、自分たちの息子らが死んだことを幸福だと、喜んで認めたのである」（S. 380. 三八三頁以下）。凶悪犯罪に巻き込まれ、わが子を殺された親が、悲嘆に暮れるどころか、「これでよかったのだ、生きることは無価値なのだから」と言ってすますのが、立派な親のふるまいとして語り草になったという。お気持ちを一言で、と取材された親御さんたちの号泣する姿をテレビで見ては同情の涙にむせぶのが、現代人のモラルというものだが、古代の誇り高き人びとは「別に何ともない、いや、死ねて本人は幸せだった」とコメントしたのである。もう少し彼らの気持ちを忖度してあげれば、こんなところだろうか――「子が死んで嘆くなど、サルにだってできる。そんな愚かしいことが、この私にできるか」[11]。

ともあれ、古代的死生観の根本命題から、次の見地が生じてくるのは、ごく自然なことだった。「生まれた者は、その者がこれから災厄の中に踏み入れるということで嘆き悲しまれ、一方死んで、もろもろの悩みから解き放たれた者は、幸福だと喜ばしげに讃えられながら家から運び出されるのだ」(S. 381. 三八六頁)。最愛の人には何が何でも生きていてもらいたい、と手を尽くす現代人の必死の努力は、そしてそれを援助してやまない現代医療の救命活動というのは、この古代的見地から見た場合、どうやら、本人の僥倖《ぎょうこう》を引き延ばすだけの要らぬお節介ということになるようである。

さて、こう見てくれれば、死という選択肢に対して古代人が積極的態度を示していたことは、もはや明らかだろう。かくして、「ギリシア的生の総決算」に関するブルクハルトの考察も、古代的な「自発的な死」のかたちの紹介をもって締めくくられることになる。「理知に富んだ一つの国民全体が生をかくも悪く考えていたとするなら、死は、これを苦労してもっと間近に直視するに値するものであった。われわれはギリシア人における自殺の考察に入っていくことになる」(S. 381. 三八八頁以下)。

以下、興味深い故事がいろいろ挙げられているが——たとえば、年老いた老人たちが「自発的に、かつ数人がいっしょになって死ぬ習慣」があった(S. 383. 三九二頁)とか、娘たちの間で自殺が「伝染病」のように広まり、困った当局がその防止策として「縊死《いし》した者たちは裸にして広場《アゴラ》を通って運ばれねばならない」としたので、「その後この行為はぱったりやんだ」(S. 386. 三九八頁)とか——、ここでは、目下の文脈において重要と思われる次の指摘に耳を傾けることにしよう。「自発的死の厳粛な理由のうちで、古代において、そしてまた古代ローマにおいても、全般にわたって、かつおそらくは全然反対されることなく認められた理由は、あらゆる不治の病であった。そういう病気にかかっている人の生命を医術によって引き延ばすことは、公然と非難された」(S. 387. 三九九頁)。

古代人のこのような延命医療不正論を、ブルクハルトはプラトンの『国家』からの引用で例証しているが、そのプラトンは、アスクレピオスというギリシア神話における医術の神を引き合いに出しながら、こう述べる。「病弱な人たちはそもそも生きるべきではなかったのであり」、「医神アスクレピオスは、一回限りの病気にかかっていて、それを癒してもらいたい人たちのために医術を教えたのであり、内部の隅々まで完全に病んでいる身体を注意深く排泄《はいせつ》させたり注入したりしながら長いあいだ、惨めに生かしておこうとは試みなかった」（S.387. 三九九頁、岩波文庫の藤沢令夫訳では上巻二三一頁）。

もっとも、プラトンが憤慨しているとおり、この医神には、「金に目がくらんで、すでに死ぬほかはない金持を治療し、そのために雷に打たれた」（『国家』408B-C. 前掲訳書二三五頁）という人聞きの悪い言い伝えが当時帰せられていた。現代の神業師たちが雷に打たれることのないよう祈りたい。とはいえ、現代社会において医者という商売は、弁護士と並んで、学者以上に先生と尊称される職種だから、そんな心配は無用だが。なおこの点について、プラトンがこう予言しているのは特記すべきである。「一国に放埒と病気がはびこるときは、数多くの裁判所と医療所が開かれ、法廷技術と医療技術とが幅をきかすことになるだろうね――自由人ですら大ぜいの人たちが、ひどくそうした事柄について真剣な関心を寄せるような状況では」（405A. 二二七頁）。アカデメイアを創設したプラトンによると、自立をめざすべき市民がこぞって「最高の腕をもつ医者」を必要としている状況というのは「一国における教育が恥ずべき状態にあることを告げる証拠」（405A. 二二七頁）にほかならない。いわんや、哲学関係者が脳死論議にうつつを抜かすなどけしからん、と言われそうである。

ともかく、プラトンにとって「医術というものに対してとるべき正しい態度」とは、次のようなものだった。「もし長期の療養を命じられて、頭に布切れを巻いたり、それに類したことをいろいろされるようなことがあれば、彼はただちに言うのだ、——自分には病気などしている暇はないし、それに、病気のことに注意を向けて、課せられた仕事をなおざりにしながら生きていても何の甲斐もないのだ、と。〔…〕もし彼の身体がそれ〔医者の厄介にならずに自分の仕事を果たして生きること〕に堪えるだけの力がなければ、死んで面倒から解放されるのだ」(406D-E. 二三一頁)。免疫抑制剤の厄介になって生きてゆくなど、プラトンには論外だったにちがいない。「一生病気の治療をしながら過すような暇は誰にもない」(406C. 二三〇頁)し、「身体の面で不健全な人々は死んでゆくに任せる」(410A. 二三九頁)というのが、医術に対するこの理想主義的教育者の公式見解だった。

だが、われわれは少々プラトンに深入りしすぎたようである。ここまでくると、プラトンなどという全体主義のイデオローグを引き合いに出すのはけしからん、と憤慨する人が出てきてもおかしくない。そこでこのさい、もう一人の聖人にご登場願おう。医者の元祖として、アスクレピオスより現代では有名な伝説的ギリシア人、ヒポクラテスである。

大学医学部の構内には銅像が立っているくらい、この「医聖」は重んじられてきたが、西洋医学の父と称され、名のみよく知られたこの古代医師は、「技術について」という題名で伝承されてきたテキストの中で、次のように述べている。これが医術の古典的定義なのである。「まず、医術とは何かについて、わたしの考えている定義を述べよう。医術とはおよそ病人から病患を除去し、病患からその苦痛を減じることである。そして病患に征服されてしまった人に治療を施すことは、医術のおよばぬところと知って、これを企てることを断わることである」（『古い医術について』小川政恭訳、岩波文庫、一九六三年、八七頁）。後半部に明らかな通り、ヒポクラテスもまた、プラトンと同じく、不治の病に冒された病人にまで医療処置を施すことは医術に悖《もと》るとしている。またこうも言っている。「医術のおよび得ないことを医術に対して要求し、自然のおよび得ないことを自然に対して要求することの無知は、無知よりもむしろ狂気に縁が近い」（前掲訳書九二頁）。この古代的見地からすれば、現代医療技術もまた「狂気に近い」と診断されるのではないだろうか――逆の見方もできることは心得ておくべきだが。

七　「自発的な死」のかたち（その二）

古代の延命医療消極論の瞥見はこのくらいにして、ブルクハルトの『ギリシア文化史』における「自発的な死」の本筋に戻ろう。すでに示唆されていたように、「高齢のゆえにこの世を去ることも、ことに病気もしくは老耄《ろうもう》が迫っている場合には、まったく当然のことと見なされていた」（S. 387. 四〇〇頁）。しかしこれを以て、古代の「尊厳ある死」と受けとるのは、やや早計である。なぜなら、ギリシア人にとって、そのような一身上の理由で命を断つことは、「威厳をもってみずから死を遂げた」（S. 393. 四一二頁）とは到底見なされなかったからである。彼らの「「堂々たる死《エウタナテサイ》」を遂げたいという願望」（S. 392.

四一一頁）は、重病患者に最後の一押しをしてやるのは是か非か（あるいは延命装置を外すべきかどうか）といった議論とは異なるものだった。古代人が「自発的な死を遂げる権利、否、義務がどの点において始まるかという問題について詳細に議論している」としても、それは――病気や苦痛に耐えられなくて逃げ出そうとする場合では毛頭なく――「大きな、ことに政治的な危険に際会したとき」（S. 391. 四〇九頁）をもっぱら想定しての話だった。要するに、戦争で敗北したとき自由人としていかに尊厳を保つか、という議論なのである。

古代と現代とでどこが違うかといって、この政治的「自決」の尊厳の問題ほど異なってしまったものはない。たとえば、ブルクハルトの次の説明をわれわれはどう受け止めるだろうか。「戦闘に際し、突破された城壁で戦死することができず、敵に征服されてしまったギリシア人は、まず自分たちの妻子を殺したうえで、まだ間に合ううちに、それも集団で自殺を遂げた」（S. 387. 四〇〇頁）。さらに、こういう凄まじい事例も挙げられている。「ある者は自刃し、またある者は女子供を刺し殺して火中に投じ、あるいは絞め殺して貯水槽に突き落とし、そして、みずからは屋根から身を投じて死んだ。彼らにとって生き長らえることは、故国のために死んだ人たちに対する裏切りのように思われたのであろう」（S. 389. 四〇三頁）。これまで古代人の死生観に辛うじて付いてこられた理解力ある人でさえ、この物騒きわまりない集団自決にはさすがに眉を顰めるにちがいない。二〇世紀の世界大戦における悲惨な事例を思い起こして軍国主義の虚妄を力説し始める識者もいるだろうし、この故事を、戦争の愚かしさを説くうえでの教材として使う教師も出てくることだろう。

ところが意外なことに、ブルクハルトの評価の仕方はこれと異なっている。この文化史家は、今挙げたギリシア人の流儀を「あらゆる民族の感情がこれをよしとせざるをえないもの〔…〕あるいは少なくとも、非難しえないもの」（S. 387. 四〇〇頁）だとするのである。もちろん一つには、「征服された男子はこれを殺害し、女子供はこれを奴隷として売却する、という戦時法規」（S. 387. 四〇〇頁）が当時のポリスには存在した、という特殊事情が考慮されるべきだろう。しかしそうはいっても、「これ〔戦時法規〕を考え合わせるとき――上のような行動〔集団自決〕はまったく適切な処置の仕方であって、実際それは一般の承認を受け、驚嘆さえも博したのであった」（S. 387. 四〇〇頁）というブルクハルトの平然たる言い方は、われわれの神経を逆撫でするに十分である。現代の平和主義者はますます声を荒げて、「ブルクハルトも隠れ全体主義者だったのだ。いや、そういうお前こそ……」と言われるかもしれない。

私は、この種の危惧が抱かれるのは無理からぬことだと思う。逆に、前近代の武人の死に方を今日の政治家や評論家が愛国心教育の教材に用いるほうこそ、見当外れもはなはだしい。そう簡単にダブらせるには、古代と現代とではあまりに世界が違うのだから。その断絶たるや、異文化理解など到底不可能だと思えてしまうほどである。これに関連してもう一つ私が不満に思うことがある。現代の古代ギリシア研究者の多くが、この恐るべき間文化摩擦にあまりに鈍感なことである。プラトンにしろアリストテレスにしろ、かくも勇猛な古代人のはしくれだったことを、彼らの好意あふれる現代的解釈は素通りしてしまう。

では、古代と現代のこの不幸なすれ違いから、われわれは何を学ぶことができるだろうか。私見によれば、それは、政治的生の原初的条件である。もう少し平たく言えば、政治参加の基本要件ということになる。

ブルクハルトは、「自発的な死が政治活動に携わっている人たちに避けがたいものであった」(S. 392-393. 四一一頁)という点に注意を促す。ポリスの自由市民たるとは、おのれの生命を賭してポリスの自主独立を守りぬく戦士たること、を意味していた。「自由か死か」の二者択一こそ彼らの誇りであり、征服されて奴隷の境遇に身を落とすことは、誇り高い彼らの選択肢には入っていなかった。「奴隷の身分は死よりもひどいものであると、古代の人たちは異口同音に言っている」(S. 388. 四〇〇頁)。彼らの戦士道徳には、家族もまた従うのが当然とされていた。「通常ギリシアの女たちは、野蛮で情け容赦のない敵の暴力の手に陥らないために、みずから生命を断たねばならなかった」(S. 390. 四〇七頁)。当時は、「凌辱に対して身を守るための自殺」(S. 390. 四〇七頁)も辞さないのが、戦士階級の妻女たる要件であった。だからこそ、先に挙げたような凄惨な集団自決がまかり通ったのだ。

ここで気づくのは、このような命がけの態度を貫くことのできる人間は、そう多くはないという点である。これまで「古代ギリシア人」というふうに一括りにして話を進めてきたが、これは誤解を招く単純化だったかもしれない。古代ギリシアにだって、たとえ奴隷になろうと生き延びたいと思う人々は数多くいたはずだから。ブルクハルトを案内役としてこれまで見てきた古代の死生観とは、「自由を奪われるくらいなら死んだほうがまし」という戦士道徳を誇りとした、人類の多数派とは言いがたい「自由市民」に帰せられるべきものだった。「生への執着《ピロプシュキア》」は結局のところ一つの非難にはちがいない」とか、

「不幸な中にあってなお生に執着している者は、卑怯者か、でなければ鈍感な心の持ち主である」（S. 391. 四〇九頁）といった価値判断は、当時の「エリート階層」の――よく言えば高貴な、わるく言えば傲慢な――感受性の表現にほかならない。そうした苛烈な感受性を共有しうる者のみが、「政治活動」（ポリスにおけるプラクシス）に参加することを許された。「人間は政治的動物である」というアリストテレスの言葉も、この感受性から理解されるべきであろう。

幸いにも、このような偏った人間観を全人類に普遍化することはまったく不可能である。博愛主義が、万人はもとより、生物一般、いや無生物にさえ適用可能であるのに対して、生命より名誉を重んじるという感受性の点では、人間はあくまで不平等にできている。そしてこの区別こそ、古代人にとって「自由人／奴隷」のメルクマールだった。「通例、生への執着は下劣な特徴として僕婢や奴隷に固有の性質であり、彼らを自由人と区別するものとされている」（S. 391. 四〇九頁）。政治的次元での「強者／弱者」の別を前提とする、この強烈な「人間の強さの肯定」の思想に、われわれ現代人が付いていけないのは当然なのだ。少なくとも、われわれが万人平等主義を自明の前提とするかぎりは。

それどころか、現代において古代自由市民の戦士モラルを語ることは、耳障りで不謹慎に響く。そんな差別思想を吹聴するのは暴力的だ、というわけである。しかし、暴力的なのはどちらだろうか。現代とは断然異なるヒューマニズムが古代にも実在した、という事実まで葬り去ってしまうことのほうが、よほど乱暴ではないか。異文化理解の重要性を力説する識者たちが、古代ギリシアの自由市民という「他者」の存在を承認できないようでは、不整合のそしりは免れない。現代とは異なる死生観がかつてあったということは、われわれ自身のパースペクティヴを拡大こそすれ、偏狭な反動思想には直結しないはずである。

もう一度だけ、ブルクハルトの紹介する古代戦士の死生観に耳を傾けよう。「自殺は、それが逃避ではなく、(政治的)行動である場合にのみ正当とされる」(S. 392. 四一〇頁)。自殺の動機と言えば、病苦や色恋沙汰、経済破綻といった行き詰まりしか思い浮かばない、想像力貧困な現代人には、この大義名分は縁遠いかもしれない。他方、文学者が憂国の士を気どって割腹自殺といった散り方が、古代人に近いわけでもない。いわんや、全国民を戦争にかり立てる総力戦の時代に、古代戦士階級の猿真似よろしく集団自決を迫るというのは、笑い話にもならない。もちろん、全人類の存亡を無差別に巻き添えにする核戦争の条件下では、貴族趣味的な「自由か死か」の大義名分そのものが完全にナンセンスと化している。どれをとっても古代と現代との隔たりは明らかであり、その落差は、われわれをしてヒューマニズムの系譜学のさらなる探索へ促すに十分であろう。

そのさい、肝に銘じておきたいことがある。「平和を愛するわれわれ現代人からすれば、好戦的な古代人は「野蛮」のきわみであり、死を賭してまで自由を重んじなければならなかった彼らは「かわいそう」の一語に尽きる」などと、そうやすやすと言ってはならないという点である。現代人がかくも戦争を厭い、平和を愛するのは、二〇世紀という、核兵器を生み出した戦争の世紀をくぐり抜けてきたからなのであり、もはや戦争全般が完全に無意味化するほど、それほど戦争に取り憑かれてきたからなのである。これを「人類の進歩」と呼ぶことこそ、まさに野蛮と言うべきだろう。また、兵士が軍事テクノロジーに隷属する代替可能な部品にしかなりえない非人間的な時代に、古代の自由人が生きたいと願ったはずがない。彼らはきっと「かわいそうなのはお前らのほうだ」と言い返すことだろう。ここで現代人が人命至上主義を振りかざすのは、あまりに空しく響く。そういうヒューマニタリアニズムが、戦争の世紀を埋め合わせる上部構造的からくりであったとすれば。

　先に私は、古代人の死生観のうちには現代日本人にも近しい部分がひそんでいるのではないか、との見通しを述べておいた。とりわけ「武士道」は、その「切腹」という政治的自決の作法一つとっても、古代ギリシアの戦士道徳に何やら通ずる部分を持ち合わせているかに見える。だが速断は慎もう。両者の突き合わせを現代からのたんなるロマン主義的投影に終わらせないためにも、われわれはいっそう鋭くヒューマニズムの系譜学を続行する必要があろう。この作業はいまだ半歩も前進――正確には「後退」――していないのだから。

　ブルクハルト『ギリシア文化史』の「ギリシア的生の総決算」の章には、まだ続きがある。「哲学者たちに見られる自発的な死」の概観（S. 393ff. 四〇〇頁以下）がそれである。これはこれでじつに面白く、続いて「「自発的な死」のかたち（その三）」と行きたいところだが、それは後日のお楽しみということにし[12]、われわれの多大な課題を再確認したことをもって、ひとまず終わりとしよう。それとも、こんな異国漫遊に付き合うのはもうこりごりだろうか。

註

〔1〕本章はもともと、一九九八年度後期に東京女子大学現代文化学部でなされた総合講座「死を考える――臓器移植問題を糸口として」のために用意した二回分の講義原稿に若干補筆して成ったものである。講義第一回目の同年一一月一三日の朝方、それまで長らく病院で末期医療を受けていた祖母が死去したことを、二〇二四年一一月に二七回忌を迎えた故人の鎮魂のために記させていただく。

〔2〕「最高善としての生命」と題された『人間の条件』第四四節で、アーレントは次のように述べる。「近代は、世界ではなく生命こそ人間の最高善であるという仮定のもとで動き続けてきた。〔…〕近代性を体現する思想家たちがどれほど明確かつ意識的に伝統を攻撃したにせよ、生命は他の一切に優先するという考え方は、彼らにとって「自明の真理」の地位をすでに得ていた。そしてこの生命絶対優先の思想は、われわれの現代世界においてさえ自明の真理として生き延びている」（HC, 318-319. 拙訳『活動的生』では四一五頁に相当）。「近代性を体現する思想家」としては「死の忌避」を国家構成原理に据えたホッブズが真っ先に挙げられるだろうし、「近代の生の哲学の最も偉大な代表者」としてアーレントが念頭に置いているのは「マルクス、ニーチェ、ベルクソン」である（HC, 313, note 76）。近代日本の西田哲学などもこの亜流に位置づけられよう。初期ハイデガーの「生」の概念も同断であろう。レヴィナスやアンリといったポスト・ハイデガーの思想家たちも、「最高善としての生命」には反逆せず、その唱道者のようなところがある。「生命が最高善であることをあたかも自明の事柄であるかのように」（HC, 312）考えるのが「近代人」だとすれば、この基本前提を疑うことが――、「神の死」や「哲学の終焉」に同調することよりはるかに――「危険思想」呼ばわりされることは避けがたい。しかしだからこそ、アーレントの反時代的考察は「近代性」の根源に肉迫しえているのである。本章が全体として『人間の条件』第四四節の補注たることを買って出るゆえんである。

〔3〕アーレントとは別個に「ヒューマニズムの系譜学」の問題圏に突入したとおぼしきフーコーは、晩年の『性の歴史』第二、三巻で、古代ギリシア・ローマの「実存の美学」へと遡っていった。さらにフーコーは第四巻では、キリスト教の勃興に伴う古代世界の変質を扱った。それと同じく、われわれの「ヒューマニズムの系譜学」も古代世界に引証点を求めることになるのだが、本章で触れることができなかったキリスト教における生命優先思想、およびそれが近代に生きのびた歴史的事情に関しては、前注に挙げたアーレントの『人間の条件』第四四節にやはり啓発的な指摘が見られる。「近代の究極的な参照軸として生命が自己を主張し、これまでずっと近代社会の最高善にとどまってきた理由は、近代の転倒がキリスト教社会の構造の内部で行われたためである。生命の神聖さに対するこのキリスト教社会の基本的信念は、キリスト教信仰の世俗化と一般的衰退にもかかわらず、これまでずっと存続し、微動だにせず残っている。言い換えると、近代の転倒は、キリスト教が古代世界に侵入したときに携えていた最も重大な転倒に従ったままで、それに挑戦しなかった」(HC, 313f.『活動的生』では四一〇頁に相当)。この問題——ニーチェ的に言えば「主人道徳から奴隷道徳への価値転倒」——に関連して言えることがある。日本もまた近代化の受容過程で「キリスト教社会の基本的信念」を受け入れ、かつその生命尊重主義は「キリスト教信仰の一般的衰退にもかかわらず」今日なお「微動だにせず残っている」という点である。

〔4〕「ヒューマニズム」問題を一気に哲学的思索の水準に高めたのは、よく知られているように、「実存主義とはヒューマニズムである」と主張したサルトルへの批判的応答として書かれたハイデガーの『「ヒューマニズム」についての書簡』であるが、そこでのヒューマニズムの語義説明はこうなっている。「表立ってはっきりとその名のもとで、フマニタス〔人間性〕ということが最初に熟慮され、追求されたのは、ローマの共和制の時代においてである。〔…〕ローマ人は、ギリシア人たちから引き継いだパイデイア〔教養〕を

「我が身に摂取吸収」することによって、ローマ的なヴィルトゥス〔有徳性〕を高め、そして高貴にしたのである。〔…〕ローマにおいてこそ、私たちは、最初のヒューマニズムに出会うのである」（*Brief über den »Humanismus«*, in: *Wegmarken*, GA9, 1976, S. 320. ちくま学芸文庫、渡邊二郎訳、一九九七年、三二頁）。これに対して、「人間の人間性とは、いったい、どこに存するのであろうか」（GA9, 319. 邦訳三一頁）と改めて問うハイデガー自身は「最も極端な意味での「ヒューマニズム」」を、つまり「人間の人間性を、存在の近さにもとづいて思索するヒューマニズム」（GA9, 342f. 邦訳八六頁）を提起しようとする。注意しておきたいのは、ハイデガーの場合でも、「たんに人間であるかぎりの人間などは、まさに大切な眼目をなさない」（GA9, 345; 邦訳九三頁）とされる点である。この問題提起こそ、アーレントやフーコーに受け継がれることになったポイントにほかならず、またハイデガー以降のヒューマニズム批判が総じてニーチェの超人思想と響き合う部分でもある。しかしそれを言うなら、ローマにおける「最初のヒューマニズム」にしてもその源泉たるギリシアの「パイデイア」にしても、事情は同じであった。「ヒューマニズム」とは本来、「たんに人間であるかぎりの人間などは、まさに大切な眼目をなさない」あくまで有徳性＝強さ本位の思想であった。

〔5〕『キケロー選集7（弁論家について）』大西英文訳、岩波書店、一九九九年、一九頁、の訳注4を参照。この訳書では“humanitas”は、主に「人間的教養」と訳されている。

〔6〕前出注2や3で記してきたように、本章の問題設定は、現代の人文主義者アーレントの『人間の条件』第四四節に向けられている。とりわけ、生命に対する「古代人の態度」として列挙されている以下のスケッチを参照されたい。「労働や出産など、生命が押しつける辛苦に対する異教徒的な侮蔑の念。神々の「安楽な生活」に関するうらやましげな描写。期待しなかった子供を棄てる習慣。健康を欠く生命は生きるに値

せず（だから、たとえば医者が健康を取り戻せない生命を引きのばした場合、その医者は自分の使命を誤解したものと考えられた）、自殺は重荷になった生命から逃れる高貴なふるまいである、とする信念」（HC, 315.『活動的生』では四一一－四一二頁に相当）。この簡略な記述を敷衍したのが、本章の以下の論述全体であると言ってもよい。

〔7〕J. Burckhardt, *Griechische Kulturgeschichte*, Bd. 2, Gesammelte Werke, Bd. VI, Schwabe & Co, 1978, S. 319ff., besonders S. 348ff., ちくま学芸文庫、新井靖一訳、第三巻、一九九八年、二四九頁以下、とくに三一五頁以下。以下とくに断わりのないかぎり『ギリシア文化史』からの引用は、本文中のカッコ内に原書頁数と邦訳頁数を示す。以下では、ブルクハルトの豊富な考証のごく一部しか取り上げられなかったし、それらを文献的にさらに肉付けする作業は、ほぼ完全に断念せざるをえなかった。ディレッタント丸出しの概略紹介に何らかの意味があるとすれば、この程度のつまみ食いでさえ、近代の生命尊重主義にどっぷり浸かったわれわれ現代人を震撼させるに十分なカルチャーショックを与える、という一点においてであろう。

〔8〕いのちの尊厳を笑い飛ばすなど、不謹慎にもほどがある、とお叱りを受けるのは必定だが、死すべき者どもがみずからの生への執着を破顔一笑する自嘲の質にこそ、古典的ヒューマニズムの本領がある。古代人のあっけらかんとした「ペシミズム（世界最悪観）」は、近代人のコソコソした「ニヒリズム（虚無主義）」とは似て非なるものである。老いの悲惨さを直視してカラカラ笑い飛ばすのがペシミズムの健やかさなら、老醜を何としても糊塗し隠蔽していよいよ深刻化するのがニヒリズムの病魔なのである。

〔9〕『弁論術』第二巻第一三章の「老人エートス」論はじつに興味深いので、参考のために抜き書きしておこう（戸塚七郎訳、岩波文庫、一九九二年、二二七頁以下による）。老人は「いつも「恐らく」とか「多分」と

いう言葉を付け足す。つまり、万事この調子で、何一つ確たる言い方をしない」。「また、ひがみ根性である」。「さらに、何ごとも信用できないため猜疑心が強い」。「人を激しく愛することも、激しく憎むこともない」。「心が狭い」。「けちである」。「臆病で、何ごとにつけても先々に不安を抱く」。「生への執着心が強い。人生の末期になるとそれが一そう強くなる」。「必要以上に自己中心的である」。「恥知らずである」。「希望よりはむしろ記憶に頼って生きる」。「行動の動機をなしているのは利得だけである」。「品性よりはむしろ損得勘定で生きる」。「彼らが不正行為に手を染めるのは〔狭小な〕悪意によるのであって、〔青年のように〕傲慢なためではない」。「さらに、老人もまた憐れみを感じ易いが、しかし青年たちと同じ理由からではない。というのは、青年たちの場合は人間愛によるのであるが、老人の場合は自分の弱さによるからである。つまり、彼らはすべての不幸をわが身につまされて感ずる」。「彼らは愚痴をよくこぼし、洒落をとばすことも笑いを好むということもない」。——こうした記述をわれわれ現代人が、偏見の一語で斥けがちであるのは、古代人よりずっと年老いてしまい、「ひがみ根性」と「猜疑心」と「心の狭さ」を背負っているからではあるまいか。

〈10〉古代人の白髪染めやかつらがまだしもあっぱれだったのは、それが檜舞台へ乗り出す身支度の一部だったからである(『平家物語』に出てくる武将、斎藤別当実盛を思わせる)。とはいえ、悲しいかな、そういった小細工は、古代ギリシアでは物笑いの種であった。

〈11〉プラトンも『国家』の詩人批判の文脈で(第三巻、第十巻)同様の見解を述べている。「立派な人物というものは〔…〕息子を失うとか、その他何か自分が最も大切にしているものを失うとか、そういった運命を身に受けたとき、ほかの誰よりも平静にそれを堪え忍ぶだろう」(603E. 藤沢令夫訳、岩波文庫、一九七九年、下巻三二七頁)。「不幸のうちにあっては、できるだけ平静を保って、感情をたかぶらせないことが最も望ま

〈12〉

しいのだ。ほかでもない、そうした出来事がほんとうは善いことか悪いことかは、必ずしも明らかではないし、堪えるのをつらがってみても、前向きに役に立つことは何ひとつないのだし、そもそも世に起こる何ごとも大した真剣な関心に値するものではないのだし、それに、悲しみに耽るということは、そのような状況のなかでできるだけ速やかにわれわれに生じてこなければならないものにとって、妨げとなるのだから」(604B-C. 前掲訳書三二九頁。強調は引用者)。こういうところにもプラトンのペシミズムはよく表われている。彼のホメロス批判・詩人追放論が、同時に「同情批判」であった点にも留意すべきであろう。

これまでの文脈と関わる、ある哲学者の死に方だけ、ここで一言しておく。ソクラテスの刑死は、古来「自殺」ではなかったか、と疑われてきた。しかし、これを、老衰のため哲学ができなくなったからみずから死を選ぶ、という意味での「哲学者の自発的な死」と同列に論ずる(クセノフォン以来の)解釈は不十分であろう。プラトンの『ソクラテスの弁明』とりわけ『クリトン』における発言は、ソクラテスが自己とポリスとの関係において死を受け入れたことを示唆している。そのかぎりでは、哲学者の刑死は「政治的行動」としての「「自発的な死」のかたち(その二)」に含めて考えることができる。ここで思い起こされるのは、新渡戸稲造が『武士道』(一八九九年刊)の「切腹」を論じた章で、ソクラテスの半自殺行為に言及し、その政治的含意を旧日本の公的自刃の制度と関連させていたことである(岩波文庫、矢内原忠雄訳、改版一九七四年、一〇〇頁)。少なくとも百年ちょっと前までの日本人は、近代ヨーロッパ人とは異なる角度から、ソクラテスの死を解釈する可能性を有していた。「大切なのは、ただ生きることではなく、よく生きることだ」とする実存の美学についても同様である。いのちのどこが大切なのか、という難問を投げかけてくるのは、古代ギリシア人だけではない。もっとも、われわれ現代日本人には、近代以前の日本人の恥の観念さえ、理解不能となっているのかもしれない。

第三章　自然的平等について
——近代道徳の系譜学のための一覚書〔1〕

「哲学的自然主義」について議論するシンポジウムに呼ばれたものの、その趣旨がよく呑み込めていない身ゆえ、さて何を話したらよいかと思案したすえ、以下では、「自然主義」という言葉で連想したものについて、しばし漫遊めいた話をすることにさせていただく。二一世紀の現代に隆盛を誇る自然主義の核心をなす平等原則のルーツを求めて、遠く古代のソフィストに遡り、もって近代道徳の原型をあぶり出すことを狙ってである。

一　自然主義と平等原則

「自然主義（naturalisme）」と言えば、ニーチェの『愉しい学問』第五巻の三四七番に、この語が出てくる（FW, 581ff.）。ただし残念ながら「哲学的自然主義」ではなく、「パリの（Pariser）」という限定付きで、である。

この断章「信心深い人びとと、彼らにとっての信仰の必要」でニーチェは、キリスト教や形而上学が急速にたそがれつつあった一九世紀後半になお、ほかならぬ「科学的−実証主義的」というスローガンの裏に、「確実性を求める猛烈な要求」、「確固とした何かを得たいと欲する要求」がひそんでいることを指摘し、もって、ひとが「身を支えてくれる微動だにしない「確固としたもの」」をどれほど必要としているか、を暴こうとする。ニーチェによれば、「実証主義的諸科学体系の周り」には、形而上学と同じく「弱さの本能」に駆り立てられた、しかし見た目には激越な世界観やら人生観やらが濛々《もうもう》と立ち込めているという。そこに手当たり次第に列挙される「ペシミズム」「宿命主義」「無政府主義」「愛国主義」等々と一緒くたにされているのが、「パリの「ナチュラリスム」の流儀にならった美学上の偏狭な信仰告白」と、「ペテルスブルクのお手本にならったニヒリズム」という当時の流行現象なのである。おそらく後者が、ニーチェも読んでいたらしいドストエフスキーの影響を指すのに対し、前者は、ゾラをはじめとするフランス文壇における自然主義の傾向を指す。もっともこれはなにも世紀末ヨーロッパに限った話ではなく、近代日本でもツルゲーネフやドストエフスキーはよく読まれたし、仏文学経由で「自然主義」的私小説も流行した。それはともかく、「パリの自然主義」をニーチェがどう理解していたかは、この語に続く、カッコ付きの次の関係節に示されている。

（これは、自然のなかから、嘔吐とともに驚愕を催させる部分ばかりを抜き出して剥き出しにする――この部分を今日ひとは「本当の真実《ヴェリテ・ヴレ》」と呼びたがる）　(FW, 582)

自然は隠れることを好む、とする近代ヘラクレイトス派ニーチェの眼には、同時代の「パリの自然主義」は、自然から淑《しと》やかなヴェールを奪い、その隠しどころ・秘部をあらわにしては、人びとをへどもどドギマギさせるのが十八番《おはこ》の悪趣味、と映ったようである。「自然」にしろ「真理」にしろ、哲学の根本概念が背景に控えているが、ニーチェの自然観や真理論、またハイデガーの「ピュシス」論や「アレーテイア」解釈に立ち入る余裕はない。「いきなヨーロッパ人」を自任したニーチェの洗練された趣味に楯突くつもりもない。だが、われわれに明らかとなったことが一つある。この趣味問題のうちに見え隠れしているのが、まさに「自然的平等」の観念だという点である。

ニーチェによって特徴づけられた「自然主義」は、「あらわにすべきもの／隠すべきもの」という区別立てにお構いなく、何でも曝して見世物にするという暴露趣味という意味を持たされている。そのさい主導的となっている「自然」理解には、「恥も外聞もへったくれもなく、「自然の相のもと」では一切合財みんな同じだ」という意味での「平等」の原則が、漠然とではあれひそんでいる。自然的存在であるかぎりの人間もまた、醜い（見にくい）面を誰もがもっている。自然に差別なしというわけである。

もちろん、ひとくちに「自然主義」と言ってもいろいろあるが、それらに共通なのは、「無差別主義」という原則である。「高尚／低俗」や「いき／野暮」といった弁えを一切受けつけない反差別の平等原則は、一九世紀文学を席巻したのみならず、二一世紀の今日、多様化を標語とする現代人の人間観や世界観をひとしなみに規定する、不問のグローバル・スタンダードとなっている(2)。では、現代のこの「自然的平等」の観念は、言いかえれば「平等的自然観」は、いったいどこに由来するのだろうか。

二　古代のスタンダードとしての自然的不平等

言うまでもないことだが、自然の観念のなかに含まれる「平等」イコール「無差別」という原則の歴史的源泉をたどることは、あまりに巨大な哲学史的・科学史的課題である。副題にも付けたように、近代道徳を根底で支えているのも自然的平等の原理ではないか、と私は見当をつけている。「自然に差別なし、ゆえに平等こそ正義なり」というわけである。だが、大風呂敷を広げると話が紛糾するのは目に見えているので、ここは少しだけ禁欲して、問いをこう限定することにしよう——自然のうちに平等を見出す、現代のスタンダードとおぼしき考え方は、どこまで起源をたどれるのか。

自然的平等説の確立には、近代初頭のいわゆる科学革命が寄与するところ大であった、というのが、私の珍しくもない持論である。つまり、一七世紀に躍進を遂げた近代自然科学により、伝統的な「聖なる支配《ヒエラルキア》」という世界秩序の観念が崩壊していき、それに代わって、同質で一様な宇宙空間と、そのなかを動くこれまた等質の構成要素という原子論的唯物論が支配的となった、とする見立てである。

こうした世界像を人間学と国家論にも貫徹させて、自然的平等を原理とする近代道徳を定礎したのが、トマス・ホッブズだった、と私は考えるが、[3] 本章では、この系譜のさらなる源泉を求めて、遠く古代へ赴きたいと思う。

いきなり古代ギリシアへ直行というのは、ハイデガーばりの「根源」志向の素朴さを咎《とが》められそうだが、しかし、以下で取り上げてみたいのは、ハイデガーの大がかりな「存在の歴史」には登場しそうにない前五世紀の自然思想家、アンティフォンである。[4] ただし、この本筋に入る前に、多少の背景説明が必要であろう。

「ピュシスとノモス」という対比は、当時の一流知識人の軒並み扱うテーマだったようだが、彼ら人呼んでソフィストの所説の多様性に応じて、「ピュシス」の意味も相当違っており、諸説紛々たる様相を呈している。ただし、慣習、習俗、風習、世の掟といった意味での「ノモス」への懐疑、という点では共通点が見られる。ギリシア悲劇を代表するソフォクレスの『アンティゴネー』にしても、まさに「規範としてのノモス」の動揺をテーマとしており、当時の知的かつ公的な関心事だったことが分かる。古風な女傑アンティゴネーが世の掟（*nomoi*：国の御触れ）に神々の掟（*momina*：葬式の儀礼）を対置させたのに対し、知の新興勢力ソフィストは、「ノモス」に対して「ピュシス」を立てる。一番有名なのは、『ゴルギアス』中の登場人物カリクレスであろう。ニーチェの先駆者というよりプラトンの一分身と言ったほうがよいこの愛すべき権力思想家の姿を、ためつすがめつする余裕はないが、重要なのは、友人ソクラテスの弱論強弁（と映じたもの）を批判し、あくまで弱肉強食の論理を貫こうとしたカリクレスが、強弱の差異化の参照項として、それぞれ「ピュシス」と「ノモス」を配したという点である。

> 法律習慣（ノモス）の上では、世の大多数の者たちよりも多く持とうと努めるのが、不正なことであり、醜いことであると言われているのであり、またそうすることを、人びとは不正行為と呼んでいるのだ。だが、ぼくの思うに、自然（ピュシス）そのものが直接に明らかにしているのは、優秀な者は劣悪な者よりも、また有能な者は無能な者よりも、多く持つのが正しいということである。〔…〕すなわち、正義とは、強者が弱者を支配し、そして弱者よりも多く持つということであるというふうに、すでに決定されてしまっているのだ。〔5〕

不平等こそ正義だとする、有名な「自然の正義」（484B）論だが、その前提をなすのが、「ピュシス」における不平等なのである。「ピュシス」には、「直接に明らか」なことという意味での「真理」（cf. 482E）が帰せられており——この場合「ノモス」は、世俗のウソで塗り固めた「擬制」という意味である——、さらには、「自然の法」（483E）といった対義結合すら見られる。「ピュシス」と対比されることで、「ノモス」の概念が動揺をきたし、内部分裂してくるのである。注意すべきは、「ノモス崩壊＝ピュシス躍進」というこの趨勢のなかで、カリクレスが「平等否定＝差別肯定」の路線を動いている、という点である。「ピュシス」は、ここでは、差異化の原理とされるのである。

じつはこの点では、寡頭派ないしは貴族派において、見解の一致が見られる。ニーチェはもちろん、プラトンも、つまりソクラテスにカリクレスへの再反論を語らせている対話篇作者も、「自然的不平等」説の唱道者なのである。ソクラテス－プラトンは、自分の野望を満たすことだけをめざす、カリクレスの言う意味での「強者」は認めないが、人間の世に「優れた人」と「劣った人」の別があることを、何ら否定しておらず、それどころか、優劣の判別基準を明示しているほどである。目下の文脈では、①「知を愛する」かどうか、という哲学者の手前味噌的基準は措くが、②節制などの強さつまり「徳《アレテー》」をもつ人かどうか、という当時の市民の一般基準が、議論の根底に横たわっていることは言うまでもない。しかし『ゴルギアス』ならではのテーマからすれば、それをもっと特化させて、③「不正を行なうくらいなら不正を受けるほうがマシ」と言えるか、となる。ソクラテスの生き方に照らしていっそう踏み込んで言えば、④「国法を犯すくらいなら殺されるほうがマシ」と言い、かつ進んで死ねるか、という基準となる。『クリトン』の有名なテーゼで言えば、⑤「(ただ)生きるより、よく生きよ。さもなければ、死んだほうがマシ」というあの格率である。この⑤の指針を敷衍していると見られる一節が、『ゴルギアス』にある。

高貴であるとか、すぐれているとかいうことは、安全に保つとか、保たれるとかいうこととは、全く別なことではないだろうかね。というのは、いったい、どれほどの時間を生きながらえるかということ、そういうことを、少なくとも真実の男子たる者は、問題にすべきではないからであり、つまり生命に執着してはならないからである。[6]

「生命に執着しない（*ou philopsychēteron*）」――これぞ「真実の男子たる者」の徳、つまり「勇気」にきわまる自由人の徳だ、ということである。さらに言いかえれば、「貴族の徳」ということになろう。ソクラテスの潔い死に方に接したプラトンにとって、この判別基準こそ、真実の、自然の、そして正義の、揺るがぬ尺度となったことだろう。ソクラテス学派のこの高貴さの徳は、その理想主義的高調を差し引けば、当時のポリス市民にとって必ずしも異端ではなかった。立派に死ぬことこそ男子の本懐、という生命軽視の風潮は、むしろ、古代ポリスの常道だったと言ってよい。

「知への愛」から「生命への愛」まで、人間のあいだに本性上の差異があるという考え方は、プラトンの政治哲学にそのまま投影される。理想国家は、国を守る戦士階級を主軸として構成され、その身分秩序の頂点をなすのは、最大の学業を修めて徳中の徳たる知恵を体得した哲人王であり、国家の底辺をなすのは、肉体的欲望の赴くままに生きる多数の下層民であった。この国家のあり方こそ「正義」を体現するというわけだが、その場合の正義とは、われわれ現代人の思い浮かべる無差別の意味での水平的平等ではない、特有の「平等」観に基づいていた。『ゴルギアス』に出てくる「幾何学的な平等・比例的な均しさ」（508A）がそれである。この「幾何学的平等としての正義」という観念が、プラトンのユートピア国家論の専売特許とは言えないことは、アリストテレスの政治哲学にも再登場することからも明らかである。アリストテレス以来の「配分的正義」という発想そのものは、生命尊重と自然的平等を原則とする現代社会でも採用されている柔軟な考え方ではあるが、少なくとも古代的文脈においては、人間間の本性的格差を前提した正義の観念であり、そのかぎりでは、カリクレス流の「自然の正義」とそれほど異なる自然概念をとっているわけではない。これに対し、宇宙の調和的秩序美の観照を事としたピュタゴラス派や、その流れを承けて「形式」を重んじたソクラテス派に、つまり古代的な本性的不平等論に、敢然と異を唱えた異端派の一人が、ソフィストのアンティフォンだった。

三　古代の自然主義者アンティフォン

ようやくアンティフォンの自然的平等説を扱う準備が整った。なぜアンティフォンなのかと言えば、彼には、近代的意味での「自然に差別なし」という無差別的自然観の祖形が見出せるからである。言いかえれば、「自然的ではない」と見なされているものをあえて「自然的なもの」に等しく還元し、包摂しようとする底意が、つまりその意味での自然主義が、このソフィストのものとされる断片から、まぎれもなく看取されるからである。(7)

もちろん問題は、その場合「自然」がどう解されているか、である。自然が「本性上」優劣という差異を内蔵していると前提すれば、そうした自然に従った「均しさ」をバランスよく行き渡らせる、という選良思想の持ち主さえ、「自然（的平等）主義者」と呼ばれかねないのだから。「ピュシス」とは何か——これが問題の中心となる。もちろん、古代哲学の一ディレッタントにすぎない私に、専門的議論はとてもできない。そこで、本題となる「人間本性平等論」のテクスト断片——ある評言では「有名な人種差別の批判[8]」——に進む前に、アリストテレス『自然学』においてアンティフォンの名前が挙げられている二箇所に、さしあたり手がかりを求めることにしよう。

1.『自然学』第二巻第一章（193a12）：この前後でアリストテレスは、アンティフォンが、「木製ベッドを埋めてもベッドは生えてこず、木が生えてくることしかありえないがゆえに、人為的形態化以前の内属的所与こそ、ピュシスである」とした、と紹介している。この「ものの根底に存し一貫して存続するもの・基底」を、周知のとおりアリストテレス自身は「質料」と呼び、かつそれに優先する存在論的原理としての、万有がおのずから恒常的に現前する姿かたち、すなわち「形相」とペアにし、この「質料－形相」という対概念で自然一般を説明しようとした。これに対し、アンティフォンはむしろ、「かたちなき自然」に優位を認める立場に立つ。「無定形なもの（*arrythmiston*）」は、それが自然本性である以上、たんなる「まだない」の不完全な欠如態ではなく、むしろ、そこから一切が生じ、かつ帰ってゆく「本来的存在」を意味する。人為的なものは自然的なものへ還元されるとする自然主義の発想が、ここには見られる。アンティフォンの「アリュットゥミストン」本位の自然主義は、原子論でこそないが、立派な唯物論ではある。

2.『自然学』第一巻第二章（185a17）：ここではアンティフォンは通りすがり的に名指されているだけだが、古来議論がかまびすしかったらしく、この箇所で言及されるアンティフォンの「取り尽くしによる円の求積法」については、『自然学』のこの箇所によせての注釈者シンプリキオスとテミスティオスの報告がある[9]。これは、円に内接する正方形を描き、さらにそれを正八角形、正十六角形と辺を増やし続けていくことにより、円の方形化を試みるものである[10]。アリストテレスが、アンティフォンのこの方法に反論を加えるのはもはや幾何学者の仕事ではない、としているのは、幾何学上の大きさは無限に分割されるとした古典幾何学の大前提をそもそも逸脱している、と考えたからであり、それを偏狭と決めつけるのは、高校数学で微積分法を学習させられる末代の者たちの狭量と言うべきだろう。ともあれ、数学史上のパラダイムチェンジのような業績を残したこのソフィスト論法が、目下の文脈において興味深いのは、それが、円を方形へと解消して幾何学的形態の確定性を打破するという仕方で、「かたちなき自然への還元」という自然主義的操作を、やはり行なっている点にある。ある評者はこれを次のように意義づけている。「曲線の直線化を実現することで示されるのは、一つの幾何学的図形から他の幾何学的図形への移行が可能だということであり、それは、これら図形の真の実在性が、さまざまな幾何学的図形がそれへと解消される空間的同質性のうちにあるからである[11]」。かたちなき自然とは、「同形で一様（gleich-förmig）」な無差別的原質からなる存在者の総体のことなのである。

以上、アリストテレスのわずかな言及を頼りに、アンティフォンの自然把握を若干憶測してみた。ここで思い当たるのは、ソクラテスと同時代のこのアテナイ人の知者の名を、プラトンがほとんど挙げていないことの不可解さである[12]。唯物論者に強い警戒心を抱いていたイデア論者は、デモクリトスと同じく、アンティフォンも歴史から抹殺しようとしたのだろうか[13]。しかしその一方で、プラトンには、アンティフォンの断片と呼応しているかに見える議論がそれとなく出てくる箇所がある。『国家』第二巻の有名な「ギュゲスの指輪」のくだりである。人間というのは、ふだんは罰が恐ろしくてしぶしぶ世の掟に従っているが、もし悪事が露見しないとなったらやりたい放題せずにはいない。すなわち――「すべて自然状態にあるもの（ピュシス）は、この欲心をこそ善きものとして追求するのが本来のあり方なのであって、ただそれが、法（ノモス）の力でむりやりに平等の尊重へと、わきへ逸らされているにすぎない」[14]。正義とは強者の利益にほかならぬと主張するトラシュマコスを手堅く論駁してやり込めたかに見えたソクラテスに、そうグラウコンは敢然と挑戦してくる。ここにくっきり浮かび上がるのは、自由自在の本来的状態としてのピュシスと、それを力ずくで抑え込み妥協を図ろうとするノモス、の対立である。以上を念頭に置き、パピルス紙に発見されたアンティフォンの次の断片を読んでみよう。

〔…〕従って正義とは、人がそのなかで市民生活を営むところの、国家の法制度を踏みにじらないということなのである。そこでもし証人がいるときには法を、証人がいないときには自然の掟を重要なものと見なすならば、人間は自分に最も有利な仕方で正義をもちいることができるであろう。というのも、法の掟は人為的なものであるが、自然の掟は必然だからである。そして、法の掟は合意によるものであって、自然に生じたものではなく、他方自然の掟は自然に生じたものであって、合意によらないものなのである。従って、法制度を踏みにじっても、合意した人びとに気づかれないならば、人は恥も罰も免れることになるが、気づかれるならば、そうではない[15]。

ソフィストに対するわれわれの固定観念にいかにも当てはまる、いわゆる「二重の尺度」のすすめだが、これがもし、プラトンの主著の基底をなす議論を提供しているのだとすれば、笑って済ませられなくなる。[16] 人の見ている前ではいい子でも、かげでは「自然」の赴くままに禁を犯しまくる。これが人間というものならば、この世の正義とは、善とは、いったい何なのか。グラウコン－アンティフォンの挑戦は『国家』のモティーフそのものとも言えるが、「ノモス」に対するそういう深刻な懐疑を浮かび上がらせる対照項として持ち出されるのが、「ピュシス」なのである。契約にもとづく法と対比された自然はここでは、無拘束という意味での自由、恣意を意味するが、同時に「必然」でもあり、そのかぎりで真理でもある。だが重要なのは、アンティフォンの言う「ピュシス」からは、ハイデガーがフォアゾクラティカーに帰そうとした「アレーテイア」、つまり現われとしての真理・隠れなき真相という面が、脱落している点である。現われと隠れ、光と影、というコントラストの埒外にあるのが、この場合のピュシスなのであり、だからこそそれは、証人・目撃者を必要とせず普遍的に妥当するのである。ピュシスの掟に歯向かおうとすれば、たとえ世の監視を免れようとも、それとは無関係に、「真実によって害される」[17]のである。ピュシスの掟のこの必然性は、「自然法則」一般に固有なものだと言えるだろう。ハイデガーならずとも、「隠れなき真相としてのアレーテイアは、今や決定的に無力化された」とでも診断したくなるところである。[18]

では、アンティフォンの自然概念の核心にあるのは何か。私の見るところ、それは、「人間のうちなる自然」もしくは「人間本性」といった言い方が、大げさではなくごくふつうにできるような、いわゆる小文字のピュシスである。つまり、感覚や呼吸、飲食、肉体運動といった生理的現象が属しているかぎりでの「自然現象」が、これに当たる。じっさいアンティフォンが、自然に逆らう法の掟が無理やり抑圧するものとして挙げているのは、見ること、聞くこと、喋ることであり、手や足の運動であり、ひいては自然的欲求一般である。(19)

　自然界の一員として生きていることに疑問をおぼえ、なぜ私は毎日食べ続けなければならないのかと悲憤慷慨し、一人ハンガーストライキを起こしても甲斐はない。摂食障害よろしく、「真実によって害される」のは、アンティフォンに言われなくても、身体《からだ》で分かっている。もっとも、「人間のうちなる自然」には、専門の医師に診てもらわなければ分からないことも沢山ある。アンティフォンの自然概念にはヒポクラテス派の医書におけるピュシスの含意が入り込んでいた、と推測したくなるところだが、もっと興味深いのは、どこまで同一人物か疑われるほどの多芸を誇るわれわれのソフィストが、夢判断をはじめとする精神分析まで開発していたらしい、という点である。(20)メンタルなものをひとしなみにフィジカルなもので割り切り、人間性なるものを物理的・身体的・性的なものへと還元してやまない傾向が、近代の「人間本性《ヒューマン・ネイチャー》」論に総じて見られるとすれば、そしてそのなかに心理学も精神医学も含まれるとすれば、近代人間諸科学のそうした自然主義的傾向を、古代の超域科学者アンティフォンはひょっとして先取りしていたのではあるまいか。想像を逞しくすれば、そんな気もしてくる。

　つい大風呂敷を広げてしまったが、ついでにもう少し言わせてもらうと、ここで浮上しているのが、「生命《いのち》」の問題であることは明らかである。「ただ生きる」かぎりでの、すなわち、ある時にこの世に生まれ、まだ死なずに実存しているかぎりでの、人間という生き物の「生存（Dasein）」が、問題の中心に据えられている。だからこそ、アンティフォンは、先に引用した断片の続きで、みずからの人間本性論を概括するかのように、「生きることと死ぬことは自然に属する事柄[21]」だ、と述べるのである。念のために言っておけば、この場合の「死」は、大往生的に迎えられる「自然的な死」とは程遠く、むしろ、生物学的医学的な所与であると同時に、死すべき者どもが生きているかぎりその脅威に怯えざるをえない、生に敵対する「有益でないものごと[22]」の極致のことである。ハイデガーの用語を借りれば、「死への存在（Sein zum Tode）」としての実存の相関者とでも言うべきもの、それが、この古代自然主義者の死の概念なのである[23]。

先ほど、ソクラテス－プラトンのハードルの高い「基準」を見た。「生命に執着しない」かどうか、である。古代的徳倫理の杓子定規的尺度とでも言うべきものだが、アンティフォンのダブル・スタンダードは、まさしくこれに挑戦している。――「ただ生きるのではなく、よく生きる」だって？　そんな表向きの見栄えのよさ、格好よさなんか、われわれにとって本当はどうだっていいのだ。むろん、そういう面を気にしないと困ることもあろうから、まったく無視はできない。だが、いちばん大切にしなければならないのは、とにかく生きることであり、死なずに生きてゆくこと、生命を大切にすること、それこそが「自然」であり、避けがたい真実にほかならない――。

一切の自然的存在は、「生きんとする意志」つまり自己保存傾向という「本性」を等しく有する。これは、近代の哲学者たちが唱えた原理であって、アンティフォンがそこまで考えたかどうかは定かではない。だが、ギリシア世界が骨肉の争いを演じた恐るべき戦争と内乱の時代――悪疫大流行もあった――を生き、名誉心やら復讐心やらに駆り立てられることに倦み疲れた当時の多くの人びとが、ソフィストの説いた生命尊重のユニバーサル・スタンダードに、人間尺度説にひけをとらないほどの説得力を感じたであろうことは、想像に難くない。「いのちの大切さ」の教えは、殲滅戦争や民族虐殺という地獄を経験したのちにはじめて、草の根から、いやむしろ地の底から、沸き起こってくる。ちょうど、一七世紀イギリスの内戦の時代を生き抜いたホッブズ――彼はトゥキュディデス『戦史』の英訳者でもあった――が、万物をその自己保存傾向へ還元することにより平和主義を基礎づける、筋金入りの自然主義的哲学体系を築き上げたように。

それはともかく、アンティフォンの自然観を憶測してきたわれわれは、今ややようやく、最初から中心テクストと見なしてきた断片を扱うことができるようになった。外面的に現われた「かたち」――「秩序・束縛形式（*rhythmos*）」[24]――においては多少の差異が目立つように見えても、生物学的・生理学的・医学的な生死のレベルでは、同質で一様の「自然法則」的必然性が貫徹している、という意味での古代の「自然的平等」説が、ここにはっきりと語り出されている。

われわれは、われわれ自身の法律については知識もあれば尊重もするが、われわれから遠いところに住む者たちの法律については知識もなければ尊重もしない。この場合われわれは、おたがい野蛮人のようにふるまっているのである。しかしながら、自然的には（*physei*）われわれはみな、野蛮人もギリシア人も、あらゆる点で同様に生まれついている。よく見ればおのずと分かることだが、自然的に存在するものの領域に属する事柄は、万人において必然的であり、万人がその能力のおかげで自由に使うことができるのである。まさにこういった事柄においては、野蛮人であろうとギリシア人であろうと、われわれと違う者は誰一人としていない。なぜなら、われわれはみな、口と鼻で呼吸をし、嬉しければ笑い、悲しければ泣くからである。また、耳で物音を聞き、光があれば眼で物を見るからであり、手で仕事をし、足で歩くからである。[25]

これまで扱ってきたソフィスト関連のテクストと同様、ここでも、制度的・人為的なものを相対化する一種の操作概念として、自然的・本性的なものが引き合いに出されている。ただ、この場合の表層の「かたち」が、「野蛮人（*barbaroi*）」と「ギリシア人（*hellēnes*）」との区別であり、現代風に言えば「人種差別」である、という点で注目されるわけである。――この世の擬制に従ってひとは、同じ人間同士の間に差異や優劣をつけており、とくに、自国民は優秀で異国人は劣悪であると決めつけるのが習いだが、それはたんに「かたちだけ」のことにすぎず、本来、つまり自然的には、民族の隔てなくひとは誰でも平等に生まれついている。すなわち、人間は生まれつき平等なのだ、と。ソクラテスの時代にすでに立派な「万人平等論」があったのである。

古典古代研究者の多くは、ポリス市民が奴隷制の基盤のうえに自由を謳歌していたことに、疚しさを感じているらしく、古代の進歩派知識人たちの言説を、「当時にも身分差別を告発する倫理的論議はあった！」と盛んに持ち上げる。[26] しかし私は、一素人ながら、そうした文献学的または解釈学的な拙速さには用心しよう、と思っている。当のテクストがいかなる文脈で語られているかを押さえずに、現代的観点から見て好ましく映るものを探し出して嬉しがるのは、やめたほうがいい。もっと踏み込んで言うと、現代人にとってごく当然と信じられているものの思いがけぬ起源をたどり、そこから翻って現代の自明事をゆさぶり、問題の根本を洗い直す、という系譜学的探究の絶好の機会を逸してしまうのは、もったいないと思う。たとえば、アリストテレスの奴隷制論のなかから奴隷制反対論を引っぱり出し、そこにアリストテレス政治学の美点があると評価する古代研究者は、奴隷制イコール悪という現代のイデオロギーを正当化するために古典を歪曲しているように、私には見えてしまう。[27]

アンティフォンの差別否定論のテクストにしばしば比されるものとして、プラトンの対話篇『プロタゴラス』中のヒッピアスの「平等主義」演説がある。

満場の諸君、私は諸君のすべてが同族の間柄であり、近親であり、同市民であると考える——ただし法（ノモス）においてではなく、自然（ピュシス）において。なぜならば、相似たる者は自然において互いに同族の間柄にあるのであるが、これに対して法は、人の世を支配する専制君主であって、多くの反自然的なことを強制するからである。[28]

もちろんここでも——なにしろソフィスト揃い踏みとでも言うべき対話篇である——、ソフィストに特徴的な「ノモス＝強制＝不自然」という論点が出ている。しかし、だからといってこれをアンティフォンの自然的平等論と同列に論ずるわけにはいかない。なぜなら、すぐあとでヒッピアスは、われわれは「ギリシア人ちゅう最高の知者」であるからには、「世の最も卑小な者どものように、互いに相争うがごときは、けだし恥辱というべき」だと主張しているからである。(29) 人間間に能力上の優劣があることを前提し、そのうえで優者たちのあいだでの「均しさ・対等」を要求しているのだから、これはもうれっきとした貴族主義的選良思想である。それを近代の万人平等思想と取り違えるのは、よほどのお人好しであり、それこそ詭弁にひっかかっているとしか思えない。

ヒッピアスの議論の根底にあるのが「自然における不平等」であるのに対して、アンティフォンの平等説の根底をなす「自然」は、生き物すべてのあいだの均質性・無差別性を特徴とする。「人間はもとより、生命あるものはみな平等だ」。これがアンティフォンの思想から導かれてくる帰結である。「どうしてそんなミソもクソも一緒のような乱暴なことが言えるのか」。命知らずの古代の貴族主義者――ソクラテスもこれに含まれる――なら、そう聞き返すことだろう。これに対して、われわれは、つまり異口同音に生命の尊厳を説き、生きとし生けるもののすべての平等を主張してやまない現代の人道主義者たちは、拳を振り上げてこう反問せざるをえない――「生きているかぎりでの生き物に何の違いがあろうか。なのにどうして差別を、すなわち不正を、許すことができようか」。

四　われらソフィストの末裔たち

相互対話の余地のなさそうなこの苛酷な間文化摩擦を前にしては、アンティフォンを真似て、「この場合われわれは、おたがい野蛮人のようにふるまっているのである」とでも、冷やかしに言ってみたくなる。冗談はさておき、以上の考察から少なくとも言えるのは、われわれは圧倒的にアンティフォン派だ、ということである。古代ポリスにおいて物議を醸し、その過激さから抹殺されそうになったソフィストの末裔、それが現代のわれわれなのだ。不思議といえば不思議な話である。この謎を解き明かすためには、近代科学革命期の筋金入りの自然主義者にして近代道徳の定礎者たるホッブズの自然的平等説に立ち入らねばならない。しかし、その本筋はここでは措き、[30]お茶を濁すようだが、現代に比較的近い——といっても一世紀を優に挟むが——一九世紀後半のニヒリズム文学の祖ツルゲーネフの問題小説における自然的平等論を引用して、本章を締めくくろう。この虚無的セリフを喋っているのは、一九世紀の実証的自然科学の花形に躍り出たドイツ系「化学」の専攻学生にして、人呼んで「ニヒリスト」のバザーロフである。

あえて申しますが、個々の人間を研究するなんて、むだなことです。すべての人間は、体から言っても、精神から言っても、似かよったものです。われわれひとりひとりの脳や、脾臓や、心臓や、肺は、みんな同じようにできています。いわゆる精神的資質だって、みんな同じようなものです。すこしは変種もありますが、そんなものはなんの意味もありません。[31]

人体の化学的構造からして「人間というものはたがいに似たり寄ったり[32]」であり、人間間の違い――「人格」とも呼ばれる――を問題にすること自体、「むだ」であり「何の意味もなく」、要するに「くだらない」と一蹴するのが、ロシアン・ニヒリストの原型だった。人間的差異の物理的同質性への無差別的還元、この意味での自然主義こそ、アンティフォンをはるかに淵源とし、古代自然哲学のルネサンスを一つの契機として勃興した近代自然科学、またその洗礼を受けた近代最初の徹底した唯物論者ホッブズを経由して、ニーチェがその野暮さ加減を難じた一九世紀末の自然主義と、同じくニーチェがその激越さ加減に呆れたニヒリズムとをもたらし、さらにその後百年以上を経て、生命を尊ぶわれわれ現代人の常識と化している――とすればどうだろうか。[33]

註

〔1〕本章はもともと、二〇〇五年一〇月一日、東京大学駒場キャンパスで開かれた秋季駒場哲学フォーラムのシンポジウム「哲学的自然主義の再検討」の提題原稿にもとづく（他の提題者は、中畑正志氏、信原幸弘

氏であった）。後出注30でも触れる通り、二〇〇五年六月二五日に早稲田大学で開催された実存思想協会第二一回大会の大会講演「ハイデガーと政治哲学の問題――ホッブズ自然状態論の実存論的解釈」の原稿準備中に、本章のアイデアが思い浮かんだ。この講演原稿の内容を収めた拙著『死と誕生――ハイデガー・九鬼周造・アーレント』東京大学出版会、二〇〇八年、のとくに第二部第一章第三－四節の問題圏に属する。

〔2〕

あらかじめ言っておけば、ここで問題となっている「平等」の観念は、偏愛つまり依怙贔屓と紙一重であり、その意味で、平等主義には、これ見よがしにダブル・スタンダードの面がある。自然主義小説の「暴露趣味」が、明白に偏愛傾向を示すのは言うまでもない。しかもその偏りは、いわゆる趣味の問題にとどまるものではない。この点に関して、ニーチェは、『愉しい学問』の序曲「たわむれ、たくらみ、しかえし」の五五番「写実主義画家」で、「レアリスムス」を俎上に載せ、その偏りある「現実」観念を問題にしている。


「自然を忠実に、完璧に描け」――かく言う彼は、ではどう始めるか。

いつか自然が絵の中にすっぽり収まることなどあろうか。

世界の極微の断片でさえ無限だというのに――

彼の描くのは、結局、彼の気に入るものだけ。

それで、彼の気に入るものとは？　彼に描くことのできるもの。（FW, 365. 強調は原文）

この詩のタイトル「写実主義画家」を、「実証的歴史学者」や「精密自然科学者」と解してもよかろう。ニーチェが「写実主義」という語で批判的に取り上げているのは、現代風に言えば、「真理」と「解釈」の関係という解釈学的主題なのである。もっと言えば、一九世紀における写実主義絵画様式の出現は、近代全般の平等的自然観を背景としており、ひいてはその路線上に成立した写真テクノロジーに規定されている。ちなみに、同じ「たわむれ、たくらみ、しかえし」では、四八番「法則に反対して」が、近代の「機械的自然観」について歌っている（FW, 364）。ニーチェ解釈学の披瀝として味わえる同テクスト所収のざれ歌には、その他にも、一二三番「解釈」と、一二五番「お願い」があり、とくに後者は出色の出来である。拙訳『愉しい学問』四七一頁の訳注4を参照。

〔3〕近代自然主義の定礎者ホッブズについては、次章を参照。

〔4〕アンティフォンに言及したアリストテレスのテクスト『自然学』第二巻第一章を翻訳・解説した論文「ピュシスの本質と概念について」でも、ハイデガー自身は、アンティフォンについて、当然のことながら、多くを語らない（vgl. Vom Wesen und Begriff der *Physis*. Aristoteles, Physik B, 1 (1939), in: *Wegmarken*, GA9, 1976, S. 239-301, u. a. S. 265f.）。とはいえ、ジルベール・ロメイエ＝デルベ『ソフィスト列伝』（神崎繁・大野木芳伸訳、白水社、二〇〇三年）は、アンティフォンの自然思想の鍵概念 *arrythmiston* を、ハイデガー前掲論文での訳し方（das aller Verfassung Ermangelnde, das Verfassungslose）を踏まえ（た仏訳に沿って）、「構造から自由なもの（libre de structure）」と訳している（一一六頁）。ちなみに、このソフィスト概説の書によると、「すべてのソフィストのうちで最も偉大なソフィストはといえば、おそらくアンティフォンなのである」（一三八頁以下）。最も偉大かどうかはともかく、「ひどく現代的」とは言えるかもしれない。アンティフォンについては、三嶋輝夫氏の研究から大いに示唆を受けた。『規範と意味　ソクラテスと現代』（東海大学出版会、二〇〇〇年）の第一章「ノモスとピュシス——その倫理的意味」、および『汝自身を知れ　古代ギリシアの知恵と人間理解』（ＮＨＫ出版、二〇〇五年）の第五章「法と人間（１）——アンティフォンの挑戦と目撃者の不在」、を参照。

〔5〕 Platon, *Gorgias*, 483C-D.『ゴルギアス』加来彰俊訳、岩波文庫、一九六七年、一二〇頁、による。

〔6〕 *Gorgias*, 512D-E. 邦訳二〇七頁。

〔7〕 歴史的人物としてのアンティフォンにはあまりに謎が多く、真相はほとんど何も分からないのが実情である。この名で伝えられている紀元前五世紀のアテナイ人は、政治家、弁論家、弁論代作者、また、夢占い師、精神科医、そして、『真理について』や『協和について』といった哲学的著作の著者、さらには悲劇作家、といったふうに、呆れるほどの多くの相貌をもつ。そこで、アンティフォン複数人物説も、昔からあった。じっさい、二世紀のピロストラトス『ソフィスト伝』(Iの十五)に出てくる、シケリアの僭主ディオニュシオスに仕えながら主人の書いた悲劇をこきおろし不興を買って殺されたというアンティフォンは、トゥキュディデス『戦史』(Ⅷの六十八)に同時代人として褒めそやされている、四百人寡頭政権に加担しその崩壊後は弁明むなしく処刑されたというアンティフォンと、――二度も殺されることは不可能ゆえ、死刑を逃れて母国を脱し、シケリアに移り住んだ、とでも無理やり想定しないかぎり――同一人物とは考えがたい(『哲学者・ソフィスト列伝』戸塚七郎・金子佳司訳、京都大学学術出版会、二〇〇一年、三九頁、訳注1、参照)。後者の、政治家にして弁論家の「ラムヌゥス区のアンティフォン」と、以下でわれわれの扱う「ソフィストのアンティフォン」が同じ人物であるか、という点も疑わしいとされてきた。古くは、文体上の相違からヘルモゲネス(二世紀)が疑っているが、現代では、ガスリー以来、反民主派の前者と、平等論者の後者は別人だとする見方が、長らく優勢であった。だが、私のような素人の容喙すべき事柄ではないとはいえ、この――平等主義者は民主主義者でなければならないと決めつける近代的偏見にもとづく――論定は脆弱であるように思われる。

〔8〕 三嶋輝夫『規範と意味』一八頁。また、ロメイエ=デルベは、「貴族階級に特有の偏見を告発するとともに、

平等主義を礼賛」した（『ソフィスト列伝』一一三頁）、と意義づけている。

〈9〉 H. Diels / W. Kranz, *Die Fragmente der Vorsokratiker*, Bd. 2, 13. Aufl., Weidemann, 1969, S. 340f.『ソクラテス以前哲学者断片集Ｖ』岩波書店、一九九七年、一五二頁以下（ソフィストのアンティフォンＢ13）。

〈10〉 『詭弁論駁論』第十一章では、アンティフォンが円を方形化したこの方法は、外接する方形からの取り尽くしを併用する継承者ブリュソンのいっそう洗練された方法とともに、折り紙つきの「詭弁論法」――正確には「争論的議論」だが――と呼ばれている。近代数学の誇る「積分法」とは、それに輪をかけてソフィスティケートされた論法だということになろう。

〈11〉 ロメイエ゠デルベ『ソフィスト列伝』一二一頁以下。

〈12〉 「ラムヌゥス区のアンティフォン」については、わずかに一箇所、『メネクセノス』(236A)で、アスパシアに相当劣るアテナイの弁論術教師として言及されているのみである。

〈13〉 ロメイエ゠デルベはそう疑っている。「なぜ、歴史はこれほどの資質を持った思想家の痕跡をかくも仮借なく抹殺しようとするのか、という驚きを表明してもよいであろう。アンティフォンの人となりについてわれわれが知るところは何もない。〔…〕それはおそらく、プラトンがアンティフォンの名前を一度も挙げていないからであろう」（一三八頁）。

〈14〉 Platon, *Politeia*, 359C.『国家（上）』藤沢令夫訳、岩波文庫、一九七九年、一〇八頁、による。

〈15〉 *Die Fragmente der Vorsokratiker*, Bd. 2, S. 346f.『ソクラテス以前哲学者断片集Ｖ』一六〇頁、の朴一功訳による（ソフィストのアンティフォンＢ44断片Ａ）。

〈16〉 「アンティフォンの挑戦」と「グラウコンの挑戦」とのつながりに関しては、三嶋輝夫『古代ギリシアの知恵と人間理解』七五頁以下、から学んだ。なお、田中美知太郎『ソフィスト』講談社学術文庫、一九九二年、一八四頁以下、も参照。

(17)『ソクラテス以前哲学者断片集Ⅴ』一六〇頁。

(18)日下部吉信は、ヘラクレイトスの言うピュシスとソフィストの言うピュシスがいかに隔たっており、ノモスとの対比において浮上してきた後者が、現われとしての(ハイデガーの説く)「存在の真理」といかにかけ離れているか、を強調する。『ギリシア哲学と主観性――初期ギリシア哲学研究』法政大学出版局、二〇〇五年、参照。

(19)『ソクラテス以前哲学者断片集Ⅴ』一六〇頁以下。

(20)「アンティフォンは夢占い師であっただけではない。アンティフォンは、またおそらくこんにちであれば精神科医と呼ばれるような存在でもあったのであり、「苦悩を除去する技術(テクネー・アリューピアース)の完成を目指していた」(ロメイエ＝デルベ『ソフィスト列伝』一三六頁)。

(21)『ソクラテス以前哲学者断片集Ⅴ』一六一頁。

(22)同右。

(23)同じ唯物論でも、エピクロス的な「生と無縁なよそ者として死」の観念とは異なる点に注意。ちなみに、ロメイエ＝デルベは、アンティフォンの「かたちなきもの」の存在論に、ハイデガー的な「死への存在」の含意を見てとっている。「アッリュトゥミストンが身にまとうさまざまな個別的形状、すなわちすべての存在者は、不安定さを身上とし、絶えず死にさらされることになる。個体は、存在論的な確実さを欠いているがために、本質的に死へと向かいつつある存在なのである」(『ソフィスト列伝』一二五頁)。現存在の有限性を重視するこのアンティフォン解釈の格好のテクストと目されているのは、ディールス＝クランツ断片B五〇、五一、五二、五三aである。

〔24〕「ヒュレー」の概念化に先立って、「アリュットゥミストン」という言葉が唯物論的な基底という意味で用いられたように、「エイドス」や「モルフェー」に先立って、「リュトゥモス」という語は、表層を束縛する余計な形式、という意味をもっていた。たとえば、アリストテレスの報告（『形而上学』第一巻第四章）によると、原子論者は、「ひとまとまりの輪郭の限界のうちを縛られている」という意味でこの語を用い、「原子の輪郭」のことを言い表わしたという。その場合、「スケーマ（形態・形式）」が、「リュトゥモス」の同義語とされる。「リュトゥモス」の語義については、ロメイエ＝デルベ『ソフィスト列伝』一一五頁以下、を参照。

〔25〕*Die Fragmente der Vorsokratiker*, Bd. 2, S. 352ff.『ソクラテス以前哲学者断片集Ｖ』岩波書店、一六〇頁（ソフィストのアンティフォンＢ44断片Ｂ）。ただし、この断片からの引用にかぎっては、ソフィスト諸家の断片を編集し直した比較的新しい希独対訳版 *Die Sophisten. Ausgewählte Texte*, Th. Schirren u. Th. Zinsmaier (Hrsg. u. übers.), Reclam, 2003, S. 194f. によった（が、ドイツ語訳からの重訳と言わざるをえない）。

〔26〕前掲希独対訳ソフィスト選集のアンティフォンの編者説明には、こうある。「一九八四年にこのテクストのパピルス断片の増補版が新たに公刊されて以後、次のことは十分明らかとなった。つまりアンティフォンは、人間の身体的－生物学的な平等を事実確認することから、人間の政治的な平等を結論として引き出す、という「自然主義的誤謬推論」を犯したのではない。アンティフォンは、異民族に対して自分がどう態度をとるかに関して、一定の距離をとって「民族学的に眺める視点」を打ち出したのであり、それは、自分たちこそ文明的であり政治的な使命をもっているのだと信じ込む、アテナイの過剰な自意識の化けの皮をはがそうとするものだった」（ibid., S. 125f.）。この「アテナイの過剰な自意識」の典型例として、ペリク

レスの有名な戦没者追悼演説が挙げられているが（ibid., S. 371）、こうした進歩的解釈自体、古代ギリシアという異他世界に対する、現代人の「自民族中心主義」の現われでしかないように私には思われる。

(27) こうした解釈問題に関しては、拙論「奴隷制問題の消息――テクノロジーの系譜学」（原論文一九九八年成立。拙著『アーレントと赦しの可能性』春風社、二〇二四年、所収）を参照。

(28) Platon, *Protagoras*, 337C-D.『プロタゴラス』藤沢令夫訳、岩波文庫、一九八八年、九〇頁。

(29) *Protagoras*, 337D, E.『プロタゴラス』九〇頁以下。

(30) ホッブズの自然的平等説については、前出注1でふれた二〇〇五年度実存思想協会大会の公開講演「ハイデガーと政治哲学の問題――ホッブズ自然状態論の実存論的解釈」で述べた。この講演原稿の一脚注――『死と誕生』では第二部第一章への三三四頁の注44――の着想をふくらませたものが、本章である。ホッブズについては、次章で詳しく扱う。

(31) ツルゲーネフ『父と子』金子幸彦訳、岩波文庫、一九五九年、一三八頁。

(32) 『父と子』一六〇頁。

(33) 近代科学の唯物論的自然観、およびそこから「新しい政治学」を構築したホッブズの体系が、総じて原子論的世界像を根幹としているかぎりにおいて、デモクリトス、エピクロス、ルクレティウスら、古代原子論の系譜に遡ることは、言うまでもない。重要なことは、古代でも近代でも、原子論者の「理論的」な自然哲学が、一見それと異なる「実践的」な倫理学や政治哲学と深く結びついている点である。自然概念の普遍化による脱領域的・越境的性格は、唯物論であるかぎりの自然主義にも等しく当てはまるだろう。デモクリトスにおける自然哲学と倫理学との癒合に関しては、次の拙論で論じた。Über die Geburt auf eigene Gefahr - Oder: Demokrit und das Problem des Klonens, in: A. Hilt / C. Nielsen (Hrsg.), *Bildung im*

technischen Zeitalter. Sein, Welt und Mensch nach Eugen Fink, Alber Verlag, 2005, S. 393-420. その日本語拡大版は、拙著『アーレントと赦しの可能性』に、第八章「出生の危険について――デモクリトスとクローンの問題」として収録。

第四章　哲学的人間学の自然主義的起源
――ホッブズの人間理解[1]

一　準備的確認――もう一つの『人間論』

トマス・ホッブズの『人間論』（*De Homine*）（一六五八年刊）は、人間に関する哲学的考察の古典である。[2]主著『哲学原論』三部作の第二巻をなすこの重要テクストの本邦初訳は、二〇一二年五月、全三巻まとめて――しかも『法の原理』付きで――出た。しかもその直後の二〇一二年七月には、もう一つ別の邦訳も出ている。[3]

邦訳が二種出て、味読の機が熟したことは喜ばしい。『人間論』は従来、ホッブズの英語著作集に収められなかったほど、じつは軽んじられてきた。『人間論』と題された著作としては、デカルトの遺稿が有名だが、一六六二年にそのラテン語訳（*De Homine*）、一六六四年にフランス語原本（*L'Homme*）が日の目を見るよりも前に、ホッブズは『人間論』を公刊している。ホッブズにとっては、デカルトの著作のなかではむしろ、『屈折光学』（一六三七年刊）が重要だった。早くから唯物論的機械論的な人間理解への道をつけながら、心身二元論を唱えることとなったデカルトと比べて、精神的なものをことごとく身体的、物体的なものに還元し切ろうとする徹底した唯物論者ホッブズのほうが、自然主義的人間理解に親和的なのは明らかである。

ホッブズの『人間論』の前半と後半の論述のあいだには、ホッブズ自身認めているように、あからさまな「ギャップ」がある。前半では視覚についての光学的説明が続き、後半では一転して道徳哲学《モラルフィロソフィー》が展開される。この断絶をどう考えたらよいか。それが読者に問われているのである。私はこう考える。この深い溝を埋めることに、近代の人間諸科学は総力を挙げてきた、と。人間についての唯物論的アプローチを徹底させ、人文学的アプローチなしで済まそうとするのは、なにも昨今の大学や学界に突如として起こったことではなく、一七世紀以来の巨大な人類史的動向なのである。

かりにデカルトを「近代哲学の原初」として認めるとしても、それは「近代の原初」とイコールではない。「近代の原初」にふさわしい位置を占める一人と目されるのが、ガリレオである。近代精神の創設の父祖としてデカルト以上にガリレオを重要視したのが、アーレント『人間の条件』第六章の近代論である。以下では、アーレントの所説を導きの糸としながらも、『人間の条件』では詳論されなかったホッブズのテクストを独自に読解していく。

二　『人間論』と『屈折光学』——ホッブズとデカルト

『人間論[4]』の第一章では、人類の発生や、人体内の運動である血液循環、その解体としての死、さらには生殖が論じられており（七―一一頁; pp. 1-6）、おおむねハーヴェイに依拠していると見られる。人間を丸ごと運動の相で捉えることが、その運動の停止としての死を問題化することにつながるのは、興味深い。続く第二章から第九章まで、視覚についての図解付きの幾何学的・光学的説明がえんえんと続き、第九章で、望遠鏡と顕微鏡に関する説明がなされて締めくくられる。第十章では、言語と知識というテーマがまったく非数学的に取り上げられ、同様の平明な論調は、最終第十五章まで続く。一巻の真ん中に存するこのギャップゆえに、これまで『人間論』は中途半端な著作と見なされ、とくに前半は、ドイツ語訳はもとより英語訳すら出されないまま、放置されてきた[5]。

第二章「視覚線と運動の知覚について」の第一節「序論」では、まず、判明に視覚可能な形をなす光や色のことが、「像（imago）」と呼ばれ、これを「見られている事物そのもの」と見なすのは自然なことだが、「感覚による判断を理性によって訂正」すべきだ、とされる（一五頁; p. 7）。「太陽や諸天体が目に見えるよりも大きいとか遠くにあるとかということを肝に銘ずることは、学問的訓練がないとできない」（ibid.）。「光や色が、対象の偶有性ではなく、われわれの表象であることに、全然誰も気づくことがなかった」（ibid.）。

感覚とは、対象を直接ありのままに捉えることだとひとは信じ込んでいるが、じつは「像」によって媒介された間接知であり、当てにならないものだから、理性によって訂正される必要がある。感覚されるものは、視覚像という「表象（phantasma）」にすぎないのに、われわれはそれを、対象そのものに具わる属性、つまり「偶有性（accidentia）」だと信じ込んでしまう。——そうホッブズは言っている。知覚という感覚を論ずる最初に、そのような「感覚不信」が述べられているのである。「感覚」と対置される「理性」とは、「推論」のことであり、直接知ではない。感覚は欺きやすいから心眼によりイデアを直視せよなどと言っているのではなく、総じて直接知の理想が斥けられているのである。

では、なぜホッブズはそのような感覚不信から始めているのか。これは、感覚をはじめとする真なるものと見なされてきたものを一切疑おうとするデカルトを読む場合にも浮かぶ疑問である。なぜ疑いから哲学は始まるのか。疑いから始まるのが哲学だからだ、では答えにならない。驚きから始まる哲学というのもあるはずだからである。

こういった問いを、方法的懐疑を原点に据えたがる哲学史家は立てない。もちろん、騙されて酷い目に遭うという私的経験が背景にあったといった説明では、お話にならない。だが、人類が古来騙され続けてきたことがようやく明らかになり、そのカラクリにこぞって不信の目を向けるようになった、ということとならありうるだろう。一七世紀の哲学者たちを突き動かしていた懐疑の源泉は、まさしく「コペルニクス的転回」にあった。

『人間論』第二章後半では「運動の知覚」について論じられている。動いている対象が、実際より長く見えたり（たとえば花火の場合）、実際は動いていない対象が、あたかも動いているように見えたり（たとえば船上から陸地を眺める場合）、静止している対象を静止している人が眺めているのに、動いているように見えたり（たとえば異常な揺れを経験した後遺症や、酒気帯びの場合）、といった錯覚の事例が出てくるが、そうした「欺かれること」へのこだわりにひそむ根本経験は、「コペルニクス的転回」にあった。このことをはっきり語っているように思われるのが、運動の錯覚に関する当面の文脈に置かれた、次の文章である。「動いているのは地球なのか諸天体なのか、またその運動は公転運動なのか自転運動なのかは、感覚によらず理性によって検討されなければならない[6]」（二七―二八頁; p. 16）。感覚とそこに映ずる現象は、天体が動いているとわれわれに信じ込ませるが、動いているのはじつは地球だということを、理性によって推論し結論しなければならない。太陽や星々ではなく地球が動いているのだと理性によってさんざん証明されたとしても、われわれの感覚は、相変わらずこう呟くのである――「それでも太陽は動く」と。

それほど強情な感覚によって、われわれが日夜摑まされているのが、「像」である。では、そういう「像」はどのようにして成り立つのか。『人間論』前半でホッブズが執拗に追究しているのは、まさにこの「像」成立のからくり、機械仕掛《メカニズム》けなのである。ハーヴェイが心臓を、血液を循環させるポンプ機関として模範的に説明したように、ホッブズは眼を、光を屈折させて像を作り出す映像装置として説明しようと試みる。入射してくる光線が瞳孔、水晶体を通して球体をなす網膜に達する幾何学的構造を、図解付きで説明する視覚の光学理論が、ここに展開される。当時盛んに研究されるようになった「透視図法・遠近法（perspectiva）」による錯覚効果（第四章）、平面鏡、凸面鏡、凹面鏡による像の理論（第五、六章）、さらに、凸レンズや凹レンズによる老眼や近眼の視力補正（第八章）と、「ホッブズの光学」が続き、そしてその行き着くところが、第九章の「二重にされた視力補正具、すなわち望遠鏡と顕微鏡について」の図解入り説明なのである。

『人間論』前半の結論部分で、望遠鏡や顕微鏡が論じられるのは、なぜか。その幾何学的説明の次に、第十章「言説と知識について」が続くので、そのギャップは、否が応でも目につく。ここにはいかなる人間理解がひそんでいるのか。私の解釈はこうである。――ホッブズは、望遠鏡という「器械」を人間に埋め込もうと目論み、ひいては人間を「機械」として徹底して構築しようとした。その意図があまりに急進的だったため、志半ばに終わったが、彼の企図はそこで潰えたわけでない。この未完のプロジェクトに、ホッブズ以後、近代は総力を挙げて、人間についての自然諸科学という形で取り組んできた、と。

ただし、ホッブズのこのプロジェクトは、彼個人のものではなく、同時代の主潮流に棹差すものであった。とりわけ、ある科学革命家の先駆的業績に負うところ大だった。デカルトの『屈折光学』がそれである。デカルトは、おのれの光学にもとづいて彼なりの『人間論』を書き遺したが、ホッブズは、この無二のライバルの業績を凌ぐ光学を築き上げようとし、その成果の一部を『人間論』に盛り込んでいるのである。

『方法序説』という序論の付されたデカルトの三科学論文――科学革命家デカルトの主著――中の『屈

折光学』は、第一講「光について」に始まり、光を屈折させる眼の機能の説明に多くを費やし、視覚を補強するレンズについての記述を経て、望遠鏡の作り方を手ほどきし（第九講）、「レンズをカットする仕方について」（第十講）で締めくくられる。デカルトの光学とは、じつに、望遠鏡を製作するうえでの理論と実践の書なのである。

これは、ホッブズ『人間論』の前半が、望遠鏡の作り方へと進んでゆくのと、よく似ている。なるほど、デカルトの『屈折光学』が、肉眼や視神経についての光彩陸離たる記述と図解に満ちており、望遠鏡の作り方の指南書の趣すらあるのと比べると、『人間論』は、図解も簡素だし実践的指南もない。だが、ホッブズの新機軸を見落とすべきではない。それは、人間を機械として一元的に割り切って説明しようとする発想である。だからこそ、人間論の暫定的結論部で望遠鏡が論じられても、著者には一向「不自然」には感じられなかったのである。『屈折光学』が、当時最先端テクノロジーであった望遠鏡の作り方に主眼を置いているのに対して、『人間論』では、人間の際立った感覚である視覚の説明の仕上げに望遠鏡が登場する。望遠鏡という器械を作ることではなく、人間を機械として説明し尽くす理論構築、つまり人間という機械仕掛けを作ることが、問題なのである。

人間を構成要素とする巨大な人造人間として国家を制作する――このホッブズの発想は有名だが、その単位である個人も、これはこれで、機械式の運動体と見なされる。この人間機械論という底意の点では、『人間論』の前半と後半は、記述水準の違いを度外視すれば、まったく同じである。視覚に代表される感覚については、ある程度幾何学的に精密な機械論的説明を施せるのに対し、人間の言語、欲望、感情、気質といった面は、数学的説明ではそう簡単に割り切れない。しかしだからといって、後者については機械論的説明ができないわけではなく、原理的には可能だとの立場が採られている。のみならず、その布石まで打ってある。自然哲学的基礎篇の『物体論』で根本概念として提起された微小運動「努力(conatus)」が、人間の機械論的説明にも極微の構成要素として導入されるからである。とりわけ、この概念の活用される第十一章は重要である。近代幸福論の主流——快苦の計算可能性にもとづく幸福の最大化と不幸の最小化——が、そこに定礎されているからである。

功利主義の元祖としてのホッブズ。このもう一つの本題に入る前に、望遠鏡という技術の意義について、もう少しこだわってみよう。デカルトの一歩手前に位置するガリレオに、眼と器械のドッキングへの道を拓いた正真正銘の「近代の原初」が見出せるのである。

三　眼と器械のドッキング——ガリレオ、デカルト、ニュートンと、ホッブズ

先に、ホッブズ『人間論』の光学篇の序論で、われわれが見ているのは実物ではなく「像」だとされているのを見た。「世界像の時代」(ハイデガー)が始まったことが、ここに告げられている。ただし、その出発点は、ホッブズでもデカルトでもなく、ガリレオである。しかもその場合のガリレオとは、ホッブズが『物体論』の献辞で顕彰しているような「運動の本性についての知である普遍的な自然科学」の

創始者というよりは、むしろ、望遠鏡を製作し、それを用いて天体を観測した『星界の報告』の著者のほうである。

望遠鏡がいかに決定的意義をもったかは、一六一〇年にこの革命書が現われて以後、さまざまな証言から明らかだが、ここではデカルト『屈折光学』の第一講「光について」の冒頭を参照するにとどめよう。「最も普遍的で最も高貴」な「視覚の力を増大させるのに役立つ発明が、ありうるなかで最も有益なものであることに疑いはない」。「そのなかでもかの驚くべき眼鏡」により、「われわれの視界はわれわれの父祖の想像が進むのを常としていたよりもはるかに遠くまで拡がり、彼らが自然についてもっていたものよりもはるかに広く、はるかに完全な知識に達する道」が開かれた。(7)——『星界の報告』で如実に示された望遠鏡の威力が、当時の知的光景を一変させたことを、デカルトは証言している。

それにしても、たかが筒眼鏡《つつめがね》が、なぜそこまで革命的だったのか。この道具によって示された事実——月の表面のデコボコ、無数の恒星からなる天の川、木星の衛星など——は、天動説から地動説への体系変換にとって、直接的証拠を与えるものではなかった。狭義の「コペルニクス革命」に真の理論的基礎を与えたのは、むしろケプラーである。だとすれば、ガリレオの真骨頂は、小冊子『星界の報告』どころか、宗教裁判の火種となった『天文対話（二大世界体系についての対話）』（一六三二年）ですらなく、運動物理学を創始した『新科学論議』（一六三八年）ではなかったか。そういう疑問が湧いてもおかしくない。

そこで、まずはこう問うてみよう——そもそも望遠鏡とは何か。

先に見たように、デカルトはそれを、視力を増大させる発明の極致としている。望遠鏡とは、視力補正用屈折レンズの近眼鏡や老眼鏡に続く発明なのである。この順序は、歴史的にそうだし、理論的にも実践的にもそうである。望遠鏡が一七世紀初頭に発明されたのは、ルネサンス文献愛好精神のあおりで近眼者が増え需要が高まって眼鏡技術が発達した延長線上に起こったことであり、ガリレオに筒眼鏡が作れたのは、それを組み合わせればできると聞き知った凹凸レンズが調達でき、かつ一定の「屈折理論」[8]とを持ち合わせていたからである。デカルトやホッブズの望遠鏡論でも、視力矯正用メガネの記述が先行している。

メガネが視力補正具であるとすれば、望遠鏡は視力増強具である。前者が、正常視力を確保する矯正用であるのに対して、後者は、正常値を軽く踏み越えて視力を飛躍的に向上させる超－メガネなのである。このスーパー眼鏡による「増強（enhancement）」は、無限に改善可能である。ガリレオが最初に作った頃は、「肉眼でみたときより、直径は約三〇倍、面積は約九〇〇倍、体積はほとんど二七〇〇〇倍も大きくみえる」（『星界の報告』一三頁）ことが驚きだったが、その後の技術的発展は、往時の興奮を牧歌的に感じさせるほどである。人間は、五感の中でも重要な感覚に関して無限の拡大可能性を手に入れたのである。

望遠鏡が、人間の能力を急激に増強させる器械として世に現われて以来、人類はおのれを「進化」させ始めた。メガネやコンタクトレンズは、適正視力をもたらすのみであり、正常視力をもつ人には、この補助具は余計でしかない。これに対し、望遠鏡や顕微鏡は、視力の限界を超えて、彼方の世界や極微の世界を覗き見ることを可能にし、異常なまでのプラスアルファをもたらす。この増強された能力を手に入れた人類は、たえずヨリ以上を求めて突き進んでゆく。筋肉増強剤により並外れた体力が作り出されたり、遺伝子工学や脳神経科学により超人出現の夢が語られたりするよりとっくの昔に、人類はおのれの作り出した技術によって「人体改造」に着手していたのである。

体力の増強に関しては数多くの道具があみ出されてきた。鋤《すき》や鎌、槌《つち》や斧《おの》、包丁や刀剣、梃子《てこ》、車輪……。しかしそれらが、四肢を動かして行なう仕事や労働の道具であるのに対して、望遠鏡が向上させたのは、ただの体力ではなかった。見ることそれ自体が、技術的に向上させられたのである。見る器官である眼に、器械が取りつけられることで、見ること自身が意味変容を遂げることとなった。

古来、「見る」とは、ひたすら見つめ当の事象をじかに捉えることであった。「理性（*nous*）」や「観照（*theōria*）」という伝統的「直観」概念は、静的な「見ること（*noein, theōrein*）」に由来するものだった。だが、そうした静観は、活動の欠如を意味するどころか、まさに「活動態（*energeia*）」であり、終わり・完成に達した「終局態（*entelecheia*）」であった。不動なものこそ真の存在であった。

ところが、望遠鏡を用いて見ることは、光の屈折による像の産出として動的に記述されるものとなり、れっきとした「運動（*kinēsis*）」と化す。それどころか、何も装備しないで肉眼で眺めることすら、一個の「像を作り出すこと」と見なされてゆく。

かつて、見ることと見られるものとの無媒介な合一こそ、哲学の求める知の理想であった。ここに真理《アレーテイア》の原場面も見届けられたのである。ところが、望遠鏡はこのテオーリアの理想を、完膚なきまでに打ち砕いた。たんに眺めるだけではダメであり、技術を新しく開発して器具を媒体《メディア》としてヨリ詳しく見ることが大事なのだ、ということになる。

それとともに、見ることは、ヨリ詳しく見るという意味で、技術的に進歩可能なものとなる。「まず必要なのは、完全な筒眼鏡を入手することである。つまり、対象が明瞭にぼやけずに映し出され、少なくともそれを四〇〇倍も大きく、二〇倍も近くにあるように見せる筒眼鏡である。こんな器械でなければ、私たちが天空において観測し、あとで詳しく述べるはずのことを、観測しようとしてもむだである」（『星界の報告』一六頁）。ガリレオの時代にはこのレベルが最先端であったが、その後どんどん性能は向上していった。しかもその発展可能性は無限大であって、完成に達することは原理的にありえない。

これに応じて、「人間の知識」そのものが、そのつどの技術水準に連動するものとなる。この新機軸をホッブズはこう概括してみせる。「遠方の諸対象の比較的小さな諸部分を判明に見ることに関して、人間の知識（scientia humana）は望遠鏡の働きによって進歩して、適当な材質と職人の技量が許容するところまでは達することができる」（『人間論』一三〇頁; p. 85）。「望遠鏡は、それの視力補正具の曲面を形作っている球のサイズを大きくすることによって、材質と手技の上からそれ以上の改良が不可能なほどの完全性に達するまで、常によりよいものになってゆくが、それと同様に〔…〕顕微鏡の場合も、材質と技量が許すならばもっと大きな球の面をもつ視力補正具を用いて対象を拡大することにより、限りなく微小な対象に目が届くようになるであろう」（『人間論』一三三頁; p. 87. 強調は引用者）。「常によりよいものになってゆく」のは、望遠鏡や顕微鏡だけではない。あらゆる「人間の知識」に関して無限の進歩可能性が追求される一方、以前の段階は「遅れている」とされ、片っ端から投げ捨てられていく。近代の発展史観において、「発展」とはただちに乗り越えられるべきものなのである。

　そのつどの技術水準と人知の発展の相即は、現代の科学技術のスタイルそのものである。そのようなテクノロジー時代へと踏み出す最初の一歩が、望遠鏡だったのである。のみならず、この第一歩は、人間機械論への踏み出しでもあった。

　ここで、デカルト『屈折光学』に戻り、第五講「眼底で形づくられる形像について」の、眼の構造と機能が解剖学的に図入りで説明されているくだりに注目してみよう。なぜならそこには、望遠鏡によって「見ること」が根本から意味変容を遂げた結果、人体に埋め込まれた眼という際立った道具＝器官が、どのように解されるようになったか、が描き込まれているからである。眼はそれ自体、「像」を造り出す機械仕掛けだと見なされるようになる。望遠鏡は、光を人工的に屈折させて映像を作り出す器械だが、肉眼も、それと同じ光学的構造をもった精巧な映像装置だと考えられるようになったのである。

　「像（image）」という考え方に対して、デカルトは両義的である。「感覚するためには、感覚される物に似たなんらかの像を魂が見つめる（contempler）必要はない」が、「しかしこのことは、われわれの見る対象がわれわれの眼底にその像をかなり完全に印象づけることを妨げるものではない」（“La Dioptrique,” p. 114; 一三八頁）。デカルトは、「志向的形質（*especes*〔ママ〕 *intentionelles*）という名の、空中を飛びまわる小さな像」（p. 85; 一一六頁、強調は原文）というスコラ的道具立ては、きっぱり否定するものの、「像」という観念を視覚に関して全否定はせず、むしろ、肉眼で見ることを「像を作り出す」望遠鏡モデルで考えることへと踏み出す。ここで持ち出されるのが、次の無気味な解剖学的事実である。

「死んだばかりの人の眼、がなければ牛か何かほかの大型の動物の眼をとり、これを包んでいる三重の膜をうまく底の方に向かって切り、内部にある体液Mが、そのために垂れたりしないようにして、大部分をむき出しにする。次にそれを陽が透けるほど薄い何か白いもの、たとえば一枚の紙か卵の殻RSTでふたたび覆い、この眼をわざと窓の穴Zにはめ込み、眼の前方BCDを、VXYのような陽に照らされたさまざまな対象のある方向に向ける。そして、白い物体RSTの後方を、部屋の内部の諸君のいる方Pに向け、部屋にはこの眼を通ってくる光しか入れないようにする。その眼の内側CからSまでのあらゆる部分は、透明である。さてそうして、白い物体の底RSTの上方を見ると、おそらく驚嘆と喜悦を禁じえぬことだが、そこには、しごくありのままに透視画法的に、外部の方VXYにあるすべての対象を表現する絵を見ることであろう」(pp. 115-116; 一三九頁。本章文末の【図2】を参照。以下同様)。

肉眼は、ガリレオの望遠鏡の説明図においてすでに、一方のレンズに接する形で、描き込まれていた(『星界の報告』一七頁。【図1】)。それが、デカルトにあっては、光学と解剖学との融合により、映像装置としての肉眼の内的構造が執拗に描き込まれることとなる。この同じ目玉の絵【図2】は、『屈折光学』に繰り返し出てくる(pp. 116, 119, 122, 125, 139, 191. 邦訳書には一三九頁のみ)。デカルトに「驚嘆と喜悦」をもたらした、視覚のこの光学的説明の一歩手前には、ガリレオの望遠鏡の説明が控えている。望遠鏡と肉眼とを同一水準で光学的に記述したことが、肉眼そのものを一種の光学機械と見る視覚論を可能にしたのである。デカルトは、肉眼の光学的構造を説明したのちに、対象との間に凹凸レンズを入れ込んだ説明を行なっているが、発想の順番としては、屈折レンズ付きの図解【図4】のほうが先である。望遠鏡についてのガリレオのパイオニア的説明が先行したからこそ、切り取られた目玉についてのデカルトの生々しい解剖学的・光学的説明がはじめて可能となったのである。

デカルト的な解剖学的眼球記述は、ホッブズには見られないが、ニュートンの『光学』には、またぞろ出てくる。「解剖学者は〔…〕外側の最も厚い被膜を眼底から除去したとき、薄い被膜を通してその上に、生き生きと描かれる対象の画像（Pictures）をみることができる」[9]。『光学』のこの説明に添えられた図解【図7】とともに、デカルトの解剖学的説明を受け継いでいることが分かる。また、これに続いて、凸レンズと人間の眼がドッキングした絵が出てくる【図8】。ふたたびガリレオに通ずるものを示しつつ、ニュートンは、デカルトによって切り拓かれた「光学機械としての肉眼」路線を、基本的に踏襲しているのであり、それが近代つまり「世界像の時代」の主流となっていったことが分かる。

ニュートンは、先の引用箇所に続けて、「そして、視神経の繊維に沿った運動によって脳へと伝えられたこれらの画像が、視覚の原因である」と述べている（『光学』三八頁; *Opticks*, p. 15）。視覚成立のこの因果的説明は、デカルトの『屈折光学』第五講の終盤に出てくる次の記述を引き継ぐものである。「さらにまた、対象の像はこのように眼底だけで形づくられるのではなく、そこを越えて脳にまで達している」（p. 128; 一四五頁）。対象Vから発した光が眼に射し込んで眼底の網膜Rで像をなし、それが視神経の繊維に触れて、脳内の部位7と結びつく、というわけだが、この記述は、それに添えられた解剖学的図解【図3】ともども、映像装置としての視覚器官論が、さらに画像処理装置としての脳のメカニズムへと通ずることを物語っている。眼と脳の連結については、『屈折光学』よりも、デカルトの『人間論』に詳しいが、この遺稿はまさに、「身体＝機械」論が「映像装置としての眼」および「画像処理装置としての脳」理解へと突き進むさまを、如実に示している。

このようにデカルトは、光学に関してガリレオからニュートンへの流れの真っただ中に位置づけられるだけでなく、身体機械論の方向性に対しても力強い役割を果たした。では、ホッブズはどうか。デカルトのではなくホッブズの『人間論』でも、屈折光学が展開されており、眼に光線が射し込んで網膜に「像」を成立させる、という説明方式が採られる。しかるにホッブズは、デカルトのような肉眼のリアルな解剖学的描写はしておらず、もっぱら幾何学的説明に終始している【図5・6】。しかしそれは、同時代の流れの中でのホッブズの「立ち遅れ」を意味しない。徹底して幾何学的で、いわば無機的な説明と図解が貫かれていることは、逆に、ホッブズの一貫性を示している。なにしろ、視覚を光学的に純然と説明するのに夾雑物は一切不要だと言わんばかりの徹底ぶりなのだから。

その一貫性の証左が、『人間論』における前半と後半の「ギャップ」だと言ったら、逆説的すぎるだろうか。「この〔第二〕部には、それを構成する二つの部分が互いにまったく似ても似つかない、という事態が生じました。〔…〕それゆえこの両部分は、いわば深いギャップでつながっているようなものであります」（『人間論』「献辞」三頁〔ラテン語版頁付欠〕）。視覚論から望遠鏡論へ行き着く前半と、道徳哲学的主題が取り扱われ第三部の政治哲学へと連なる後半との間の、この「深いギャップ・深淵・断絶（praecipitium）」を、隠し立ても取り繕いもせず、これ見よがしに露呈させることで、ホッブズは、未解決の課題がそこに横たわっていることを、われわれに告げている。その場合の「われわれ」とは、生物学的・生理的機能、心理学的・認知的機能とを問わず、「人間性」の一切を、少数の単純要素へ還元して説明し尽くそうとする自然科学的アプローチを当然と見なす近代人のことを指す。そういうわれわれの眼には、デカルトの心身二元論の行き方は不徹底に映るのである。

旧式を排しつつ新式の形而上学の確立をめざし、物質的なものに還元できない何かを懐疑のうちに発見し新たな原理に据えようとする試みが、近代哲学の原初をなしたとすれば、そうした反動的試みを一笑に付し、物体も人間も国家も等しく自然的なものとして首尾一貫して説明しようとする試みが、近代哲学のもう一つの原初にあった。その場合の「哲学」が、現代人が「科学」と呼んでいるものを含んでいることは言うまでもない。

ロックやヒュームらは、ボイルやニュートンらの「自然哲学」の発展を補完する「人間的自然《ヒューマン・ネイチャー》」の研究に、哲学の守備範囲を限定した。だが、人間に関する自然哲学的アプローチは、早くもハーヴェイにおいて模範的に開始されていた。たとえ道徳哲学の「自然化」が、ホッブズにおいてはまだ十分でなかったとしても、そのプロジェクトが、近代に筍《たけのこ》のように群生することになる人間諸科学や社会諸科学によって次第に補塡されてゆくのは、必至であった――人文主義的人間理解を用済みにすべく。生理学に動物学、経済学に心理学と、近代諸科学の怒濤のような勢いと比べて、狭義の近代哲学史の何と貧相なことか。ついでに言えば、二〇世紀の哲学的人間学や「現存在の実存論的分析論」も、自然主義的人間理解という近代の主流に対する微弱な反動であり、つまりこの勢いに動機づけられていた。その意味で、哲学的人間学は「自然主義的起源」を有している、と言ってよい。それも、ホッブズのうちに、である。

四　中間考察——自然主義者ニーチェ

『人間論』前半の視覚論を望遠鏡論で締めくくり、後半の道徳哲学篇とのギャップを公然と浮き立たせたホッブズは、自然主義的人間理解の元祖だった——これが私なりの見立てである。次に進む前に、ちょっとだけ寄り道をして、「人間の自然化」という近代の未完のプロフェクトにふれている、ホッブズの末裔ニーチェに一瞥を与えよう。

　ニーチェが「神は死んだ」と明確に述べた最初のテクストは、『愉しい学問』第三部冒頭の一〇八番「新たな戦い」(FW, 467)である。仏陀が死んでのちも彼の影響力は何百年も衰えなかったように、神が死んでも「神の影」は何千年も続くであろうから、それに打ち勝つべく「新たな戦い」に乗り出してゆかねばならない、とする重要な断片である。それに続く一〇九番「われわれは用心しよう」(FW, 467-469)も、味読に値するテクストである。こちらに注目しよう。

　やや長めのこの断片では、いまだに伝統的世界観を引きずって、世界は生命を有しているとか、宇宙には秩序、完全性、美、目的が具わっているとか、旧態依然と考えることは、「われわれ」はしないよう心掛けよう、との戒めが繰り返される。「神の死」が世界観の一新を意味せざるをえないのに、そのことが一般に理解されるには、めっぽう時間がかかることを——かの有名な断片一二五番「狂人」と同じく——再確認しているのである。

この断片一〇九番の最後近くでは、「神の影」（FW, 469）から遁《のが》れることの困難さが語られており、「神の死」を最初に告げた断片一〇八番とのつながりを示している。ここでの「われわれ」——近代人ニーチェの一面——は、自然科学による近代的世界像の徹底的推進者であり、まぎれもなき自然主義者である。そのことは、「人間の自然化」という課題にふれた一〇九番最後の一文に明らかである。「新たに発見され、新たに救済された、純粋な自然でもって、われわれ人間を自然化することを始められるのは、いつのことだろうか」（FW, 469. 強調は原文）。

一九世紀末に「神の死」後の人類史的課題に見定められた「神の影」との「新たな戦い」は、しかし一七世紀にはすでに始まっていた。この見地からすれば、人間機械論へと踏み出しながら形而上学に先祖返りしたデカルトが、依然として「神の影」に取り憑かれていたのと比べて、唯物論的機械論を「人間の自然化」にまで徹底させようとしたホッブズこそ、「新たな戦い」の旗手であったことになる。[10] それればかりではない。ニーチェがのちに企てようとした「一切の価値の価値転倒」のプロジェクトすら、とっくに開始されていた。近代における価値転倒の創始者はホッブズであり、『人間論』はその革命書の一つだという見立てが成り立つ。「人間を自然化すること」は、伝統的な「徳」の観念を破壊することと一つだということを、『人間論』は雄弁に物語っている。その事情を聞きとるのに絶好の箇所が、

第十一章「欲求と忌避、快と不快、ならびにそれらの原因について」なのである。

五　近代不幸論の定礎——功利主義の元祖ホッブズ

『人間論』第十一章では、まず、「欲求／忌避」が、「喜び／苦しみ」または「快／不快」から規定され、次いで、その対象たる「善いもの／悪いもの」が具体的に列挙され、最後に、「最高善」（の不在）について論じられる。ここでの「善」は、「人間がそれを求めて生きている当のもの」以上を意味しない。本章のテーマは、伝統的には「幸福論」と呼ばれてきたものに相当する。「最高善」や「幸福」の観念を、近代合理主義にふさわしくすげかえたのが、ホッブズなのである。「人間の自然化」はここに進み、自然主義的幸福論が定礎された。その直系こそベンサムの功利主義にほかならない。ただし、それが最高善の観念自体を廃棄するものである以上、正確には「幸福論」というより「不幸論」と呼ぶべきである。

思うに、現代のわれわれは「幸福」を哲学の根本問題とは考えない。古来、哲学最大のテーマとしてえんえんと議論されてきたものが、今日忽《ゆるが》せにされているのは、なぜか。それは、この問題に一つの範解が与えられてしまったからである。つまり、幸不幸については、「快＝善＝幸福／苦＝悪＝不幸」という等式と対比の成り立つかぎりで議論してよいが、それ以上に語るのは無意味だとする割り切り方が、主流となった。この功利主義的定式化をそもそも与えたのがホッブズだった。以来、この決定版を超える幸福論は提出されておらず、そうである以上、幸福について語ることは、少なくとも「非科学的」だとされる。「正義の話をする」ことまでは世に認められても、「幸福を科学する」のは憚られるのが現代であり、その根底でブレーキをかけているのは、功利主義による幸福概念の独占なのである。

ホッブズは、古来の徳本位の倫理学に真っ向から挑戦し、新しい倫理学を築いた。この筋金入りの唯物論者は、新しい無差別宇宙像にひそむ万物平等原則を貫徹しようとし、物体論ばかりか人間論にも市民論にも平等主義を徹底させることをめざした。人間の肉体運動のみならず精神活動全般が、自然的「傾き」である微小な「努力（conatus）」に還元され、そこからの再構成により機械論的に説明し尽くされる。『人間論』前半では、人間機械論へ直進するかの勢いで、人知の源泉である視覚の自然化が推し進められたが、後半でも、倫理の基底としての人間的善を機械論的に説明することが、可能なかぎり試みられる。ここに誕生したものこそ、差別なき生命本位の近代道徳にほかならない。

第十一章ではまず、「欲求（appetitio）」と「忌避（fuga）」が対比され、欲求とは「楽しみ（voluptas）」または「快楽（jucundo）」を求めること、忌避とは「苦しみ（molestia）」や「不快（molesto）」を避けることだとされる[11]（一四五頁; p. 94）。ここですでに、未来を先取りする現在という、運動もしくは時間の観点が導入されている点に注意しよう。

ひとくちに「欲求」や「快楽」といっても、何を求めるかに応じて違いを認めてもよさそうだが、平等主義者ホッブズにそのような差別思想は一切ない。しかも、ホッブズによれば、欲求される「楽しみ」と「感覚」は、その向きが違う以外に、何の違いもない。感覚が、「外的なものとしての対象についてのもの」、「器官から生ずる反作用ないし抵抗によるもの」であり、「器官の外向きの努力」に存するのに対して、楽しみとは、「対象の作用から生ずる情念に存し、内向きの努力」である（一四五頁; p. 95）。対象からの作用を被ってその反作用として生ずる感覚と、対象によって内的に引き起こされた情念をみずから感受する楽しみは、その向きの違いを別とすれば、等しく「努力（conatus）」として因果的、力学的に説明される。このようにホッブズは、対象からの刺激に対する反作用という機械論的説明だけで済まそうとし、そこには「自由意志」の余地などないとする（一四六頁; p. 95）。

欲求されるもの、つまり楽しみの原因は、すべて「善いもの」と呼ばれ、忌避されるもの、つまり苦しみの原因は、すべて「悪いもの」と呼ばれる。「傾き」の力学だけで善悪を記述し尽くそうとするホッブズ路線に、自然主義的誤謬の疑いを容れる余地はない。この場合、絶対的な善や悪はそもそも意味をなさない。「「端的に善いもの」という言い方はできない。なぜなら、善いものは何であれ、誰かある人または人々にとって善いのだからである。〔…〕善いものは人と場所と時に対して相対的である」（一四八頁; p. 96）。今日では価値相対主義のありきたりの主張だが、それは話があべこべで、むしろわれわれは、陳腐にすらなった近代的価値感の原点がここにあることに驚くべきだろう。

「端的に善いもの」を想定するイデア主義を斥けているところなど、ここでのホッブズは、プラトンを批判したアリストテレス寄りであるかに見える。じっさい、『ニコマコス倫理学』の冒頭を指して、「アリストテレスが「善とは万物の希求するところものである」と定義したのは正しい」（一四七頁以下; p. 96）

とある。善いものを「快いもの」「美しいもの」「有用なもの」と敷衍しつつ（一四九頁; p. 97）具体的に列挙しているところなど、『弁論術』第一巻の幸福論を髣髴させる。「富」「知恵」「技術」「文学」といった善きもの（一五一頁以下; p. 98ff.）は、伝統的にも認められてきたものであり、レオ・シュトラウスによってつとに指摘された、人文主義者ホッブズの面目を窺わせるものがある。

だがホッブズには、伝統的幸福論では決してありえなかった新機軸があり、アリストテレスの「徳」倫理学が完全に転倒されていることが分かる。それは、「ただ生きること」つまり「自己保存」を、各人にとっての最大の善とし、その正反対である「死」を最大の悪と見なす点である。「各人にとって諸々の善のうちの第一のものは自己保存である。なぜなら自然は、万人が自分自身にとって善くあることを欲するようできているからである。自己保存の能力を持ちうるためには、生命と健康を欲し、また可能なかぎり、将来の時におけるこの両者の安全を欲することが必要である。これに対して、あらゆる悪のうちの第一のものは死であり、苦悶を伴う死はとりわけそうである」（一五〇頁; p. 98）。

あらゆる物体に慣性の法則が成り立つように、自然的存在者としての人間は、おのれの存在を維持しようとする「傾き」を、本性上もつ。「努力」を本質とするありとあらゆる「自然」は、定義上、自己保存を求めるのであり、そうであるかぎり、第一次的に求められるもの、つまり「最善」は、自己保存でしかありえない。これに対して、おのれの存在を抹消させる「死」は、最も避けるべきもの、つまり「最悪」なのである。

この公理から、「生命」と「健康」、そして「将来の時におけるこの両者の安全」が、まずもって善に数え上げられる。次いで「権力」や「友情」が善とされるのも、「身の守り・防衛（praesidium）」（一五〇頁以下; p. 98）に役立つからにほかならない。「富」や「知恵」についても同様で、「身の守り」に役立つかどうかが基準となる。嫉妬を引き起こすような富は、身の守りに役立たない「見かけの善」（一五一頁; p. 98）にすぎない。

ホッブズにおいて、自己保存とりわけ将来の安全こそ、善であり幸福である。自己保存を脅かすものはすべて悪であり不幸であり、その最たるものが死である。この「幸不幸の定式」の単純さは驚くほどだが、ホッブズには、単純でなければならない理由があった。幸福は「計算」できるものでなければならない。[12] なぜなら、計算こそ「理性」の本体だから。最大幸福の原理とは、予測算定を事とする近代的計算理性の帰結なのである。

ホッブズのかくも割り切った、まさに合理的な考え方は、一八世紀後半、「快＝幸福」説を掲げる功利主義の基盤となった。それればかりではない。一九世紀以降、「人道主義・生命尊重主義（humanitarianism）」として、「ヒューマニズム」を自称するまでになる。古代ヒューマニズムの徳目には、「勇気」が数えられていたが、近代道徳はそれを悪徳と見なす。生命を危険に晒すのは、自己保存の法則に悖る反自然的傾向であり、虚栄心に駆られた盲目的習性だからである。[13] 潔く生きるより「ただ生きること」が、人生最大の眼目となる。

現状維持を基本とするこのミニマムの倫理においては、強い意味での幸福つまり「最高善」は、もはや問題にならない。『人間論』第十一章の最後でホッブズは、この点にふれている。「最高善、またの言い方では至福や終極目的は、現世の生のうちには見出されない。なぜなら、終極目的であるものがあるということになったら、熱望や欲求の的となるものが何もないわけで、その結果として、この時点からは自分にとっての善いものは何もないばかりでなく、人間がものを感じることさえない〔…〕ということになるが、ものを感じないということは生きていないということだからである」（一五八頁; p. 103）。

最高善を語ることは意味がないと結論づけるのは、伝統的意味での幸福論はナンセンスだと断定することに等しい。プラトン式の「善自体」のみならず、アリストテレス式の「終極目的」も廃棄されている。「現世の生」における至福の却下は、来世における浄福の希求も意味しない。世界内存在に徹する哲学にあっては、おのれにとっておのれの存在自身が問題なのであり、しかもその存在は絶えざる動性のうちにおいてのみ意味をなす。終わり=完成に至ってしまえば、その運動は停止することとなり、つまり死んだに等しい。

終局態《エンテレケイア》という意味での完全性を意味する不動なものこそ本来的存在だとしてきた伝統的存在論が、幸福論もろとも、あっけなく破棄されていることに注意しよう。伝統的目的論《テロス》に代わって登場させられるのが、「進歩（progressio）」という無限の目標である。「諸々の善のうちで最大のものは、常にさらなる目的に向かっての、決して妨げられない進歩である」（一五八頁以下; p. 103）。近代的価値理念としての「進歩」が、ここに確立された。

もちろん、「進歩」の観念の確立に与ったのは、ホッブズだけではない。ベーコンは一六世紀における生産力の増大に注目して進歩史観を唱えた先達だし、とりわけガリレオの望遠鏡のもつ意義は、いくら強調してもしすぎるということはない。一八世紀の啓蒙思想のみならず、一九世紀の「進化」の思想さえ、ガリレオが肉眼と機械とをドッキングさせて人間の知力を「増強」させたことに由来すると言えるほどだからである。

これに対して、ホッブズの面目は、その体系的主著でもってアリストテレスの形而上学と倫理学に正面から挑み、それに代わる新しい物体論と人間学を構築しようとした点にある。人間性についての自然主義的思考が、ここに誕生した。その末裔たる人間諸科学の百花繚乱の時代に咲いたあだ花たる二〇世紀の哲学的人間学も――ハイデガーの現存在分析論も含めて――、その起源はホッブズにあると見て、あながち不当とは言えないだろう。

二一世紀の今日、哲学的人間学の凋落を尻目に、人間を計算可能な要素に丸ごと還元し機械論的に説明し切ろうとする自然主義的思考は、ますます勢いを増している。それもそのはずで、ホッブズが課題として後代に残した「ギャップ」はまだ埋められておらず、その補完作業が続くかぎり、いつまでも有望なプロジェクトであり続けるからである。ニーチェが「神の影」が続く期間と言い残したのと同じだけ、その作業は続けられることだろう。

だがわれわれには、それとはまた別に、重要な仕事が残されている。今日猛威をふるう自然主義の起源をたどって、一七世紀の革命の現場へ踏み入ることは、講壇《スコラ》哲学の好事家的穿鑿ではなく、平等主義や生命尊重主義や平和主義や進歩史観や自然保護思想にどっぷりと浸かっているわれわれ自身の出生の秘密を明らかにすることなのである。

六　発展的考察――勤勉道徳の起源

最後にもう一つ、『人間論』第十一章の注目すべき個所を紹介しておこう。第十一節の全文である。ここにもホッブズの価値転倒の流儀が如実に示されている。近代勤勉道徳の起源がここにある。

労働は、善いことである。なぜかといえば、労働は生命の運動だからである。何もすべきことがないときには、けっきょくは散歩が、労働として役に立つ。「私はどこへ行けばよいのか。私は何をすればよいのか」とは、悩める人たちの声である。閑暇は人を苦しめる。自然は、空間も時間も空虚なままにしてはおかない。[14]（一五四頁; p. 100）

ベーコンの『エッセー』に出てきてもおかしくない、モラリスト風の文章である。話題となっているのは、「善いこと」としての“negotium”である。本田訳でも伊藤・渡部訳でも「仕事」という訳語を当てているが、[15]成り立ちからして“otium”つまり閑暇の反対語であるし、ここはもう少し強く「勤労」、いや「労働」と訳してみたいところである。伝統的には「閑暇（*scholē*, otium, leisure）」は「勤労（*ascholia*, negotium, business）」に対して圧倒的優位をもっていたが、その優劣が明らかに逆転したこと、つまり忙しいことこそ善いことだとされる労働本位の時代が到来したこと、が告げられている。その論拠として

「自然は真空を嫌う」というアリストテレス的自然観が持ち出されているのは、皮肉な話である。

注意すべきは、ここでは閑暇が「苦しみ」だとされている点である。それは同時に、労働が「喜び」となることでもある。ホッブズは、「快＝幸福／苦＝不幸」の功利主義的定式を唱え始めただけではない。ここでは、何をもって「快」とし、何をもって「苦」とするか、の内実そのものがひっくり返っている。今や、忙しく働いていることが、生命の運動性格に適《かな》ったことであり、「喜び」となるのに対して、働かないこと、何もすることがないこと、ヒマなことは、生命に反しており、「苦しみ」であり「不幸」なのである。無聊《ぶりょう》や退屈はマイナスであり、多忙や勤勉はプラスなのである。閑暇《スコレー》を愛するはずの学者《スカラー》にとってさえ、そういう逆転が起こっているのが実情である。

現代のわれわれにとって他人事ではないこの自由時間の価値転倒についても、一七世紀における発生現場に立ち返って別途精査する必要があろう。近代人の枢要徳の一つである勤勉道徳もまた自然主義的起源を有していたのである。

図1

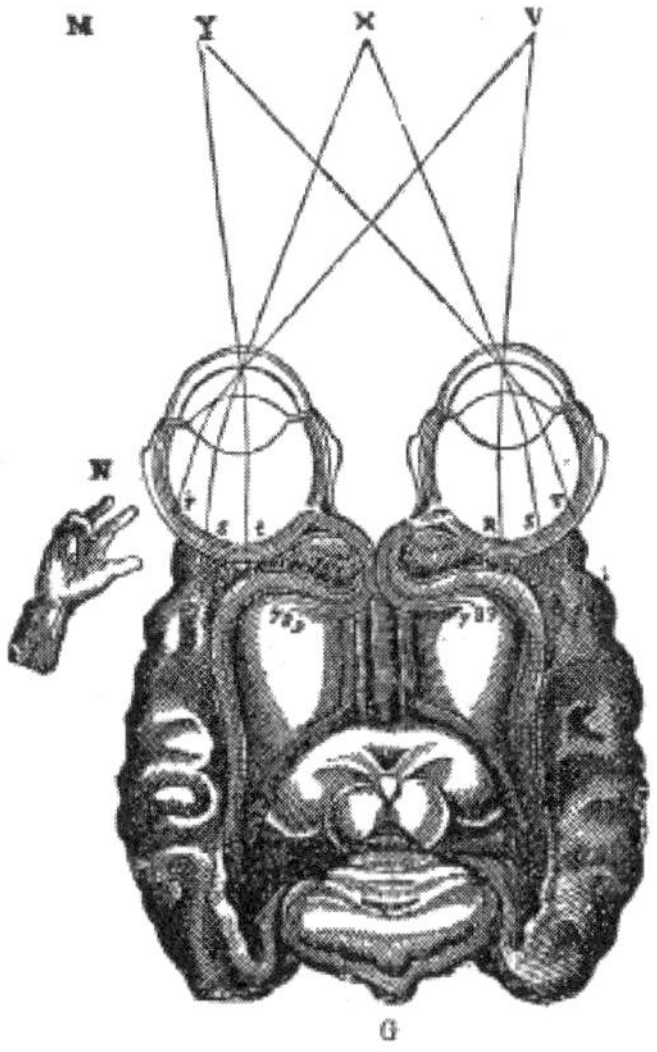

図3

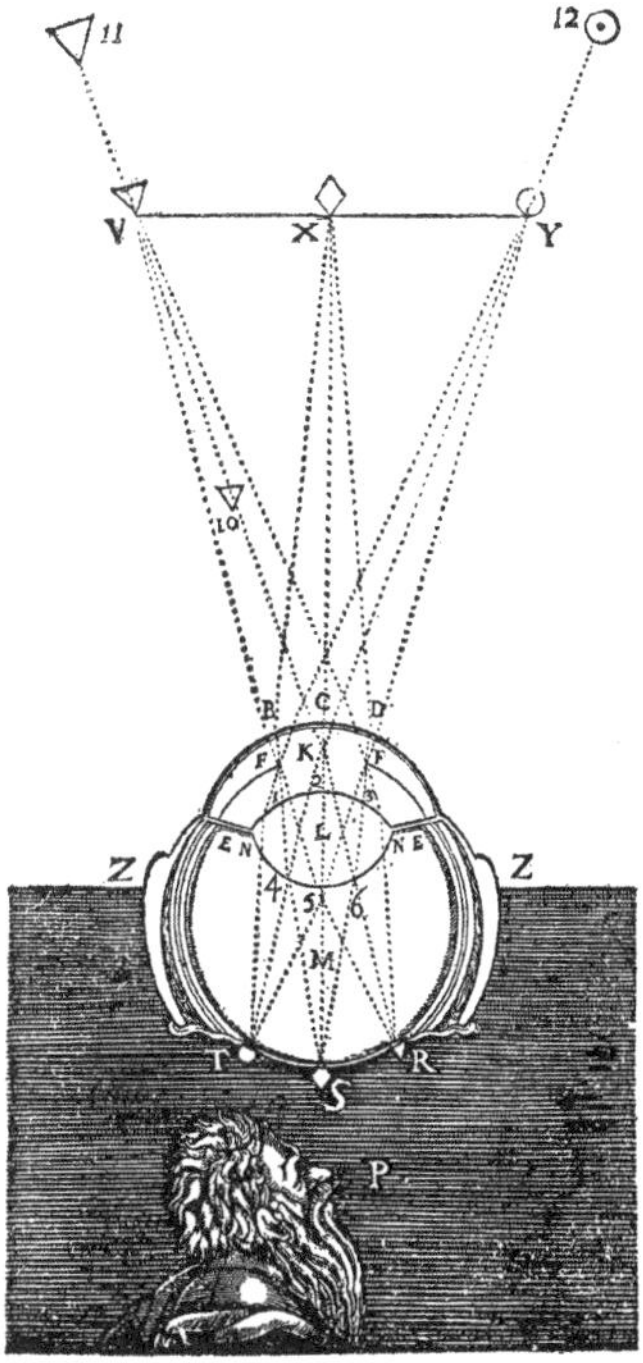

図2

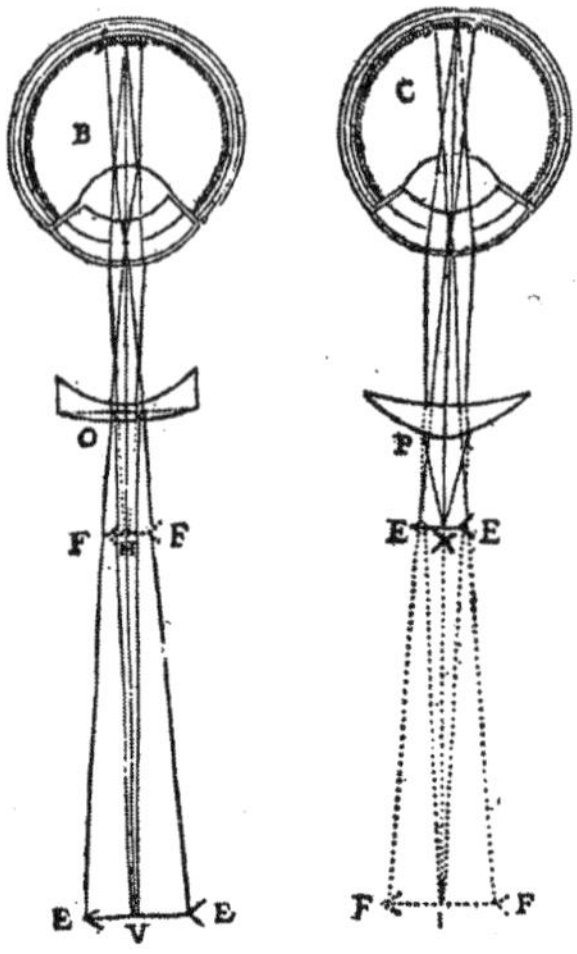

図4

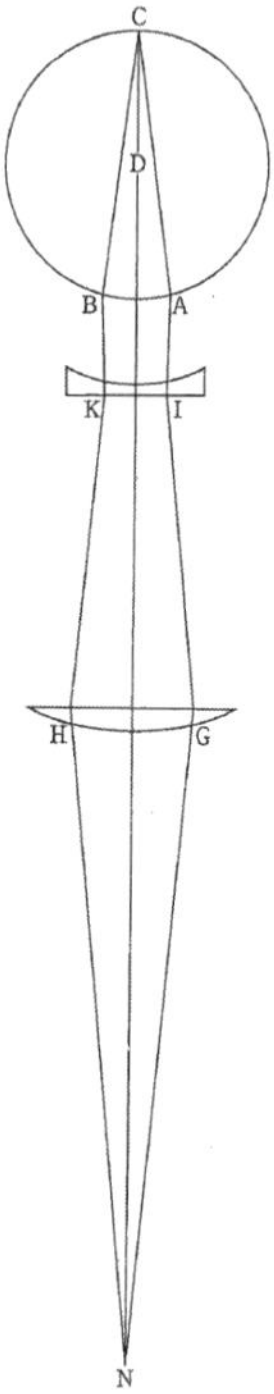

図6

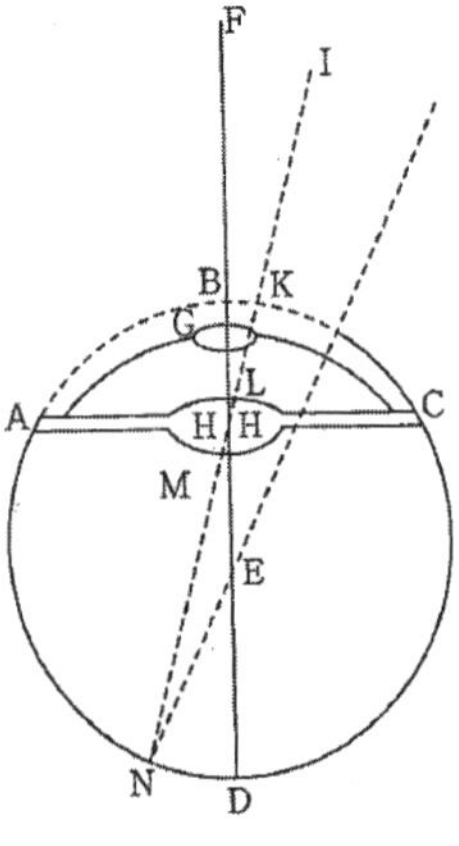

図5

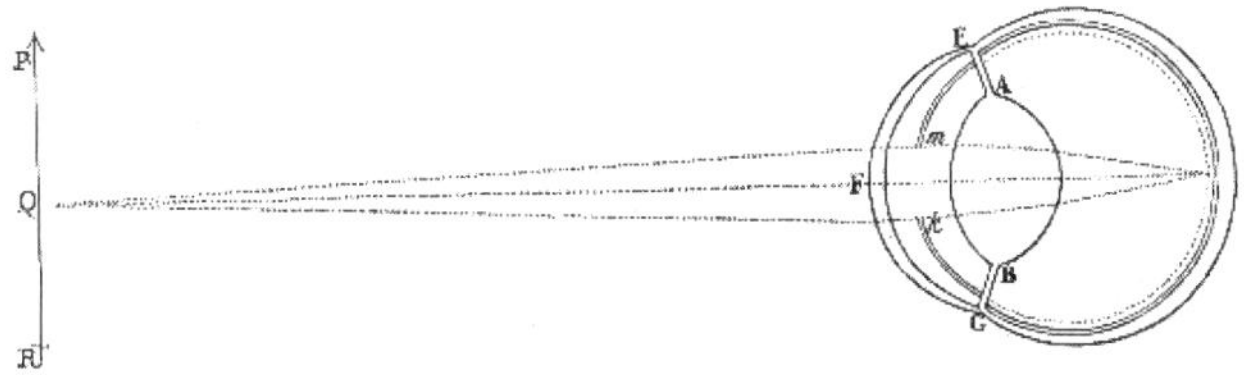

図7

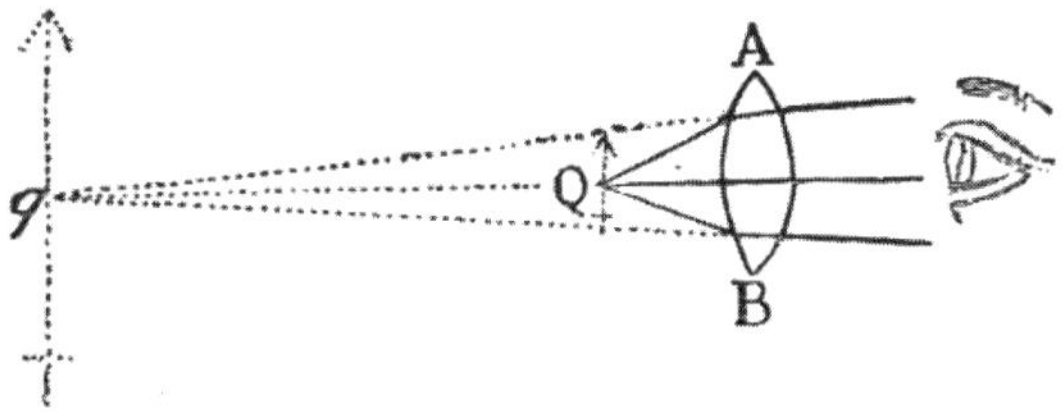

図8

図解出典

図1　Galileo Galilei, *Sidereus Nuncius*, 1610. [https://www.thelatinlibrary.com/galileo/galileo.sid.html]

図2　"La Dioptrique," in : *Œuvres de Descartes* VI, publiée par C. Adam et P. Tannery, tirage en format réduit, Vrin, 1996, pp. 116, 119, 122, 125, 139, 191. 青木靖三・水野和久訳「屈折光学」、『増補版 デカルト著作集1』白水社、1993年、139頁。

図3　"La Dioptrique," pp. 128, 136.「屈折光学」145頁。

図4　"La Dioptrique," pp. 151, 198.「屈折光学」160頁。

図5　ホッブズ『人間論』本田裕志訳、京都大学学術出版会、2012年、16頁。

図6　『人間論』120頁。

図7　Isaac Newton, *Opticks*, 1730. [https://www.gutenberg.org/files/33504/33504-h/33504-h.htm]

図8　Isaac Newton, *Opticks*, 1730. [https://www.gutenberg.org/files/33504/33504-h/33504-h.htm]

〈1〉本章は、二〇一三年一〇月二六日に岩手大学で開かれた東北哲学会第六三回大会のシンポジウム「哲学的人間学と自然主義」の提題原稿にもとづく（もう一人の提題者は、音喜多信博氏）。『東北哲学会年報』第三〇号、二〇一四年三月三一日、に寄稿したときに割愛した部分を一部復活させた。

〈2〉ホッブズの「自然状態論」については、拙著『死と誕生』の第二部第一章で論じた。また、本書の第三章「自然的平等について」では、ホッブズに見られる自然主義的人間観のさらなる起源を求めて、古代ソフィストのアンティフォンまで遡った。

〈3〉伊藤宏之・渡部秀和訳『哲学原論／自然法および国家法の原理』柏書房、二〇一二年。本田裕志訳『人間論』京都大学学術出版会、二〇一二年。本田裕志訳『市民論』は二〇〇八年に出ており、二〇一五年には同訳『物体論』も出た（ともに京都大学学術出版会）。

〈4〉以下では、基本的に、本田裕志訳『人間論』に依拠し、ラテン語著作集（*Elementorum Philosophiae. Sectio Secunda, De Homine*, in: *Thomae Hobbes Malmesburiensis Opera Philosophica Omni*, Vol. II）、および伊藤宏之・渡部秀和訳『哲学原論』を参照する。本田訳とラテン語原本の頁数をカッコ内に添える。

〈5〉『人間論』前半と後半の「ギャップ」を、本田訳の「解説」は立ち入って論じており、有益である。なお、『人間論』はフランス語では全訳が出ている。*De Homine: Traité de l'Homme*, traduction et commentaire par P. -M. Maurin, Albert Blanchard, Paris, 1974.

〈6〉この少し前でホッブズは、「太陽や月の運動、わけても恒星の運動は、非常に高速であるにもかかわらず、目では知覚することができない」（二七頁; p. 15）と述べているが、天体のこの「高速」運動は、天動説的世界観によって想定されていたものである。

〈7〉"La Dioptrique," in: *Œuvres de Descartes* VI, publiée par C. Adam et P. Tannery, tirage en format réduit, Vrin,

1996, p. 81. 青木靖三・水野和久訳「屈折光学」、『増補版 デカルト著作集1』白水社、一九九三年、所収、一一三頁。

〔8〕ガリレオ・ガリレイ『星界の報告』山田慶児・谷泰訳、岩波文庫、一九七六年、一五頁。

〔9〕ニュートン『光学』島尾永康訳、岩波文庫、一九八三年、三八頁。I. Newton, *Opticks*, Based on the 4th edition (1730), Dover Publications, 1952, p. 15.

〔10〕『愉しい学問』一〇九番でニーチェは、宇宙を一個の生命体と見なすことと同様、宇宙を一個の機械であると見なすことにも「用心しよう」、と戒めている。「機械」という観念には「一つの目標をめざして組み立てられた」ものという含意があり、今後は払拭すべきだというのである（FW, 468）。アーレントも『人間の条件』で、機械論とは制作本位の一七世紀に固有な、近代初期の思考形態にすぎないとしているが、その一方で、「自動機械制（automatism）」こそ現代テクノロジーの完成形態だとする見方もとっている。――機械論の射程をどう考えるかは、そもそも「機械」とは何か、という問いにどう答えるかに懸かっている。ここで詳論はできないが、本章で、「器械」と「機械」という二通りの表記を併用したのは、身体＝器官の延長としての「道具」（たとえば眼鏡や杖）との対比において、身体とドッキングした過渡的な「器械」（たとえば望遠鏡や自転車）と、身体を代替し不要にする真正の「機械」（たとえば映像装置や自動車）を区別することを狙ってのことである。道具との区別において機械を存在論的に捉えるためには、アリストテレスの『自然学』における技術の二面性――「自然の補完」と「自然の代替」――から出発すべきであろう。

〔11〕以下でも、本田裕志訳『人間論』に頁数を記し、ラテン語版 *De Homine* の頁数を添える。

〔12〕ホッブズの議論が量的比較や計算をめがけていることは、『人間論』第十一章の最後から二番目の第十四節で、善または悪の大小の基準が列挙されていることからも明らかである。「善いもの同士や悪いもの同士が

比較される場合、他の点が等しければ、より長続きするもののほうが大きな善または悪である。全体は部分よりも大きいからである」。「他の点が等しければ、強度のより高いもののほうが大きな善または悪である。なぜなら、強弱の違いは大小の違いと同様だからである」。「他の点が等しければ、多数の人びとにとって善いものは、少数の人びとにとって善いものよりも大きな善である。なぜなら、より一般的なものとより特殊的なものとの違いは、大小の違いと同様だからである」（一五七頁以下; pp. 102f.）。アリストテレスも『弁論術』第一巻第七章で「善の大きさの比較」を行なっているが、それがもっぱら「質的研究」であるのに対して、ホッブズの考量はあくまで「量的」である。

〔13〕ホッブズは勇気を全否定してはいない。自己保存に役立つ勇気は、その人にとっては有用だからである。しかしそれは、あくまで相対的なものにすぎず、枢要徳とは言いがたい。「国家は、善き市民たちの勇気と知恵と節制によってのみ保たれるように、敵たちの勇気と知恵と節制によってのみ滅ぼされるのだから」（『人間論』第十三章、一八二頁; p. 117）。

〔14〕この箇所については主に、哲学文庫版の『人間論・市民論』ドイツ語訳（ただし『人間論』は第二－九章の光学篇を欠く抄訳）によった。*Vom Menschen. Vom Bürger. Elemente der Philosophie II/III*, Eingeleitet und herausgegeben von G. Gawlick, Meiner, 3. Aufl., 1994, S. 26.

〔15〕独訳では、"Beschäftigung" (ibid.)、仏訳では、"l'activité" (*De Homine*, p. 157)。

第五章　コロナ禍はどこまで危機なのか

——反時代的試論〔1〕

一　鳥肌が立つほど嫌いな言葉

私は、「自粛」という言葉が、鳥肌が立つほど嫌いである。

「自粛」の嵐が、この国に吹き荒れた一九八八年から八九年にかけての冬、私は大学院生だった。天皇裕仁の「下血」の症状が連日、新聞やテレビで事細かに報じられ、「Xデー」目前の緊張が世を包んだ。井上陽水が「みなさん、お元気ですか」とのんきに声掛けするCMの音声も抹消された。クリスマスも、年の瀬も、正月もずっと重苦しい空気が漂った。一月七日という絶妙のタイミングで「昭和天皇崩御」が報じられると、テレビでは、誰もが喪服に身を包んでにわかに神妙な顔つきとなり、どのチャンネルも、昭和という時代の終焉への惜別の辞を空々しく垂れ流した。街という街のシャッターが降ろされ、巷《ちまた》の喧騒はかき消えた。大学の正門にも半旗が翻り、抗議する学生がその下に集まった光景は、今も私の脳裏に焼きついて離れない。

一億総自粛――どこからともなく湧き起こったその共同気分が、私には息苦しくてたまらなかった。どこの不思議の国に迷い込んだのかと思った。一老人が死んだだけなのに、なぜかくもひとはおのずから粛々と同調するのか。凍りついたように黙秘を決め込んだかと思うと、歯の浮くような個人礼讃を滔々とまくし立てる。「昭和カイコ、時代が繭《まゆ》を作るとき」。当時私は、そんな時事川柳を詠んで新聞に投稿し、ボツになった。無気味なほど円滑に機能する自発的服従の回路を解明することが、以来、私の哲学的課題となった。

それと酷似した「自粛」の光景が、三一年後、平成という時代をそっくりスキップするかのように、地上にふたたび現出した。鳥肌の立つほどの無気味さの再来。しかも今度は、日本人の心性といった次元にとどまらない、地球規模での相互規制の噴出となった。二〇二〇年、コロナの沈黙の春。小心翼々たる相互牽制が支配しているだけなのに、それをよりにもよって「優秀な国民性」と嬉しそうに自慢する人がウヨウヨいるという点では、昭和の終焉のときに襲われた暗澹たる思いがぶり返している。

死はひとを厳粛にさせる。そういうこともあるだろう。地球上で何十万もの人間が新型コロナウイルスにやられ、死につつあると報じられれば、言葉が出てこなくなる（べつにコロナでなくても人間は死んでいくものだが）。しかも、誰もがその新種の病魔に冒されるリスクがあるという恐怖。たった一人の元国家元首が末期《まつご》を迎えることで国民が右へ倣えの服喪を強いられた自発という名の強制とは、わけが違うのだ。

そう、だからこそ問題はいっそう複雑となった。戦争責任とか権力機構とか同調圧力とかいった手持ちのアイテムでは、今回の話は片付かない。惑星をすっぽり覆ったかのごとき自粛現象は、根本から物を考えるようにと、われわれを促す。

一つのことは誰の目にも明らかである。コロナ禍は、いのちに関わるからこそ厄介なのだ。生命という原理が、本質的に問題となっているのである。これはまさに好機である。少なくとも、原理的に物を考えることを悦びとする者たちにとっては。

二　コロナ禍はどこまで危機なのか

「哲学は戦慄から始まる」——これが私の持論である。二〇一八年に出した『現代の危機と哲学』（放送大学教育振興会）の第一章で、そう述べた。恐るべき危機に臨んで戦慄を催すときこそ、そこに露呈している事柄の真相を見つめ、原理的な問いを摑むチャンスとなりうるのだ、と。そのさい「危機」という言い方で念頭に置いてきたのは、まずもって9・11、とりわけ3・11の出来事のことだった。テロも震災も、われわれを震撼させた。では、そのまた約十年後に、同様の危機が訪れたと、そう言ってよいのだろうか。

「コロナ危機」と言いたくなる未曾有の事態が起こったのはたしかだ。だが、事はそう単純ではない。

危機という言葉がインフレを起こしていないか、用心したほうがいい。

二〇一九年末、中国の武漢での最初の感染拡大が報じれられた新型コロナウイルス感染症は、年が明けるや、あれよあれよと地表に広がっていった。世界各国で感染者数はうなぎのぼりに上昇し、死者の数も無慈悲に増えていく。感染が劇的に進行した国々では、病院は重症者を収容しきれず、人工呼吸器は足りなくなり、病死者を葬る場所にも事欠くありさまだった。病床数や薬剤ストックが不足したばかりか、治療に携わる人びとも罹患の危険に晒され、「医療崩壊」という言葉が飛び交った。

しかしそれに劣らず深刻だったのは、経済活動全般にストップがかけられたことだった。工場が操業を停止し、商店、飲食店は一斉に店を閉じ、必要最低限の用事を除いて人びとの外出が制限された。繁華街から人の姿が消え、電車やバスは、乗客のいない車両を運ぶばかりだった。緊急事態宣言の発令の度合は各国で異なるにせよ、移動の自由という基本的人権の最たるものが、あっけなく侵害されたことは衝撃的だった。

外出規制に伴う生産・消費活動全般の停滞は、労働者にとって文字どおり致命的である。飲食業、宿泊業、タクシー業、旅行業、服飾業、接客業、花屋、生産農家、伝統職人まで、「コロナ失業」や「コロナ倒産」は広がり、感染状況が好転しないまま、深刻化している。コンサート、公演、祭りを開けない音楽家、舞台役者、興行関係者は収入が激減し、行楽施設、映画館、ライブハウスは存続が危ぶまれている。「コロナ不況」に見舞われた各種産業に対する公的金銭支援は、窮乏層にとって焼け石に水のようなものでありながら、かねてより不健全だった国家財政をさらに逼迫させ、財政破綻のリスクが高まっている。自動車業界など基幹産業も軒並み業績が悪化しており、これほどの景気不安を抱えていながら株価の暴落が起きていないのが不思議なくらいである。

このようなとき、危機を煽るかのように、あるいは商機到来とばかり、「哲学は戦慄から始まる」と言い募る気にはなれない。世情に乗ずるのとは反対に、私はむしろ、あえて反時代的に、こう問い返したい――コロナ禍はどこまで危機なのか、と。ここは頭を冷やしてじっくり考えることが肝要だと思うからである。

三　大学が大学でなくなるとき

このたびの「コロナ騒動」は、なるほど、前例のないものである。それまでなかなか変わらないかに見えた世の慣行が、そのあおりを受けて劇的に変わりつつある。その典型が、大学である。キャンパスは一変した。一言で言うと、学生が消えた。

私が大学で担当している一般教養科目を例に出せば、教員一人だけの教室で授業動画を自動収録すると、それがインターネットで配信されるしくみである。学生は自分の部屋でそれを視聴し、出席票にコメントを打ち込んで送信する。これとは別仕様のリアルタイム遠隔授業になると、教員が自宅に居ながらにして学生たちをネット会議形式で集めて授業を行なう。こちらのウェブライブ授業のほうが大学授業の主流だろう。ともあれ、経験したことのない急ごしらえの実験を、どの大学のどの教員も研究そっちのけでやらされた。高校までの学校でも軒並みオンライン授業が一時試みられたが、学校再開とともにパタッと止んだ。教員も生徒も対面式授業を待ち望んでいたからである。それなのに大学はこぞってオンライン授業にこだわり続けた。今後、対面式の部分復活はあっても、学生がキャンパスライフを満喫する日はすぐにはやって来そうにない。

それが大学にどれほどダメージを与えるかは計り知れない。大学が大学でなくなるときがやって来ているのではないかとすら思う。ところが、事の重大さに気づいていない教員が少なくない。その鈍感さは、「危機」と言うには口はばったい。「大学改革」が習い性となっている者は、新しいシステムが導入されるのを歓迎することしか知らない。新システムへの移行に消極的な教員は、大学人たる資格なしと見なされかねない勢いである。かくして「オンライン総かり立て体制」が猛然と敷かれる仕儀となった。なるほど、緊急事態宣言発令下でキャンパスを立入禁止とせざるをえない状況では、教室で授業のできない代替措置として大学のインターネットスクール化も致し方ないだろう。さもなければ授業料を取り続けることが正当化できないからである。それに、ヘタに授業を再開してクラスター発生ということにでもなったらどうする、という声には抗いがたいものがある（どの学校でも似たリスクを抱えつつ授業を再開しているのだが）。

とはいえ、その一時しのぎが何か月も続くと、さすがに我慢の限界に達してくる。とりわけ、新一年生の悲惨さは目を覆うばかりであった。四月以来、キャンパスに通うことはおろか、他県から引っ越して大学町に下宿することにすらマッタがかけられ、遠隔の自宅にとどまり、朝から晩までパソコンの前に座らされて課題をせっせとこなすだけの生活。教員の顔なら画面越しにイヤでも拝まされるが、同級生や上級生との生身の交流の機会というものがない。デカルトの孤独な炉部屋ではないが、自我というカプセルに閉じ込められた無世界的主観そのものの鬱々とした毎日。これでは、若者に精神を正常に保てと言うほうが無理というものだ。

もちろん、ケロリとしている「インターネットネイティヴ」も少なくない。それどころか、通学の手間が省けて集中できるから余程いい、と言ってのける学生もいる。引きこもりが常態化することをもっけの幸いと喜ぶ者もいるだろう。しかし、だからといって――いきなり話が大きくなるが――古代ギリシアでポリスとはまた別に創設されたプラトンの「学園《アカデメイア》」以来の由緒をもつコミュニティが、一堂に会することを大事としてきた伝統を、現代技術でさっさと飛び越えられると思うのは、大間違いである。学生が精神的に参っているので、その救済措置として対面式授業も少しは織り交ぜなくては、という話ではないのだ。そうではなく、キャンパスという共同の場所が、そしてその建物や施設が、学問をともに学ぶ者たちに明け開かれていることは、学園本来のあり方にとって決定的に重要であり、それをゆるがせにすることは学園の意味喪失を招く、ということなのだ。

四　大学で「教養」を磨くということ

大学のオンライン化は時代の流れと割り切る大学教員は、胸に手を当てて考えてほしい。自分たちがかつて学生時代に得たものは何であったか。それは、共同で事を為し、ともに語り合うことの喜びだった。そしてそれは、ワイワイ集まってバカ話をし、ともに飲み食いして騒ぐ愉しみとセットだった。傍らに友がいて、切磋琢磨しつつ、夢を語り合い、惚れた腫《は》れたの痴話に打ち興ずる。そんな中で一生の付き合いとなる仲間とめぐり合ったし、なかには一生の伴侶を得た者もいる。学生たちは、そんなのどかな自由時間を当たり前のように通過して、その後のあまり変わりばえのしない実人生へ乗り出してゆく。準備期間でも猶予期間でもない、人生のいちばん輝ける瞬間がそこにあった。

そういう自由を謳歌することが奪われているのが今の学生である。不謹慎かもしれないが、学徒動員の時代に青春を奪われた若者と引き比べてしまうほどである。だからといって私は現代の若者に安手の同情はしたくないが、寒々とした憂慮なら覚える。共生の喜びを奪われたまま若者たちがネット漬けの学生時代を送り続けたら、どんな人間になるだろうか。その失われた世代が中堅となる時代とは、どんな時代だろうか。

正直に言うと、私はコロナの冬の時代に学生でなくてヨカッタとしみじみ思う。無責任な言い種《ぐさ》かもしれない。しかし思うに、もっと無責任なのは、それほど悲惨な事態が現に進行しているのに、それに気づこうともしない者たちのほうである。

あなたは大学で何を学びましたかと訊かれて、履修した知識を得々と列挙する卒業生はいない。授業で習ったことはきれいさっぱり忘れたが、何かしらを得たという実感だけは残っている。教師が教え込もうとする定番メニューなどオマケみたいなものだ。教師との生身の遣り合いなら少しは糧になるかもしれないが。学生時代に培われる資質とは、何はともあれ、学生同士の付き合いによって育まれる共同の行為と自由な言論への信頼なのである。頭でっかちだった受験生は、大学に入って、人に揉まれ、人とやり合い、ぶつかり合って、柔軟な思考を身につけていく。「教養」を磨くとは、そういうことなのだ。

そんな程度のことは、自分の経験を振り返ればすぐ分かるはずなのに、オンライン総かり立て体制に徴用された大学教員は、自分の若かりし日のことは棚に上げて、オンライン授業を円滑に実施することが教員の本分であり学生にとってのメリットだと考えて怪しまない。動画配信には凝りすぎるほど凝っても、学生時代に得たものの記憶を手繰り寄せようとはしない。大量の資料データをアップして大量の課題を毎回課すことが、学生への教員の務めと信じている。まじめな教師がよい教師だとはかぎらない。課題でがんじがらめにして学生の自由を奪うのは、大学教師として褒められた話ではない。

五　ニューノーマルを先導？

四月早々、学生の感染が報じられて肝を冷やした大学は、すぐさまオンライン総かり立て体制の旗振り役を買って出た。「ニューノーマルを先導」という鳴り物入りである。官庁から出向組の危機管理担当の先導により、上意下達体制が学内にできあがる。

以前から設備投資していた授業の教室自動収録・自動配信システムが売り物のはずが、学生が一斉にネット接続して授業を視聴したらパンクしてしまい、巨大ＩＴ企業の授業運営サービスに間借りを余儀なくされた。学生と教員・職員一同の涙ぐましい努力により、二〇二〇年度前期はオンライン体制を貫いた。学期途中で実施されたアンケートの結果は、「学生の不満は少なく、おおむね満足している」と総括されたばかりか、「オンライン授業により授業時間外学習が増えたのは良かった」と講評された。私は愕然とした。

これまで毎学期終了時に行なわれてきた授業アンケートでは、「あなたは時間外学習をどれだけしましたか」の質問に、ゼロ時間と回答をする学生がむやみに多く、学務上問題視されてきた。その慢性的な悩みのタネが解消されたのは喜ばしい、これぞオンライン学習の目に見える成果だ、と胸を張って強調されたわけである。学生が一日中自室にこもってパソコンの画面を見続けて健康を害し、こなしきれない課題にアップアップし、仲間と交流する機会を奪われ続けていることには、無頓着なのである。

「ニューノーマル」という謳い文句を聞くと、「えっ、放送大学の二番煎じじゃないの？」と聞き返したくなる。テレビやラジオを用いた「放送授業」のほかに、ネットにつないだパソコン上で行なう「オンライン授業」を（二〇一五年から）先導している放送大学で、しかし、開校以来懸案とされてきたことが二つある。第一に、対面式のスクーリング（面接授業）をどれだけ確保するか、第二に、学生同士の交流をいかに活性化するか、である。コロナ禍中のオンライン総かり立て体制下で、この二重の課題にどう対処するかが、一般の大学でも浮上しているだけの話であり、問題そのものは新しくもなんともない。

前述のとおり、私はここ数年、放送大学の科目を一つ担当している。学期毎に提出される何百本ものレポートに接するたびに、書面ではあれ教員と直接的にやり取りをすることに対する老若男女の受講生の熱意をひしひし感じる。そういう機会が与えられなければ、大学で学んでいるという気がしないと彼らは思っているのだ。当然であろう。

キャンパスを擁する「ノーマル大学」が、遅ればせの放送大学化を図るのは、みずからの取り柄を投げ捨てることに等しい。「いや、キャンパスを必要としなくなるのは大学の進化だ。仮想空間さえあれば、教室も図書館も運動場も学生食堂もサークル室も要らない」と開き直る者もいるかもしれないが、私はそうはまったく思わない。ひま人《スカラー》たちが集い、自由時間《スコレー》を享受する校舎や校庭を有していることは、学校《スクール》というものの存在理由であり、それを投げ捨てることは学園精神《アカデミズム》の自己否定なのである。

アカデミズムの本義はさておくとして、次の問いが抑えがたく湧き起ってくる。コロナ騒動において、なぜひとは「ニューノーマル」とか「新しい生活様式」とか言い募るのか。ちっとも新しくないのに「新しさ」を売り物にしたがるのは、どうしてなのか。

六　新し物好きの時代

コロナ禍で、それまでごく当たり前だった外出や集会や宴会や旅行ができなくなった。それを耐えがたく思う人が出てきて当然である。享受してきたものが突然奪われるのだから、抵抗や反抗が起こっておかしくない。いのちに関わることだからと言われても、納得しがたい。そのあおりで失業や廃業や倒産の憂き目に遭ったりすれば、これはもう最悪である。世の中で総計どれだけのマイナスになるか、想像もつかない。

その大損失を何とか誤魔化すために持ち出された官製用語が、「新しい生活様式」である。コロナ感染症防止対策とは、これまでと違った生活様式というだけでなく、新しいものへの挑戦なのだ、という触れ込みである。大学ではオンライン授業が「ニューノーマル」と唱道されたが、職場では「テレワーク」への移行が声高に唱えられた。満員電車に乗って出勤し、同僚が大勢いる職場で仕事をする代わりに、各自が自宅でパソコンによって外部とつながって仕事をこなせばいい、ということになった。

大きな声では言えないが、私は自分の研究室では集中できない性分なので、授業や会議ほかを除いて自宅の自室で仕事をするのを常としてきた。学生時代から続く在宅従事者にとって、「テレワーク」は新しくもなんともない。むしろ、その形態が拡大される場合の弊害のほうが気になる。自宅では仕事とそれ以外との区別がつかず、労働時間と超過勤務とが入り混じり、無際限の労働力搾取がはびこる恐れがある。それに、勤め人には昼間留守でいてもらったほうが気楽な家族にとっても、はた迷惑なだけである。いずれのデメリットにも身に覚えがありながら古いスタイルを脱け出せないでいる者からすれば、テレワークが「新しい生活様式」と推奨されるのは、片腹痛いと言わざるをえない。

そんな見掛け倒しにすぎないのに、テレワークの「新しさ」がしきりに言い立てられるのは、一つには、大学のオンライン授業と同じく、情報技術業界にとってこれほどうまい話はないからであろう。インターネット依存症が蔓延すればするほど潤う者たちにとって、絶好のビジネスチャンスを「ニューノーマル」と評してもらえるのは、願ったり叶ったりである。今や世界経済を左右する実力をそなえるに至ったＩＴ業界がわが世の春を謳歌できるかぎり、世界大恐慌は訪れないであろう。ただし、それはあくまで株式市況のうえでの話であって、経済的大打撃に見舞われた者たちが地にあふれている以上、すでに大不況はまぎれもない現実となっているのだが。

だが、「新しい生活様式」の掛け声が世に満つるのは、なにも、情報技術は人類の未来をひらくと宣布する新興教派の利害関係者の間だけではない。「何とか改革」という名の新しくもない新しさを追い続けて久しい現代人は、これまでとは何か違ったことが起これば、それを「新しい時代の到来」と見立てて、そのマイナスをまぎらそうとしたがるのである。それが多大な犠牲を伴うものであろうとも、新しいものの誕生にとって「産みの苦しみ」は付きものだとして正当化しようとする。大学改革にしろ、教育改革にしろ、入試改革にしろ、その新しさ志向がどんなに無残な結果をもたらしたかは、不問に付されてきた。それだけ「新しさ」という価値が幅を利かせていることが、「新しい生活様式」というキャッチフレーズの垂れ流しによって、今さらながら再確認できるのである。

それにしても、なぜそこまでわれわれ現代人は「新しさ」を求めるのか。話は簡単で、われわれの住んでいる時代がいまだに、「新しい時代」を自称する時代、つまり「近代（the modern age）」だからである。「近代精神（modernity）」は、その名のとおり「新しい（modern）」ものを求める。近代とは本質上、「新しい物好きの時代」なのである。

ひと頃「ポストモダン」という言葉に踊らされたことがあった。モダンをしのぐ新しさを標榜していたかぎりにおいて、その呼称は、近代精神の発露以外の何物でもなかった。もちろん、四百年以上続く「近代」には、節目や紆余曲折がさまざまあったから、そこに一定の画期を置くことはあってよい。たとえば、これから引き合いに出すハンナ・アーレントの「近代」理解においては、「近代（the modern age）」と「現代・現代世界（the modern world）」とは区別される。だが「新しい《モダン》」という形容が付されている点では、両者は共通している。現代が「新し物好きの時代」を卒業したわけでは毛頭ないのだ。

近代は「新しい時代」を自称してきた。四百年も経つのだから、いい加減「新しさ」の看板を降ろしてもよさそうなものだが、その気配はみじんも見られない。その確信はどこに存するのだろうか。やはり新しい時代と呼ばれるにふさわしい前代未聞の何かが、われわれの時代には否定しがたく刻み込まれているのではないか。そしてその近代人根性が、このたびのコロナ騒動にあからさまに露呈しているのではないだろうか。

七　同一平面上でのせめぎ合い

近代とはどんな時代か。——この問いは巨大であり、小論の能《よ》くするところではない。だが、この問いを解明するうえでの有望なヒントが、コロナ禍によって与えられたように私には思われる。われわれは、他のあらゆる価値に勝って「いのち」が最優先される時代を生きている。つまり、近代という時代の根底には、「生命」という原理が据え置かれている。このことをわれわれはコロナ禍においてイヤというほど思い知らされている。

「生命」というこの時代の刻印について、アーレントを参照しつつ考えてみよう。

アーレント『人間の条件』の結論部によれば、近代の行き着いた先に勝利を収めたのは「労働する動物（animal laborans）」だという。人間にはそのほかにも、「制作する人（homo faber）」や「活動する人びと（men of action）」という側面があり、それぞれ「制作・仕事」と「行為・活動」というあり方を特長とする。ところが、近代ではそれらを圧倒して、もっぱら労働というあり方を取り柄とする「労働する動物」が支配的となった、というのである。そう言われてみれば、たしかに現代社会は労働社会であり、労働者でなければ一人前の社会人とは見なされない。また、働くことと食うことが一体である以上、労働は消費と結びついており、労働社会は同時に消費社会でもある。

現代は労働中心主義の時代だという時代診断は、正鵠を射ているように見える。だが、コロナ禍の現状を眺めてみると、それだけでは説明のつかないことが起こっている。つまり、労働にも消費にも規制がかけられているのが実情である。緊急事態宣言下では労働者は休業を余儀なくされたし、外出制限が緩和されても、消費のほうはなかなか解禁とならない。そしてそれは労働に当然はね返ってくる。労働と消費の循環過程の拡大をめざす近代経済システムが、ブレーキをかけられたことは、近代の本質を経済成長至上主義に見出してきた者たちにとって、驚きだった。では、労働に重点を置くアーレントの近代理解は、コロナ禍によって反証されたのだろうか。断じてそうではない。

アーレントによれば、労働というあり方の根本条件は「生命それ自体(life itself)」である。つまり、ヒトが働き、食うのは、「とにかく生きること」が懸かっているからである。制作する人にとっては世界が、活動する人びとにとっては複数性が、根本条件をなすが、労働する動物は、生命という原理しか知らない。労働社会=消費社会の根底にひそんでいるのは、ただ生きること、ひたすら生き延びることなのである。

生命という唯一絶対の原理を脅かすものに面前すれば、労働する動物の群れは、それを避けることに全力を注ぐことだろう。おのれの取り柄である労働も消費もすべて、いのちあっての物種であり、いのちを守るためには自分の営みを差し控えることには躊躇しないだろう。もちろん、生業《なりわい》を停止させられれば、これはこれでいのちに関わるから、そうなればやはり抵抗せざるをえない。コロナ対策優先か、経済活動優先か。この二者択一は、生命それ自体を根本条件とする同一平面上でのせめぎ合いなのである。

文字どおりいのち懸けのぶつかり合いゆえ、両者の確執は壮絶なものとならざるをえない。地球を舞台に二匹の超獣が死闘を繰り広げる怪獣映画の様相すら呈している。雌雄を決し合っているライバル同士はともかく、この怪獣大戦争のあおりを食らって、現代世界は総体として荒廃しつつある。「危機」があるとすれば、まさにここにある。

近代は「生命それ自体」を根本原理に据えてきた。だがそれは必ずしも剝き出しになってはいなかった。コロナ禍は、この近代の原理を絶対的なものとして立ち現われさせたのだ。古来、人類史の表舞台では、生命原理とは相容れないもの、たとえば戦争という要因が働いていた。そのため、とにかく生きることが唯一無二の原則として現われることはなかった。戦士階級は名誉のためにいのちを懸けて戦った。それは今日、バカげたことだと片付けられる。国家のためにいのちを投げ出すことなど、現代人には想像もつかない。数多の愚行を乗り越えて、いのちの大切さという永遠の真理に到達したことを、自分たちの進歩だと堅く信じているからである。これを逆に言えば、生命尊重の教えは、近代ならではの特異な教義だということになる。「とにかく生きることが大切、ほかは二の次、三の次」とするこの教えを「生命尊重主義（humanitarianism）」と呼ぶことにしよう。近代のこのセントラルドグマは、近代の完成期である一九世紀に名乗りを上げたが、それが純粋な形で姿を現わしたのは、前代未聞のことなのだ。

その意味では、近代という時代の「新しさ」は、ここに極まっていると言ってよい。生命という原理を唯一に掲げて突き進むとき、そこに何が起こるかの新実験が試みられているのだから。そして、繰り返すが、コロナ禍に「危機」がひそんでいるとすれば、それは、生命尊重主義の極限実験のとばっちりが、見渡しがたいほど方々に及ぶことにある。

八　生命尊重主義の系譜学

この地上に何か新しいことが起こるとしても、もとよりそれは無からの創造ではない。いのちが人間の条件に属すること自体は、近代に固有なものではありえず、太古からべつに変わっていない。ただし、めぐり合わせの布置によって同じものがその意味を歴史的に大きく変える、ということならある。いのちの大切さに関してこのことを巨視的に辿ってみせているのが、アーレントの『人間の条件』第四四節である。

この節は「最高善としての生命」と題されている。近代屈指のイデオロギーとも言うべき生命尊重主義の系譜学が試みられている点で、コロナ禍において露呈した近代の本質を解明しようとするわれわれの関心からして、見逃せないテキストである。

まず、第四四節の第一段落最後に掲げられている次の問いに注目しよう。『人間の条件』のドイツ語版からの拙訳（『活動的生』みすず書房、二〇一五年）を使わせていただく。

人間の被制約性はさまざまであり、それに応じた人間の能力もさまざまなのに、その多様に分節された人間の条件と能力のうちで、よりにもよって生命という事実だけが絶対的に支配的となったのはなぜか。（『活動的生』四〇九頁）

人間の条件には、生命以外にも世界や複数性といったものがあり、それらに制約された活動として制作や行為があるはずなのに、近代では生命だけが突出した原理となっているのは、なぜか。いのちほど大切なものはない、とわれわれは金科玉条のように信じ切っているのは、どうしてか。この問いは、「いのちが最優先なのだから、そのほかの活動は全部やめておけ」式の理屈がまかり通って誰も異を唱えられなくなっている現在、無謀なまでに反時代的であるだけに、いっそう問うに値するものとなっている。

この問いを携えてアーレントは時代を遡り、近代の生命尊重主義はどこまでキリスト教起源か、という問題に系譜学的に取り組もうとする。「原始キリスト教」以来の「生命は神聖なものだとする根本確信は、世俗化ならびにキリスト教の衰退の後でもそっくり生き残った」（四一〇頁）。ではなぜ、キリスト教はそれほどの影響力を持ちえたのか。それは、古代世界にそれだけ「決定的転倒」（同頁）を持ち込んだからだ、という。

　キリスト教成立以前の古代世界、とりわけ古代ギリシア・ローマで支配的だったのは、「世界《コスモス》の不滅性」（同頁）という考え方である。古代ギリシア人にとって、「世界《コスモス》」とは、永遠に循環し続ける天空、生成消滅を繰り返す大地、そして不死のオリュンポスの神々であった。整然たる秩序をなし、決して滅びることのない万有全体が、死すべき者という人間の自己了解にとっての参照項であった。そればかりではない。個々の人間のいのちは滅びやすくても、人びとが営々と築いてきた共同体は不滅だと考えられた。市民が都市共同体つまり「ポリス」をいのち懸けで大事にしたのも、自分は死んでも都市は栄え、その歴史に刻まれた名声はいつまでも滅びることがない、と信じたからだった。

　このように「コスモス」とは、死すべき者たちが不滅の名声を手に入れる政治的、歴史的世界が表舞台をなす、滅びることのないこの世全体を意味していた。古代ローマの愛国者たちも、永遠の都ローマを何よりも大事にした。ローマ人にとって、国家とは、滅びることのないもの――のはずだった。ところが、不滅であるべきローマ世界もついに終わりを迎え、滅びつつあることが、古代人の目にも明らかとなっていく。古代ローマのこの没落の時代に鳴り響いた「良き報せ」こそ、キリスト教の福音にほかならない。

　この地上には永続するものなどなく、この世の一切は必ず滅びる。だが、この世を超えたもう一つの世界、天上の神の国では、決して滅びることのない「永遠のいのち」が、神によって恵み与えられるのだと、そう説かれ始めたのである。それは、古代世界にとってまったく新しい教えだった。死すべき身をはかなみ、世界の不滅性にあやかってこそ不死に与《あずか》ることができると信じてきた人びとにとって、キリスト教の「永遠のいのち」の教えは、世界観を根底から覆す一大転換を意味したのである。

キリスト教の「いのち」の教えは、これはこれでユダヤ教を源泉としているが、ユダヤの民は、あの世で永遠の生を授かるといった観念は持ち合わせていなかった。むしろユダヤ人にとって永遠であるべきは、ユダヤ民族そのものだった。世界の不滅性というよりは、民族のいのちの不滅性こそ、ユダヤ人が最も大事にしたものであった。

これに対して、民族宗教を脱し世界宗教となっていったキリスト教は、民族単位でなく個々の人間の生命が永遠となりうるという新しい教えを説いた。キリスト教のこの教義を最初に確立したパウロは、ローマ市民でもあり、国家共同体の不滅性という古代的観念をよく心得ていた。そしてその「世界の不滅性」の代わりに、「いのちの不滅性」を置き入れた。この置換により、世界は一転して可滅的なものに成り下がった。話はここで一八〇度ひっくり返った。この世の一切は滅びやすいのに、それにあやかって不死性を手に入れようとするなど空しさのきわみだ、ということになったのである。

キリスト教がそう説いた時代、まさに古代世界は終焉を迎えつつあった。世界の終わりを目撃した人びとに、永遠のいのちの教えは「福音」となったのである。

九　大切にすべきなのは、どのいのちなのか？

世界の不滅性から、いのちの不滅性へ。古代末期に起こったこの価値転倒が、その後二千年にわたって踏襲されてきた、とアーレントは言う。もちろんその構図が近代になって様変わりしたことは、誰の目にも明らかである。この世を超えたあの世という中世キリスト教的観念を打ち消し「世俗化」した時代こそ近代であり、それとともに「永遠のいのち」に対する希望もとっくに潰え去ったからである。

キリスト教徒が「いのち」を大事にしたのは、もともとそれが「永遠のいのち」に行き着くはずだったからである。「いや、神様が与えてくださったからこそ、いのちは大切にしなければならないのだ」と熱心に説く人もいるが、その信仰心を支えているのは、死後の世界における「永遠のいのち」の教えなのである。信仰を持つ者がいのちを粗末にしてはならないのは、この世でのいのちは滅びやすくても、あの世で永遠の生命を授かるうえで絶対不可欠の元手だったからである。それを蔑ろにしたのでは、死後の永遠の生が約束されるはずもない。どんなにつらくてもこの世の生をまっとうした者にこそ、神に嘉《よみ》せられてあの世で永遠の生を生きる至福が待っている、というのであった。

「神の死」後を生きているわれわれ現代人には、あの世や永遠といった教えの一切が、ナンセンスに聞こえる。ところが、来世での永生というキリスト教の教義に組み込まれていた現世のかりそめの「いのち」の尊重が、そしてそれだけが、しぶとく生き残り、近代という時代の根幹をなす「最高善としての生命」の起源になっていると、そうアーレントは言う。キリスト教的、あまりにキリスト教的な「魂の救済」説の、上澄みというか、残りカスのようなものが、近代の擬似宗教の教義に収まっている、という皮肉。

アーレントの系譜学的説明は、にわかに信じがたいものがある。では、それとは別の仕方で、いのちの大切さのいわれを説明することがわれわれにできるだろうか。――これは相当の難問である。せいぜい、いわれないからこそ大切なのだ、と開き直るのが関の山である。いのちの大切さに関して底は抜けていて、そのいわれは見つかりそうにない。

となると、われわれはあらためてこう自問せざるをえない。われわれが大切にしているいのちとは、どのいのちなのか――まさか、永遠のいのちではないとすれば。

ここでやはり思い起こされるのは、ソクラテスの死に方である。「とにかく生き延びよ、だって？　いや、大切にすべきは、よく生きることなのだ」という名言を置き土産に、古代ギリシア最大の哲学者は、さっさと死んでいった――おめおめ生き永らえることは潔しとせずに。いかに生きるべきかという問いは、以来、宿題として人類に残された。

ところが、この大いなる課題を、現代人はあっさり片付けようとする。「よく生きよ、だって？　いのちに区別を設け、優劣をつけるのは、差別だ。差別はよくない」と。ここで気づくのは、生命尊重主義と組み合わされたもう一つの根本前提を、近代は奉じてきた、ということである。つまり宇宙無差別主義がそれである。両者のドッキングした「生命の無差別性」から、「いのちの平等」のモラルが引き出される。人命尊重主義が、「人道主義」のほかに「博愛主義」という別名をもち、「いのちの大切さ」が生きとし生けるものへと普遍化されていくのは、それがもともと自然的平等の原則と一体だからである。

近代初頭に、伝統的世界観を打ち破って、新しい無差別宇宙像が成立した時点で、現代の「いのちの平等」のモラルは、いち早く下図を描かれていた。アーレントによって先鞭を付けられた生命尊重主義の系譜学は、この点から補強される必要がある。だがこれは、別途詳論されるべきテーマであろう[2]。「いのちは平等なのだから、差別なく大切にされるべきである」――近代のこのセントラルドグマにじかに関わるがゆえに、新型コロナウイルス感染症対策をめぐる騒ぎは、かつてないほどの大狂騒となった。地球規模での「自粛」が起こったのも、近代そのもののタブーに触れるものがあったからである。

十　いのちに劣らず大事なもの

ソクラテスの皮肉を受け継ぐアーレントは、生命それ自体が絶対視されてきた近代という時代を、冷静に問い直そうとする。しかしだからといって、生命が人間の根本条件をなすことを軽視しているのではない。言うまでもないことだが、二〇世紀の全体主義が「とにかく生きること」の尊厳をズタズタに踏みにじったことを見せつけられて戦慄をおぼえ、そこから思考を再開したのがアーレントだった。

「でも、だからといって生命だけを重視するのは狭いのではないかしら？ 生命に条件づけられた労働とはまた別の、制作や行為も、さらにそれらを条件づけている世界性や複数性も、人間にとって等しく大事ではないかしら？」と言っているだけである。とりわけ、あの世での永生を信じられた中世ならともかく、世俗化された時代に暮らし、「神の死」を当然視しているわれわれが、この地上には、生命や労働のほかに、等しく重要なものがあることに気づこうとしないのを、不思議がっているのである。そう言われてみれば、たしかに不思議な話ではある。

いのちが大切だというのは、現代人の共通了解であろうが、それでいて、そのいのちが蔑ろにされることが往々にしてある以上、いのちの大切さをいくら強調してもしすぎるということはない。たしかにそれはそうなのだが、だからといって、いのちに劣らず大事なものがあることに無頓着であってよいわけではない。アーレントに倣って言うと、生命それ自体に条件づけられた労働も重要だが、それに劣らず、世界性に条件づけられた制作も、複数性に条件づけられた行為も、等しく重要である。それらが「不要不急」だからと二の次、三の次にされ、しかもその非常時の優先順が、よりにもよって「ニューノーマル」と固定化されるとすれば、これはもう人間の活動的生の危機と言わざるをえない。

とりわけ、人びとが集まって力を合わせて「ともに事を為す」という意味での行為が、コロナ自粛のあおりで大幅に制限を受けているのは、看過できない。現われの公的空間がインターネットによっては代替困難であるように、共同行為は万事オンラインで事足りると楽観するわけにはいかない。自粛という仕掛けによる集会と言論の抑止が、コロナ感染症防止の名の下に推奨されているのが現実なのだ。気がつくと、どこの大学でもシンポジウムや学会の対面開催は事実上できなくなっている。由々しい事態である。

さらには、実体性を希薄化する「新しい生活様式」の浸透によって、職人気質的な「物作り」が息の根を絶たれつつある。耐久性をもつ人工物はもとより、永続性をもつ芸術作品すら、ひとしなみに消費財として使い捨てられる傾向が加速化している。それによって危機に晒されているのは、ほかならぬ「世界」である。古代人の観じた悠久の「コスモス」とは月とスッポンかもしれないが、人びとの住む街のたたずまいやそれを形づくる物たちの安定性と持続性が、万物の消耗品化によって根絶やしにされつつある今、人工的世界の存続に思いを致さざるをえない。古典古代では「生への執着」と見下された「生命への愛」に、尊厳が帰されるのであれば、古代末期以来「現世への執着」と軽んじられてきた「世界への愛」も、復権されてよいのではあるまいか。

十一　生命それ自体に汲々とすることの危険

最後に、近代のもう一つの不思議に、急ぎ注意を促しておきたい。生命それ自体に汲々とするだけでは、じつにその一番大切なはずの生命の維持すらかえって人類全体で危うくなるという逆説を、近代という時代は大がかりに実証してみせたのである。

新しい政治哲学を定礎し、近代国家のめざすべきものを「平和」と「安全」に置いたのは、一七世紀の哲学者トマス・ホッブズだった。ホッブズの自然学では無差別主義が貫徹され、人間論では生命第一が原理に据えられた。フランス革命後には近代国民国家という政治形態が創り出され、国民に平和で安全な生活を保障することが政治の目標とされるようになった。最大幸福を唱える功利主義を基礎とする福祉国家と社会政策も台頭してきた。キリスト教起源とは言いがたい――マルクス、ニーチェ、ベルクソンらに代表される――生の哲学が、生命尊重主義を補完するかのように、次々に名乗りを上げた。では、近代が一九世紀に完成を迎えた、その先に起こったのは何であったか。

それは、二〇世紀の二度にわたる世界戦争と大量殺戮であり、全体主義体制の絶滅収容所であり、最終殲滅兵器の開発であった。生命尊重主義を拝してきたはずの近代の行き着いた先が、国家のために死ぬことを讃美する総力戦であり、人類の自滅を招く核テクノロジーだったのだ。いや、生命尊重主義が蔑ろにされたから、そうなったのだ、と言いたくなるところだが、その逆も考えられよう。生命尊重主義が独り勝ちをした近代だからこそ、その帰結として、生命全否定の地獄がこの世に生み出されたのだ、と。

歴史の恐るべき皮肉に学んできた二一世紀の人類は、コロナ禍の今日、いのちの大切さという自前の原則を試される大いなる追試験を受けている。

われわれが大切にしているいのちとは、どのいのちなのか。いのちのほかにも、それに劣らず大事なものがあるのではないか。いのちの大切さを後生大事に説くだけでは、かえっていのちは危うくされるのではないか。――今日ほどそういう反時代的問い返しが求められている時代はない、と思うこの頃である。

註

〔1〕 本章は、二〇二〇年一一月刊『ひらく④』（佐伯啓思監修、エイアンドエフ）に寄稿すべく、同年八月に書いたエッセイである。また、次の第六章は、二〇二一年一二月刊の『ひらく⑥』に寄稿した続編である。新型コロナウイルスが世界中を席巻し、各国がこぞって感染対策に追われた異様な光景を目の当たりにし、いったいこれは何事か、と考えて記したものである。その同時代性を尊重し、どちらもほぼ初出時のまま収録することにした。

〔2〕 次章では、生命尊重主義のルーツ探しを続行しようとしている。

第六章　コロナ禍において見えてきたこと

——革命論序説⑴

一　洞窟の下の洞窟の住人——逆さまのイデア論

大学のキャンパスから人影が消え、教室が空っぽになった二〇二〇年春。その光景はあまりに異様だった。しかし、まさか一年半経っても相変わらず「コロナ、コロナ」と大騒ぎしていようとは、当時想像していなかった。さすがにコロナ慣れ、いやコロナずれして、緊急事態宣言で脅されても怖気《おじけ》づかなくなったが、ワクチン接種を終えても一向にマスクを外すことのできない現状に、閉塞感は募る一方である。昨年春の新入生の間では、俺たちはこれから四年間、自由な学生生活を奪われるのだ、と悟り混じりの溜め息が洩れていた。当時は、まさかと聞き流したが、その予想が的中しつつあることに慄然とする。

そう、もう元には戻らないことをわれわれは覚悟しなければならない。二〇一九年以前と二〇二〇年以後の間には深い亀裂が走ってしまった。この時代の裂け目はもはや取り返しがつかない。私は大学授業の対面実施に強いこだわりを持つ一人だが、オンライン化の進んだキャンパスに、従来型授業の完全復活は難しいとも感じている。遠隔授業のほうがよいという意見の学生や教員が少なからずいて、優勢ですらある以上、たとえ目下の騒動が収まっても、その意見を軽視できないだろうからである。

われわれは一年半、コロナ騒動は早晩終息するという仮定のもとで、変則的生活を耐え忍んできたが、その仮定自体が崩れてしまった。いったん加速したオンライン化へのかり立てはもはや止めようがない。気がつくとわれわれは、当初は違和感の拭えなかった画面越し会議にすっかり慣れてしまった。授業だけでなく、教授会や委員会であれ、学会や研究会であれ、同じ場所に集まる手間を省ける手軽さの魔力から逃れられなくなっている。その捕縛状況は、プラトンの描く「洞窟の囚人」の境遇によく似ている。

今さらのようだが、『国家』第七巻の「洞窟の比喩」を思い起こしてみよう。

地下の暗い洞窟の中で、囚人たちが席に縛り付けられて身動きできないまま、洞窟の壁に映し出される影をずっと眺めさせられている。彼らの背後で燃えている火が光源となって、その手前で操り出される人間や動物の模型の姿が、囚人たちの目の前の壁をスクリーンとして、浮かび上がるしくみである。背後から発せられる声が洞窟の壁に反響するため、囚人たちにはその声が、正面の影法師から発しているように聞こえる。そのような映像を見続け、音声を聞き続けているうちに、囚人たちはそれがあたかも現実であるかのように信じ込む。誰がどういう意図で作り上げたのか不明な「奇妙な」「牢獄(2)」のたとえである。

ある日、一人の囚人が束縛を解かれ、洞窟から脱して地上に出て、陽光の燦々《さんさん》と降り注ぐ外の世界を目の当たりにする。最初、洞窟内の火を見やるだけで目が眩んだその囚人には、地上の光輝く世界はまぶしすぎて何も見えない。日光にだんだん目が慣れてくると、影ならぬ現物をまじまじと観取できるようになり、ついには太陽を直視できるようになる。そうか、これが本当の世界だったのかと真の実在を知るに至ったその男は、やがて地下の洞窟に戻り、真相を教えてやろうと他の囚人に地上の様子を語って聞かせる。だが、囚人たちは男の話をまったく信じず、笑い物にし、あまつさえ、秩序を乱す者だとして男を殺す。――

ポリスによって死刑に処されたソクラテスに、プラトンが作中で語らせて言うには、この洞窟はじつに、われわれ人間の住んでいる現実世界である。われわれが現に見ている世界は、もっともらしく映じているが見せかけの世界にすぎず、それと異なる本当の世界が別にあるのだ。真理を探究する哲学者は、この真なる「イデアの世界」を観取するのだが、それを率直に世の人に話すと、冷笑と怒りを買い、へタをすると命を奪われるのだ、と。

古来名高い「洞窟の比喩」は、今日あらたなリアリティをもって立ち現われている。

昔から私は、映画館に入ると「ここは洞窟の中か？観客は囚人か？」と怪しみ、家の中でテレビを見続けても同じ気分にとらわれた。インターネット時代にはその感がますます強くなった。コロナ時代には、二千四百年前にプラトンが描いた洞窟の様相がますます色濃くなっている。われわれは今日、かの洞窟の囚人の境遇さながら、人工的映像の影法師を見続けさせられた結果、机上パソコンや携帯スマホの画面に映っているものこそ現実だと信じるようになっており、それと別に「真の現実」なるものが存在するとは認めたがらない。「大学の授業は全部、自室で視聴できればいい。インターネットキャンパスで十分だ。これこそわれわれのリアリティであり、それと別の本当の大学生活などないのだ」と。だから「洞窟の比喩」の囚人の境遇には、身につまされるものがある。しかしプラトンの説く「イデア界」は、現代人にはハイレベルすぎるようである。なぜか。

イデア論者は、目に見える感性的世界はじつはまやかしの世界にすぎず、それと異なる超感性的な世界こそ実在するのに、世の人はそのことに気づこうともしないのだと言う。世の人、つまり洞窟の囚人たちは、感性的世界が現実界だと信じて疑わない。これと違って、全世界遠隔通信網にからめ取られているわれわれ現代人は、感性的世界を人工的に再現したヴァーチャルな映像世界こそ自分たちのリアリティであり、それと別の本物の現実界などありはしない、と思い込みたがる。だとすれば、プラトンの言う洞窟のそのまた下に洞窟があって、その最底辺の洞窟につながれ、感性界の模像をひたすら見続けているのが現代人だ、ということになる。このそのまたアングラ族にとって、イデア界など高嶺の花もいいところで、その真相に思いを馳せるなど夢のまた夢なのである。

ヴァーチャルこそリアルだと嘯《うそぶ》くのは、イデアならぬ「エイドーロン（映像）」こそ真実在だとする逆さまのイデア論者である[3]。感性的世界という洞窟の下にぽっかり空いたインターネット宇宙の住人は、対蹠《たいせき》的な「背後宇宙人」と言うべきだろう。

二　新し物好き病と、新しい始まりへの志向

遠隔授業をいくら忌避したいと願っても、そうはさせてくれないのが、オンライン総かり立て体制である。二〇二〇年度後期には対面授業がかろうじて復活したものの、遠隔授業を併用せざるをえなかった。「ハイブリッド（hybrid）」とは要は「雑種」ということであり、複雑になる分、操作が煩雑になる。私の勤務先では、二〇二一年度前期に大学の遠隔授業操作方法が再び変わり、旧式に代わって導入されたシステムに慣れるために、教員は授業内容の質的向上という本業に費やす時間をまたしても奪われる仕儀となった。いっそう便利になったと喧伝されはするが、じつは面倒なことが増えるだけで、操作トラブルも頻発する。これは情報化社会の通則である。

コロコロ変わるとっかえひっかえのマイナーチェンジにそのつど身を合わせるのは不毛だが、じつに、そのような目まぐるしい改変を息つく暇もなく推進しているのが、現代社会である。コロナ禍が本格化し始めた頃、「ニューノーマル」や「新しい生活様式」といった言葉が盛んに飛び交った。三密を避けるべく人びとが集まれなくなっただけのさえない特殊事情からあみ出された苦肉の策が、「新しい」とレッテルを貼られ、未来を切り拓く希望であるかのように囃し立てられたのである。急場しのぎの新造語は案の定、一年後にはすっかり古臭くなった。新システムが矢継ぎ早に開発されて、ちょっと前の新型が旧式と化してすげ替えられていくこと自体は、何も変わっていない。

感染対策の徹底というやむをえない事情から、これまでと同じというわけにはいかなくなり、仕方なく変更せざるをえないことまで、言うに事欠いて「新しい」と言い募り、あたかも無限の進歩に突き進んでいくかのごとき幻想を振りまく重度の「新し物好き病」が、世にはびこっている。新しさが価値を持ち、とにかく目新しいものを追求することはよいことだ式の固定観念が蔓延する時代に、われわれは生きている。そのことをコロナ禍はイヤというほど露呈させた。だがそれは、コロナ時代だからではない。「近代」だからである。「新しい時代（the modern age）」は「新しさ（modernity）」をとことん追求するのが身上であり、まさに近代のこの根本傾向をはしなくも露呈させているのが、コロナ禍の現状なのである。われわれに取り憑いている「新し物好き病」は、近代の風土病といってよい。

だからこそわれわれは、この絶好の機会に問わなくてはならない――「新しさ」はどのように生ずるのか、と。この問いは、近代の近代たるゆえんを問うことに等しい。それは、「現代（the modern world）」に住むわれわれ自身はいったい何をやっているのか、と問い直すことでもある。

新しさはいかにして生ずるか。この問いには、一つの範解が与えられているようにも見える。技術によって新しいものは生み出される、と答えられそうだからである。技術革新に対する現代人の期待感には根強いものがある。コロナ禍もいずれ技術的に克服可能だと、誰もがつゆ疑わない。すぐには無理かもしれないが、近い将来、技術的に解決されるに違いない、それまで我慢しよう、というわけである。だが、本当にそういう筋書き通りになるかは、誰にも分からない。いや、人類はあらゆる伝染病を克服してきた、と言うのなら、それは言い過ぎである。風邪を治す特効薬すら作れていないのが実情なのだ。

ヘタをすると、コロナ禍の技術的制圧にうつつを抜かしているうちに、人類の文化が総崩れ状態となるかもしれないのに、そんなことを言い出す人はいない。欲しがりません勝つまでは式の総力戦に突入しているかのごとくである。

人間の技術は万能ではない。これは原子力発電技術が教えてくれている事実である。宇宙で起こっている核反応を、地球上で日常的に行なって完全に制御できるか分からないまま、とりわけ、原子力発電所から排出される放射性廃棄物をどう処理するかのノウハウも見出せないまま、近い将来必ず克服可能だからと見切り発車して、核反応基地は建造され、稼働してきた。その後チェルノブイリ原発事故が起きても、ソ連の技術は未熟だったからと一蹴され、今度は福島第一原発が過酷事故を起こしても、今回を教訓としてこれから頑張りますと再稼働に前のめりとなり、それでいて廃炉も汚染水処理も解決のメドは一向に立っていない。[4]

テクノロジーによって新しいものが続々と生み出され、不可能だったことが可能となり、新時代が始まる、とする期待と信頼の念は、現代人のメンタリティを深いところで形づくっている。その技術信仰が根拠なき過信に陥っていないか、立ち止まって考えてみるに如《し》くはない。急いで断わっておけば、私はなにも新しい始まりは不可能だと言いたいわけではない。私もまた現代に生きる一個の「近代人」であり、そのかぎりで、新しいものを求める根本志向を共有している。だからこそ、何が新しいものを生み出すのかと冷静に考えた場合、技術のみが新しさをもたらすとまでは言えないと思うのである。

技術によって新しい始まりが生ずることは否定できない。アーレントが『人間の条件』第六章を費やして述べたように、望遠鏡をはじめとする新興技術のおかげで従来の学問とは異なる「新しい哲学」つまり近代科学が成立したことが、近代の始まりをなしたのだとすれば、その時代が四百年以上にわたって新しい技術を追求し、その技術によって新しい始まりをひらこうとしているのは、当然の成り行きであろう。

二〇世紀に登場した核テクノロジーは、確かに人類史の新次元を切り拓いた。原子爆弾が爆発したその瞬間、現代世界は始まった。アメリカが国力を注いで推し進めたマンハッタン計画は、技術力によって新時代が開幕することを人類に見せつけた。われわれが技術革新の画期性を深く信じているとすれば、その理由の少なくとも一つは、核物理学の理論と実験によって産み落とされた原爆製造という世界史的出来事にある。それをなぞるかのように、新型コロナウイルス制圧のためのワクチンや特効薬の開発が、怒濤の勢いで推し進められている。しかしそれが成功を収めるかは、予断を許さない。コロナ感染対策向きの遠隔通信テクノロジーが新しい始まりを生み出すかは、いっそう定かでない。

われわれは、新商品が鳴り物入りで新登場するや、たちまち古臭くなる新しさ大安売り時代に生きているからこそ、近代が求めてきた「新しさ」とは何であったか、胸に手を当てて考えてみるべきなのである。新しさはもっぱら技術によって生み出されるものだろうか。技術力とは異なる何らかの「力」によって新しいものが生み出されることはないのか。そう問うた場合、気づくことがある。「革命」とは、人びとの力で新しい始まりをひらく人間の営みだということ、これである。

世界を変えた近代の出来事としてすぐ思い浮かぶものに、「産業革命」がある。蒸気機関の発明（と化石燃料の開発）を一つの画期とする技術主導の社会変革によって、資本主義という近代経済システムが確立したのだとすれば、これこそは技術によって新しい始まりが劃された古典的事例だということになる。産業革命という不断のプロセスは今日も続いており、その延長線上に現代人の新し物好き病がある、と診断できるほどである。

とはいえ、「産業革命」という観念自体は――「科学革命」と同様――「革命」という語の一つの転用である。もとはといえば、政治体制の変革という意味での「革命」が真に新しい始まりをなす、という前提あっての話なのだ。では、その勝義の革命において新しい始まりはいかにして生ずるのか。この問いは、近代という時代を考えるうえでの最重要テーマの一つである。この問いを携えてはじめて、近代が「新しい時代」を自称し、新しさに価値を置き、新しい始まりを志向してきたことの根源へと迫ることができる。

三　制度の改革と、出来事としての革命

新しくもない弥縫策《びほうさく》が「ニューノーマル」と吹聴されるコロナ禍の今日だからこそ、真に新しい始まりはいかにして可能かをじっくり考える「革命論」の機が熟しつつある。

ところで、「革命」と似て非なるものとして、「改革」がある。

かつてマルクスはこう記した。「哲学者たちは世界をたんにさまざま解釈してきただけである。しかし肝腎なのは世界を変革することである」(「フォイエルバッハに関するテーゼ」十一)。後代の革命家たちを鼓舞してきた世界変革の気運は、二〇世紀末以降に革命運動が表面上衰えてもなお、人びとの心を深いところで規定し続けている。今日、政治家は「変革《チェンジ》」を唱えて選挙民に支持を訴える。「改革断行」を掲げない政党は一つもない。行政改革、司法改革、金融改革、そして働き方改革と、よりどりみどりである。いずれの「改革」も、技術を作り出すというより、従来の制度を作り変えることによって新しさをもたらそうとする[5]。

大学入試制度もコロコロ変えられて、その朝令暮改に付き合わされる学校関係者や受験生はたまったものではない。なぜ変えなければならないのか、変えて本当によくなるのか皆目分からないまま、とにかく古いものを新しくするのはよいことだ式の新し物好き病が蔓延している。ご多分に漏れず、大学のカリキュラムもめまぐるしく変えられている。

勤務先の大学でも、二〇二二年春から新しい一般教養科目カリキュラムとなる。今年の一年生は、旧来の教育課程を受ける最後の学年である。入学して学び始めたそのカリキュラムが、翌年にはすげ替えられることになる。べつに従来型に問題があったから変えるのではない。制度疲労の出てきた教育課程を新しくするのはよいことだという理由で改革が行なわれるだけの話である。これまでの全学教育体制は二〇年間ともかくも維持されてきた。それなりの制度設計があったからだろう。ところが、これから導入する新カリキュラムを、大学は今後ずっと維持しようとは思っていない。とりあえず変えてみて、もしうまく行かなければまた変えればいい、という発想なのである。

この場当たり的安直さが、今日唱えられる「改革」なるものの特徴である[6]。パッと目に良さそうなものをひねり出して、ひとまず変えて新味を出し、少しして古くなればまたすげ変える、ということの繰り返しである。そんな目くらましで果たして制度はよくなるのか、さっぱり分からないまま。大学での学びは、学生一人一人にとって一生に一度のかけがえのない経験である。各人の人格形成の根本となるべきものの大枠が、新味を打ち出すという大義名分だけで、とっかえひっかえされるということがあってよいものか。「改革」の掛け声のもとに、新し物好き病がそんなことをしでかしているのである。

もう一つ例を出そう。もはや旧聞に属するが、春入学から秋入学への制度変更案である。二〇二〇年春に新学期開始が大幅に遅れたとき、秋入学導入のチャンスだという声が上がり、新しい試みとして喧伝された。留学生にメリットがある、外国はみなそうだから日本もそうしよう、長年の懸案を断行できればコロナ禍のマイナスをプラスに転ずることができる、と。「ニューノーマル」と同じで、ろくでもない状況の埋め合わせに「新しさ」をあてがおうとしたのである。一見積極思考に見えてセコイ魂胆のご都合主義の口車に乗せられてあのとき秋入学制度導入を急いでいたら、どんな混乱を招いたかは想像に難くない。

制度を変えることで新しさをもたらそうとする試みは、必ず失敗する。なぜか。理由は単純で、制度とはまずもって世界を安定するために定められるものであって、世界を変革するためのダシとされるものではないからである。新しい始まりをひらきたいという「革命」志向が、はけ口を失って「改革」に飛びついても、新しさは望むべくもない。

何とか改革の叩き売りでは、新しい始まりはひらけない。技術革新によって新しいものが生ずることはあっても、制度改革による新しさの追求は不調に終わる。何が足りないのか。技術力とは異なる「人間力」が不足しているのだ。小手先で制度を変えようとしても、制度をダメにするだけである。革命が新しい始まりをひらくのは、人びとが一致協力して思いがけないパワーが生まれ、真に新しいと呼べる出来事がそこに生ずるからである。率先し合う者たちが連帯し、協働する力がみなぎってはじめて、革命は革命たりうる。

技術力が新しい始まりをひらく場合でも、そこにはつねに協力し合う人びとの人間力が働いている。国家予算をいくら注ぎ込んでも、優秀な人材をどんなにかき集めても、それだけでは足りない。志を同じくする人びとが集まり、互いに張り合うことで結集される人的パワーが、新しい始まりの源泉となる。とはいえ、人びとが協力しさえすれば革命を成し遂げられるわけではない。革命とは、さまざまな条件が符合し、偶然が微笑んで起こるまれな出来事である。だからこそそれは必然ではなく自由の出来事なのだ。めぐり合わせの布置により、思いがけない出来事が起こり、どう転ぶか分からない危なっかしさに満ちているからこそ、自由と呼べるのだ。もちろんその自由は、リスク回避の対極にある。

人間的自由を証しする新しい始まりの出来事が、革命である。それゆえ革命には、人間にとって抗いがたい魅力がある。新し物好きの近代人がたまらなく欲しがっているのも、革命である。それでいてなかなか手が出せないという欲求不満から革命志向を封印し、その代わりに小出しの改革に飛びつく新し物好き症候群の何と多いことか。翻ってみれば、技術力によって新しさを生み出そうとする現代人も、革命志向を共有している。研究者集団の組織力も人的パワーのうちである。自分たちに力があることを立証すべく率先的行動力《イニシアティヴ》を発揮し合っている人びとは、多かれ少なかれ「革命派」だといってよい。

四　同じことをし続けることにも意味がある

新しさを看板とする時代つまり「近代」に生きる者はみな、多かれ少なかれ、新しいものに価値を置き、新しい始まりに期待を抱いている。その点では私も人後に落ちない。新しさの探究は、現代人の誰にとっても他人事ではない。近代批判とは、新しさの否定ではなく、近代人の積極的な自己批判なのである。それはそうなのだが、しかし新しさのみを探究するだけでは、新しさはむしろ枯渇してしまう。とりわけコロナ禍の状況下では、新しさを追求するだけで果たして話は済むかが、改めて問われているように思われる。

二〇二〇年春以来、人びとが集まってともに事を為すことが妨げられ、人間の文化活動が総じて危機に瀕している。大学の授業やサークル活動のみならず、学会も祭典もコンサートもパーティーも、自粛またはオンライン代替となり、婚礼も葬式も誕生祝いも病気見舞いも墓参りも、取り止め状態が続いている。冠婚葬祭をはじめとする、これまで人間が営々と築き上げてきた風俗習慣にストップがかけられ、変わり映えのしない代替があみ出される。何十年、何百年とたゆまず続いてきたものが、寸断させられようとしている。

人類が生み出してきた文化活動は、必要に迫られて行なわれるのでも、役に立つから行なわれるのでもない。年に一度のお祭りに典型的なように、高尚であろうとなかろうと、必要性や有用性とは異なる有意義性を有するからこそ続けられてきた。何かに役立つからと手段としてなされることのほかに、行なうことそれ自体に意味のあること、それを行なってこそこの世に生きる意味があると言えるものが、この世にはある。それらが「不要不急」だからと抑止させられれば、文化は衰微してしまう。

こうした文化の危機の深刻さには目もくれず、古いものが淘汰されて新しいものが出てくるのは当然、と「新しい生活様式」を歓迎する論調が目立つ。近代の風土病の蔓延防止はかくも困難なのだが、他方で、われわれには再学習に乗り出すべきことがあったことに気づく。これまでと同じことを倦まずやり続けることがいかに大事か、である。

世界の解釈ではなく変革が肝要だとマルクスが定式化した時代精神は、現状維持に甘んずることを潔しとせず、現状の革新に希望を見出す。「発展」「進歩」が近代の価値語である。新しさを追求する時代が、より高次の段階に上昇していく「歴史的発展」の思想を抱いて、バラ色の未来を描いてみせた「進歩史観」というメッキは、二〇世紀に二度の世界大戦という重大な試練を受けた。そのメッキが技術信仰でもって懲りずに補修されたのち、コロナ禍という厳しい追試を受けてふたたび剝がれ落ちつつある。右肩上がりでやってきたはずの時代が、ふと気がつくと、現状維持すらおぼつかなくなっているのだ。

現状維持の困難さは、コロナ禍により露出しているが、それ以前からとっくに痛感されていた。東日本大震災後の復興事業にしても、新しい街造りと喧伝されつつ十年経ってもかつての活気の再現には遠く及ばない。原発事故の復旧の困難さは筆舌に尽くしがたい。全国津々浦々の市町村でも、現状維持が難しくなっている。現状維持の基本的条件は世代交代だが、これが一番クリアできていない。人口が多すぎたから多少減るのはよいことだといった甘い話ではない。かねてより過疎に悩んできた地方のみならず、都市部でも少子高齢化が進み、歴代住民が保全してきた居住環境を維持することが難しくなっている。

世代交代とは、人間の再生産という同じことの繰り返しである。それ自体は生物学的プロセスであり、種の存続という意味ではどんな生物にも課せられている。それが危ぶまれているとは、生物種として衰えているということを意味する。人類はこの先どこまで進化するかといった話にうつつを抜かしている間に、足元がおぼつかなくなっている。

世代から世代へ伝えられてきたものが急速に衰えつつあることは、生殖と養育といった基礎的レベルにとどまらない。伝統芸能や学問の継承レベルの次世代育成から、農林水産にかかわる国土保全、地場産業や地元商店街の維持存続に至るまで、さまざまな局面で現状維持が困難になっている。総崩れとはこのことだ。

一個人の老化現象とどこか似て、われわれ現代人は、人類がこれまで当たり前にこなしてきたことが、気がつくとできなくなっている。挽回することが困難なくせに、いつまでも若いつもりでいる年寄りの冷や水のように、新しいものを欲しがっている。他方、人類の歴史を振り返ってみれば、時代全体が年をとるということは、よくある話である。その場合、次の新時代がすぐやって来ることは、むしろまれである（古代ローマは帝政となってからがそっくり末期だった）。四百歳になった近代という時代が、今や老齢期に達し、それが今後何百年もダラダラ続くということも十分考えられる。それに比べれば、新しい時代が新しいまま永遠に続くと考えることのほうが、よほど不自然である。

ニーチェは、古来人類が抱いてきた「この地上に新しいものなど何も起こらない。一切は同じことの繰り返しだ」という永遠回帰思想が、近代という発展進歩の時代の真っただ中にぶり返すのを感じ、その思想を、近代的なものに対する挑戦としてみずから引き受けようとした。近代の完成期に生きたニーチェにとって、永遠回帰思想を受け入れることは、拷問にも似た苦しみを伴うものだった。それから百有余年。地上に新しいものばかり追い求めてきたツケとして、同じことを維持することができなくなっている現代、永遠回帰思想は、ニーチェを襲ったときとはまた異なる様相をおびて立ち現われる。

これまでと同じことを倦まず続けていくことが、どんなに難しい事業であるかを人類はふたたび学びつつある。同じことの繰り返しが、新しく始めることに優るとも劣らぬ挑戦だというのは、近代にとって皮肉なことだが、じつはそれは人類が古来えんえんと続けてきたことだった。人類が長きにわたって大事に「耕作（cultivate）」してきたものの総体が、「文化（culture）」と呼ばれる。時間的、歴史的な奥行きをそなえているもの、新しさを遮二無二追いかけるだけではいつまでも成熟しないもの、それが文化である。新しい物好きの時代に、文化の耕作が放棄されていないか、検分してみる必要がある。

技術革新や制度改革と異なる、新しい始まりとしての「革命」は、存続してはじめて意味をなす出来事である。すぐ終わってしまうような始まりは、そもそも「始まり」とは言えない。いったん始められたものを大事にしていく堅忍不抜さが、革命精神には属する。新しい始まりの志向と、同じことの繰り返しの肯定とは、必ずしも背反しない。革命論は、革新と保守の対立を脱して、新しさと古さの両立をテーマとするのである。

五　生命は最高善か――カントとホッブズ

コロナ禍においては、現状を変えて新しい時代をひらこうとする近代のプロジェクトが失速し、現状維持すらお寒い状況になっている。それは同時に、優れたものを歴代大事にしてきた人間文化の世代間事業的性格を照らし出す発見的機能をもつ。現状維持には大いに意味があることも、「コロナ禍において見えてきたこと」の一つと言えよう。

それにしても、新時代をもって任ずる近代は、新しさをどこまで主張できるのだろうか。近代の新しさのゆえんはどこにあるのか。これについては、テクノロジーによって新しさがもたらされることを、まずもって確認した。科学革命、産業革命、原子革命、ＩＴ革命、みな然りである。だが、世界変革の出来事である勝義の「革命」は、技術力では説明できない。人間力による新しい始まりの勃発こそ、革命論のテーマたるにふさわしい。

では、思考力はどうか。「哲学革命」は世界を変革してきただろうか。なるほど、カントの「認識論的転回」は、「コペルニクス的」と称される。認識が対象に則るのではなく、対象が認識に則るのだとする発想の転換は、天動説から地動説への世界観の変換に匹敵する歴史的大変革だったと言われる。だがそれは、一七世紀以来の科学革命がもたらした新しい知のあり方を哲学的に説明し直す作業ではあっても、その域を超えるものではなかった。同様に、「デカルト革命」なるキャッチフレーズも哲学史家の手前味噌にすぎない。「思考するかぎり存在する私」の発見が近代哲学の始まりを劃したとしても、その新しさは、ガリレオが先鞭をつけた科学革命によって切り拓かれたものの後追いでしかなかった。

思想や観念の世界には真に新しいものなどなく、同じことがえんえんと蒸し返されるにすぎない——これは一面の真実である。しかしそれだけでないものが「近代思想」にはある。しかもそれは思想家の頭の中でこねくり回される観念ではなく、れっきとした世界のリアリティを形づくる。近代思想のこの現実味を、われわれはコロナ禍においてイヤというほど思い知らされている。「生命尊重主義」の大原則がそれである。生命は最高善だと現代人は信じて疑わず、コロナ禍のもと、他の一切を犠牲にしてまで固執し続けている。

いのちは何にもまして大切なものだとする生命尊重主義は、しかし、近代において支配的となった一個の歴史的形成物であり、人類の普遍的原理ではない。このことを肝に銘じておこう。いのちの大切さの教えが説かれ出し、ついには不可謬の絶対的真理にまで昇りつめたことが、近代をして新しい時代たらしめていると言えるほどである。

生命尊重主義の歴史的由来に関しては、前章で触れたように、アーレント『人間の条件』の第四四節「最高善としての生命」が示唆に富む。キリスト教の「永遠の生命」の教義に属していた「生命の神聖さ」の教えが、来世を否定する近代では体をなさなくなったにもかかわらず、しつこく残存して「最高善としての生命」という近代の中心教義となった、というのである。神は死んだと宣言し既成宗教と絶縁したはずの近代人が、そのじつ信仰の補完物であったものの残滓を後生大事に守り続け、生き永らえることは救われると信心深く宣《のたま》うありさまだ——とは、アーレントらしい皮肉に満ちた見立てである。

私は、この系譜学的説明に半ば納得はするものの、それだけでは説明としてはやはり不十分だと思う。伝統宗教の残りカスだけでは、近代に内属する「最高善としての生命」原理を消極的にしか説明できないからである。そこで、「いのちの大切さ」の教えのルーツという、この「コロナ禍において見えてきたこと」を、今しばらく再考してみたい。

(1)「生命は最高善ではない」——カントの場合

近代における生命尊重主義の成立を考えるには、まだそれが確立していない時期にいったん戻って考えてみるとよいだろう。ここで、先ほど出てきたビッグネームにお出まし願おう。近代の確立期である一九世紀の一歩手前の一八世紀末に哲学者カントは、生命は最高善ではない、と依然として言い切っている。近代思想の草分けの一人と見られるカントが、『倫理学講義』の中で次のように述べているのを見出すのは、目から鱗の発見である。[7]

生命はそれ自身において、またそれ自身のために尊重されるのではない。
（S. 188. 一九二頁）

世界には生命よりもはるかに重要なものが、たくさんある。道徳性の遵奉は、生命の保存よりはるかに重要である。道徳性を喪失するよりは、生命を犠牲にするほうがよい。
（S. 190. 一九四頁）

生命はそれ自身において、またそれ自身としては、われわれに委託された、またわれわれが配慮しなければならぬ最高善ではない。
（S. 193-194. 一九八頁）

生命の保全よりもはるかに高く、またしばしば生命の犠牲によって実現されねばならない義務がある。
（S. 194. 一九八頁）

重要なことは人間が長生きすることにあるのではなく（というのは、人間が偶然によって失うのは己の生命ではなくて、己の生命の歳月の延長にすぎないのであり、一度は死ぬという判決は、すでに自然によって人間に宣告されているのだから）、彼が生きる限り尊敬に値するように生き、人間性の尊厳を汚さないことにある。もし彼がもうこれ以上尊敬に値するように生き得ないならば、およそ生きるに値しない。そうなればもう、彼の道徳的生命はおしまいである。

(S. 196. 二〇〇頁)

カントの印象深い言葉を抜き書きして箴言集のように並べてみた。とくに最後はふるっている。人間どうせ死ぬのであり、多少早いか遅いかの違いだけなのだから、長生きすることに執着しても仕方ない。それよりもはるかに大事な価値というものがある——。

カントがいのちより大事な価値だとしたのは、「人間性の尊厳」であった。カントによって打ち出された「尊厳」概念の検討はここでは差し控えるが、生命以上の価値があることを説いている点では、カントは、図らずも古来の哲学者の流儀に従っている。というのも、ソクラテスが「ただ生きるのではなく、よく生きることが大事」と言い切り、従容として死を受け入れた——プラトンの言い分では、洞窟の囚人に甘んずることなく真理を目撃した結果、殺された——ことから古代ギリシアにおいて哲学は始まったからである。

もっとも、生命を最高価値とは見なさなかったのは哲学者だけではない。古代ギリシアの都市国家に棲息していた「ポリス的生き物」、つまり政治的生に生きた自由市民たちは、生命そのものには価値を置かず、名誉・栄光をもっぱら重んじた。その流れを汲んでいるのが市民哲学者ソクラテスだと考えたほうがよい。鬼っ子の哲学を産み落とした母胎は、ポリスという政治共同体であり、この母胎はずっと裾野の広いものだった。命懸けで知を愛する者は、人類のごく少数派にとどまるが、命知らずの「政治的動物」は、古代ギリシア市民にかぎらないし、権力への意志に取り憑かれた野心家にかぎるわけでもない。いのちを犠牲にしてでも栄光を求める人びとは、人類の多数派ではないだろうが、それなりの勢力を誇ってきた。それに応じて、「自由を失っておめおめ生きるくらいだったら死んだほうがマシだ」とする発想は、政治思想の伝統において長らく支配的であり続けた。

人類の歴史を振り返ってみても、生き永らえることに至高の価値を置く時代は、近代以前にはなかったことに気づく。なにも戦士、騎士、武士といった戦好《いくさ》きの階層ばかりではない。この世を超えたものを説く宗教はもとより、学問、芸術、詩歌、工芸、つまり文化的価値創造は総じて、生命尊重主義とは別の原理——たとえば真理や美——をもっていたからこそ成り立ってきた。そう考えれば、カントが生命第一主義を採っていないのは少しも怪しむに足りない。カントの生命軽視の言い分に驚いてしまうのは、それだけわれわれが、カント以後に定着した近代思想にどっぷり浸かっているからである。

(2) 死という「最大の悪」を忌避すべし——ホッブズの場合

いのちより大事なものがあるとしてきた従来の考え方に真っ向から反対したのが、近代の始まりに位置する哲学者ホッブズである。この「新しい政治哲学」の創始者は、アリストテレス以来の政治思想に公然たる反逆の狼煙《のろし》をあげた。ホッブズの人間学および政治学の核心をなすのは、「死は最大の悪であり、忌避すべきだ」という大原則である。

各人は、自分にとってよいことを欲し、自分にとって悪いこと、わけても死という自然の諸悪のうちの最大の悪を逃れるように駆り立てられており、しかもそれは、石を下方へと駆り立てる必然性に劣らないある自然の必然性によってである。それゆえ、誰かが自分の身体および四肢を、死や苦痛から防衛し、かつ保存するために、あらゆる労力を払ったとしても、それはばかげたことでも非難すべきことでもなく、また正しい理に反してもいない。しかるに、正しい理に反していないことは、正当に、また「権利に基づいて」行なわれたと皆が言う。なぜなら、「権利」という名辞が意味するのは、各人が有する、正しい理に従って自然的能力を行使する自由にほかならないからである。それゆえ、自然「権」の第一の基礎は、「各人が自己の生命と肢体を可能なかぎり保護する」ということである。[8]

ホッブズと言えば、『リヴァイアサン』(一六五一年刊)が有名だが、それに先立って公刊し近代政治哲学の方向性を決定づけた『市民論』の中で「自然権」を説明しているこの箇所で、死は「最大の悪」であり、その反対の自己保存こそ「正当」だ、いのちを守るのは当然の理だ、と宣言している。後代のわれわれが基本的人権の第一条として学ぶ「生存権」が、「自然権の第一の基礎」として打ち出されている。[9] ここでの「自然」とは、神聖でも天賦でもなく、重力のように自然法則的という意味である。

ホッブズは、この当然の権利を保証してもらうために万人が自分の自由を制限して集団的安全保障装置を作ることに同意してできた権力機構こそ、「国家」だとする。社会契約論という近代国家論のスタンダードが、かくして創始された。そしてその政治哲学は、人間にとっての第一の善を「自己保存」に見る、徹底した自然主義的人間観に根ざしていた。まさしく『人間論』と題された著作の中で、ホッブズはこう述べる。

各人にとって諸々の善のうちで第一のものは自己保存である。なぜなら自然は、万人が自分自身にとって善くあることを欲するようにできているからである。自己保存の能力を持ちうるためには、生命と健康を欲し、また可能なかぎり、将来の時におけるこの両者の安全を欲することが必要である。これに対して、あらゆる悪のうちの第一のものは死であり、苦悶を伴う死はとりわけそうである[10]。

ホッブズによれば、各人にとって自己保存こそ「第一の善」であり、万人は生命、健康、安全を欲する。死は「第一の悪」であり、とりわけ暴力的な死はそうだという。一七世紀中葉のイギリスの内乱（ピューリタン革命と呼ばれる）の時代を生きたホッブズは、身の危険を感じ、亡命を余儀なくなされた。死の恐怖に怯え、いのちの大切さを身を以て学んで、「自己保存」を根本原理とする哲学体系を築いたのである。他方、ホッブズの「自然」理解は一貫して唯物論的であり、同時代の科学革命の動向と軌を一にするものだった。近代科学の後を追ってきた近代哲学の常道をホッブズ哲学も動いているが、そこに掴まれた自然権という新しい観念は、やがて近代人のリアリティをなすものとなっていく。

ホッブズは「死の忌避」を核心とする人間論と政治哲学でもって、近代の生命尊重主義を定礎した。

それがそのまますぐ近代思想の主流となったわけではないが、一世紀以上経って、カントと同時代のベンサムに受け継がれる。つまり、一八世紀後半に興った「功利主義」において、死＝最悪の苦痛＝最悪の不幸、の等置を原則とする「幸福計算」に組み込まれた。万人の死を可能なかぎり減らす——つまり遅らせる——ことが「最大幸福」に資する、という形で生命尊重主義の骨格が作られ、一九世紀に「博愛主義（humanitarianism）」として確立されていく。万人が安楽に苦痛なく生きられる社会を追求する「福祉国家」の理念もここに起源をもつ。

一九世紀の博愛主義者——その大御所の一人コントは「人類教」を唱えた——はともかく、ホッブズ自身は、キリスト教のドグマを徹底して批判した現世中心の哲学者だった。無神論を疑われたそのホッブズの哲学に、「最高善としての生命」という原理が据え置かれているとしても、それは、アーレントの言うような宗教的教義の残滓だとは考えられない。むしろそれは、徹底して現世的な政治哲学の基礎をなすものだった。

六　近代の自己反省としての革命論

アーレントが先鞭を付けた生命尊重主義の系譜学を本質的に続行するには、ホッブズによる「死の忌避」という近代的原理の提唱にまで遡る必要がある。生命と健康の保証を、人間の神聖不可侵の権利として国家に対して要求するという発想そのものが、近代になって発明されたものだった。近代の大枠の内部では、いのちの大切さの教えはまぎれもなき「真理」だが、その真理性は、コロナ禍の状況下で挑戦を受けている。くどいようだが、生命尊重主義の系譜学は、この近代思想を否定するものでは決してない。いのちは何より大切と心得る近代人であればこそ、自己批判することに意味があるのだ。

そして、その生命尊重主義が台頭してくる近代の確立期の直前――やはりカントと同時代――に世界史の舞台に登場し、生命尊重主義とは異なる仕方で近代を形づくることになったのが、一八世紀後半の正真正銘の「革命」の出来事だった。アメリカにおいてであれ、フランスにおいてであれ、革命の人びとにとっては、生命とは異なる原理――自由――がまだ健在だった。革命派はいのち知らずでなければ務まらない。いのちはいのちでも、共同体のいのち、つまり共和国の存続こそ、彼らの関心事だった。それでいて、フランス革命のただ中から国民国家が生まれ、いのちを気遣う国家理念がやがて名乗りを上げていく。

その国民国家成立の手前で、近代という時代の骨格がいかに定まったかを解明しているのが、アーレントの『革命について』[11]である。コロナ禍をくぐり抜けて姿を現わす革命論は、近代とはどんな時代かという問いを携え、生命尊重主義の系譜学を続行しつつ、「新しい始まり」志向の自己反省へ乗り出すべきなのである。[12]

註

〔1〕前章に続き、本章も、コロナ禍に応答すべく二〇二一年九月に書いた雑誌寄稿である。前章では、アーレント『人間の条件』――のドイツ語版『活動的生』――の第四四節に見出せる「生命尊重主義の系譜学」を導きの糸としたのに対して、本章は、アーレント『革命論』を読み解くための助走というねらいをもつ。コロナ禍において見えてきたことを元手として、革命とは元来何であったかを問い直す道筋をつけようとしている。

〔2〕プラトン『国家』藤沢令夫訳、岩波文庫、下巻、一九七九年、九五頁、九六頁。

〔3〕「イデア（*idea*）」というよりは「映像（*eidōlon*）」が問題となっているかぎりでは、インターネット時代の「観念論（idealism）」は、フランシス・ベーコンの「イドラ論」に比肩されよう。ベーコンは、個々人の偏狭な思い込みによる錯視を「洞窟のイドラ」と呼んだ（『ノヴム・オルガヌム』桂寿一訳、岩波文庫、一九七八年、八四頁）。現代では惑星規模のインターネット擬似宇宙が「洞窟」と化し、「メタヴァース」まで掘られている。

〔4〕同じく、技術の限界が露呈しているのに開発を止めようとしない例として、リニアモーターカーの実用化技術がある。リニア中央新幹線プロジェクトについては、つとに橋山禮次郎氏や樫田秀樹氏らの問題提起の書があり、拙著『世代問題の再燃――ハイデガー、アーレントとともに哲学する』（明石書店、二〇一七年）の第十四、十五章でもリニア問題に触れた。東日本大震災のドサクサに紛れて計画が政府決定されたが、コロナ禍をきっかけに再考論議が活発化した。川辺謙一『超電導リニアの不都合な真実』草思社、二〇二〇年。山本義隆『リニア中央新幹線をめぐって――原発事故とコロナ・パンデミックから見直す』みすず書房、二〇二一年。石橋克彦『リニア新幹線と南海トラフ巨大地震――「超広域大震災」にどう備えるか』集英社新書、二〇二一年など。だが、この超アングラハコモノ建設事業は、コロナ禍によってもブ

レーキがかけられず、なお驀進中である、

〔5〕ルネサンス期に興った「宗教改革（the Reformation）」は、新しさをなんら目指していなかった。それは、イエス・キリストという原点を記した福音書に立ち戻ってキリスト教の根源に忠実であろうとする復古の試みであった。結果的に、宗教的伝統に新風を巻き起こすこととなったが、それを言うなら、ユダヤ教に対するイエスの反逆もそうだった。新しさはあとからついてきたのである。

〔6〕制度の改革と同列には論じられないが、都市再開発でも似たことが起こっている。築五〇年にも満たない堅牢な公共建築物が、古くなったという理由で次々に取り壊され、ピカピカだけが取り柄の建物が新築される。それもまた三〇年程度で建て替えられることだろう。スクラップアンドビルドによる掘っ立て小屋然とした街並みの出来上がりである。

〔7〕*Eine Vorlesung Kants über Ethik*, Hrsg. v. Paul Menzer, Pan Verlag Rolf Heise, 1924.『カントの倫理学講義』小西國夫・永野ミツ子訳、三修社、第五版、一九七九年。本書は、「一七七五年から一七八〇年までになされたカントの倫理学講義を再現」したものである（訳書「解題」三四二頁）。本書からの引用は、原書と訳書の頁数のみ記す。

〔8〕『市民論』（*De Cive*, 1642）第一章第七節「権利の定義」より。本田裕志訳、京都大学学術出版会、二〇〇八年、四〇頁。

〔9〕『市民論』の「献辞」では、各人が「暴力的な死を、いわば自然の最大の害悪として避けようと努め」ることを、「自然的理性の要求」と呼んでいる（前掲訳書八頁）。

〔10〕『人間論』（*De Homine*, 1658）第一一章「欲求と忌避、快と不快、ならびにそれらの原因について」第六節より。本田裕志訳、京都大学学術出版会、二〇一二年、一五〇頁、を若干改変。本書第四章第五節でも

引用した。

〔11〕Hannah Arendt, *On Revolution* (1963), Penguin Books, 1990. ハンナ・アレント『革命について』志水速雄訳、ちくま学芸文庫、一九九五年。Hannah Arendt, *Über die Revolution* (1965), Piper, 1994. ハンナ・アーレント『革命論』森一郎訳、みすず書房、二〇二二年。

〔12〕本章は、コロナ禍を経て成立した拙著『アーレントと革命の哲学――『革命論』を読む』（みすず書房、二〇二二年一二月刊）の露払いという意味をもつ。逆に言えば、革命を論じることは、近代精神の系譜学の系に属するのである。

第II部

ハイデガーからアーレントへ

第七章　制作と哲学、制作と政治

――「ハイデガーとアーレント」のために[1]

一　アーレントからハイデガーへの贈り物

一九九五年に英語版が公刊され、同年にドイツ語訳が、翌九六年には日本語訳が出て話題となったエティンガー『アーレントとハイデガー』[2]によると、アーレントは『人間の条件』（一九五八年刊）のドイツ語版『活動的生』（一九六〇年刊）をハイデガーに献本するさい、次のような手紙を書き送ったという。「お気づきになるでしょうが、この本には献辞がありません。もしも私たちのあいだが不運なめぐりあわせでなかったなら〔…〕、私はこの本をあなたに捧げるお許しを求めたことでしょう。これは最初のマールブルクの日々から直接に生まれ育った本で、あらゆる点でほとんどすべてをあなたに負うているのですから」[3]。以下では、この注目すべき文面に語られているのは何であったか、を明らかにすることを目標としたいと思う。

エティンガーは続けてこう報告している、「悲しくも正直なこの手紙はハイデガーの怒りを買った」[4]と。ではなぜアーレントの告白は「怒りを買った」のか。エティンガーの説では、ハイデガーは「アーレントが彼への献辞を載せなかったことも、それについての彼女の説明も、不遜の行為であり非難であると解釈したのである。もっとまずいのは、彼ら双方にかかわることなのにアーレントがひとりで決めた、という点だった」[5]。なるほどそういうこともあったに違いない。従順であったはずの弟子が突如として「自主独立」の挙に出れば、師の目にはそれが「独断専行」に映るのは世の習いである。だが、ハイデガーが立腹した理由は、それだけであっただろうか。そこには、かつての愛弟子への一方的な思い込みが裏切られ心情を逆撫でされたという、いささかありふれた個人的事情がひそんでいたにすぎないのか。とてもそうは思えないのである。

私はむしろこう考える。つまり、『人間の条件』という贈り物そのものが、ハイデガーの逆鱗にふれてもおかしくない内容を十二分にはらんでいた、と。アーレントは、恩師の教えを無視し、まったく別個に自分の考えを展開したのではない。そうではなく、アーレントのこの主著は、明らかに『存在と時間』に対する無言の、だが意識的かつ執拗きわまりない応答なのである。要するに、『人間の条件』とりわけそのドイツ語版『活動的生』は、全編これハイデガーの主著へのあからさまな挑戦状と言ってよい。著者が献辞にこだわったのも当然だったのである。

ここで思い出されるのは、『存在と時間』に付された献辞――「エトムント・フッサールに捧ぐ――尊敬と友情をこめて」――である。言うまでもなくそれは、フッサール現象学を摂取吸収したハイデガーが現象学運動を全面的に刷新すべく着手した仮借なきフッサール批判の狼煙であった。この書がフッサールの「怒りを買った」のも無理はない。ハイデガーは反逆の刃《やいば》でもって「恩返し」を果たそうとしたのだから。

これと同じく、今度はアーレントが「学恩」に報いようとした。現象学の血腥《ちなまぐさ》い系譜におけるもう一つの「父殺し」がこうして企てられたのである。逆に言えば、それだけアーレントはハイデガーに多くを負うていると認めていたことになる。「あらゆる点ですべてをあなたに負うている」というアーレントの言葉は、出まかせでもお世辞でもない。『人間の条件』の著者は、依然として『存在と時間』の著者の弟子、しかもその最優秀の弟子であり続けたと言うべきである。ちょうど、ハイデガーが生涯、フッサール現象学の最も創造的な継承者であることをやめなかったように。

なぜそう言えるのか。なるほど、『人間の条件』には「ハイデガー」という名前は注を含めて一回も出てこない（『活動的生』でもわずかに注の二箇所に出てくるのみである。Vgl. Va, 459, 474）。だが、この書は全体として『存在と時間』の「現存在の実存論的分析論」の換骨奪胎の試みとして解釈できるのである（このことは、たとえば「世界」という概念に即して証示できよう）。それればかりではない。『人間の条件』においてアーレントは、『存在と時間』でハイデガーが果たそうとして中途で放棄した存在論の課題を、みずから引き受けようとしているのである。その課題とは、古代ギリシアの存在概念との対決、つまり伝統的存在論の「解体（Destruktion）」である。

「存在論の歴史の解体という課題」と題された『存在と時間』第六節において、ハイデガーはさりげなくこう述べていた。「何かが作り出されている、という最も広い意味での被造性は、古代の存在概念の本質的な構造契機の一つである」(SZ, 24)。この「作り出されていること(Hergestelltheit)」こそは、古代ギリシア人の特定の「経験」の上に成立し、その後も、中世においては神による世界の「被造性」として定着し、近代哲学の幕開けとされるデカルトの実体論の隠された先入見ともなり、現代に至るまで不断に西洋形而上学を徹底して支配し続けてきた当の存在了解にほかならない——これが、当時のハイデガーの「存在の問い」の基底をなす洞察であった。

「存在＝恒常的現存性」(SZ, 96)という伝統的存在概念がそもそも形づくられるに至ったギリシア人の「根源的経験」(SZ, 22)を、ハイデガーは「作ること(Herstellen, *poiēsis*)」に見てとろうとする。ここに、「ポイエーシス」およびそれを導く知としての「技術(*technē*)」に定位した、いわゆる生産中心主義的な存在了解を白日のもとに晒す、という課題が生ずる。この構想は、結局そのままの形では実現されずに終わったし、その挫折の理由も問題となろうが、少なくとも『存在と時間』後半部がそれを目指すべきであったことは、一九二七年夏学期講義『現象学の根本諸問題』からも明らかである。さらに、後期の「存在の思索」においてプラトン以来の「思索の技術的解釈」への批判がなされるのも(たとえば『ヒューマニズム書簡』を参照[6])、前期からの一貫した問題意識の表われであると見てよい。

驚くべきことに、アーレントは、ハイデガー哲学のこの最深のモティーフを自分なりに咀嚼し、しかもまったく別な文脈に移し変えてみごとに開花させている。

『人間の条件』のなかでアーレントは、プラトンが「永遠のイデア」という存在概念をそもそも「ポイエーシスあるいは製作（fabrication）における経験」に基づいて着想しており、かつ「その例証を制作（making）の分野から引き出した」と述べている（HC, 142）。このことは、プラトンも共有していた古代ギリシア人の「生産蔑視」の考え方からすればひどく逆説的なのだが、アーレントによれば、いっそう問題的なのは、プラトンがこのイデア論を政治の領域に適用し、「活動（action, *praxis*）」に代えて「制作」をモデルとして採用してしまった点にある。ここから、暴力を伴う「支配」を正当化し政治を目的手段連関に従属させる西洋政治哲学の伝統が始まった、とされる（この点を詳論している『人間の条件』第三一節「活動の伝統的代替物としての制作」については、次章で扱う）。かくして、自由を本領とする「プラクシス」の古典的意味は次第に見失われ、政治のニヒリズム化が進行してゆく――これが、『人間の条件』の賭金とも言うべきアーレントの根本主張であった。

この、もう一つの生産中心主義批判が、ハイデガーのそれに淵源していることは明らかであろう。しかもそれは同時に、ハイデガーの「プラクシス」理解に対するアーレントの執拗な異議申し立てを内蔵するものであった。ここに、「ポイエーシス、プラクシス、テオーリア」という、師弟対決の中心テーマが浮上してくるのだが、そのためには、若き日のアーレントが聴講したハイデガーの『ソフィスト』講義へいったん遡る必要がある。

二　「フロネーシス」の呪縛

われわれの魂がそれによって肯定とか否定とかの仕方で真理をあらわにするものとして、われわれは次の五つを挙げなければならない。すなわち、技術、学問、思慮、知恵、直観がそれである。

これは、『ニコマコス倫理学』第六巻第三章においてアリストテレスが「真理をあらわにする（*alētheuein*）」能力のある知性、つまり知的徳、を区分けした文章である（岩波文庫の高田三郎訳、岩波文庫、上巻、一九七一年、二二〇頁、におおむね基づく）。

ここに見られる「力としての知」の類別は、古代的知識観を集大成した古典的見解として、後世に計り知れない影響を及ぼすこととなった。たとえば「技術（*technē*）」、つまり「制作・生産（*poiēsis*）」を司る技術力が、近代科学革命以後、論証能力としての「学問（*epistēmē*）」と融合することで、「科学＝技術」という形をとって巨大に膨れ上がった事実を考えてみればよい。いや、それはむしろアリストテレスの区別が飛び越えられてしまった例ではないかと言われるのなら、別の歴史的事情を挙げてもよかろう。というのも、ここでアリストテレスが、「観照（*theōria*）」という哲学的生の理想によって成就される「知恵（*sophia*）」、およびその核心をなす原理把握能力としての「直観・理性（*nous*）」を、「行為・活動（*praxis*）」を導く政治的洞察力である「思慮・知慮（*phronēsis*）」と分け隔てたことが、はるか後代に「理論／実践」

の分離をもたらした、とひとまず言ってよいからである。この問題的な分割線が、「知／行為」、「学問／生」、「大学／社会」といった対立図式の起源に位置するのだとすれば、これらの対立のはざまで日々悩んでいる現代のわれわれとしては、かのアリストテレスの区分が自分たちに無縁だとは、よもや言うことはできないだろう。

この問題にいち早く着目したのが、一九二〇年代のハイデガーであった。ハイデガーは、近代における「理論／実践」の対立の起源を求めて、古代ギリシアへ遡り、とりわけ『ニコマコス倫理学』のいま引用したテクストの解釈に向かっていった。ハイデガーがそこに再発見したと信じたものこそ、伝統的に忘却されてきた「フロネーシス」の意味であった。「フロネーシス」とは、「プラクシス」に生きる人びとが求めた、よき市民にふさわしい知的徳、つまり自由な共同体においてリーダーとなるための条件であったが、哲学が政治と袂を分かって以後、その重要性が次第に忘れ去られ、ついに現代では、この言葉自体がことさら「再発見」されなければならないほどになってしまった、というわけである。

じっさいハイデガーは、二〇世紀の「フロネーシス・ルネサンス」の功労者と言ってよい。現代における「実践知」の強調や「政治哲学」の復権や「行為論」の隆盛には、アリストテレス再読解という方向性が強く見てとれるが、ハイデガーはその路線を切り拓いた一人だったからである。ハイデガーの薫陶を受けたガダマーがフロネーシスを重視したのは有名だし、そこまで直接的ではないにしろ、ガダマーらとともにハイデガーの『ニコマコス倫理学』第六巻の演習に出ていたシュトラウスが、のちにアメリカ政治哲学における泰斗となり、アリストテレス復興の立役者になったことを考えてみればよい。

そして、そのような「フロネーシス・ルネサンス」の現場に同じく立ち合った一人が、アーレントだった。

アーレントは、アリストテレス寄りの政治思想家と見なされることが多いが、その由来をたどれば、ハイデガーの弟子であったことに行き着く。しかもアーレントは、ハイデガーのアリストテレス理解をただ継承したのではなく、むしろそれを根底から批判し、それと異なる独自のアリストテレス理解を提起した。そこに、現代哲学における彼女のユニークな位置がある。アーレントは、「フロネーシス」や「プラクシス」を合い言葉に「行為」やら「実践」やら「政治」やらと浮かれている連中に対して、あたかも、こう皮肉を飛ばしているかのようである——「あなたたち、ずいぶん賑やかで勇ましいけれど、政治がそもそもどういうものか、分かったうえで言っているの？」と。この仮想的な反問の真意は、およそ次のように敷衍することができるだろう。

先にふれたように、ハイデガーは、『ニコマコス倫理学』における「真理をあらわにする」知的徳の分析、とりわけフロネーシス論のうちに、知の忘却された可能性が埋蔵されていると考え、それを発掘、摂取すべく努めた。そしてそのことによって、理論理性に偏し形骸化してしまった哲学・学問をふたたび甦らせ、古代に倣ってパワーアップさせようとした。このルネサンスの精神は、たぐいまれな成功を収めたと言ってよい。なぜなら、『ニコマコス倫理学』に大幅に依拠した『存在と時間』の実存論的分析論、とくに「本来性」の入念な議論——そこで打ち出された「良心」、「決意性」、「状況」、「瞬間」等の実存カテゴリーはどれもアリストテレス解釈から摑みとられたものである——によって、ハイデガーは一躍脚光を浴び、二〇世紀哲学の表舞台に躍り出たからである。

しかし話はそこで終わらない。ハイデガーがフロネーシスを哲学の内部深くに引き入れたということは、何を意味するだろうか。それはひょっとして哲学が政治と合体することを意味していたのではなかろうか。言いかえるなら、「テオーリアのプラクシス化」とは、哲学者が同時に政治家となる可能性に道を拓くものではなかったか。

もとより、哲学者を名乗っている人間がじつはただの政治屋にすぎなかったという事例は、昔から枚挙にいとまがない。だがそれは、たいていの場合、権力欲があり余っているとか、世間に迎合するのが上手とかいった、レベルの低い問題である。これと違ってハイデガーは、哲学知の本来のあり方を描くという原理的レベルで、政治家に固有な知としてアリストテレスによって際立たせられたフロネーシスを、有望なモデルとして導入したのである。これは哲学の根幹を揺るがす大問題と言えるだろう。

では、哲学者がそのまま政治家でもある典型的なケースとしては、どういう事態が考えられるだろうか。社会問題にすぐコミットしたがる良心的知識人や、その父祖である革命思想家といった近現代に特有な諸類型は、このさい考慮外としよう。誰でもすぐ思い浮かぶのは、プラトン『国家』の、かの「哲人王」である。ハイデガーは、この究極のユートピア思想のルネサンスを大胆にも企てたのだろうか。

たしかに、一九二〇年代前半の、アリストテレス解釈を主軸としたハイデガーの古代哲学研究は、二〇年代後半から三〇年代前半にかけて急速にプラトン読解へ傾斜していく。これは「アリストテレスからプラトンへ」と彼自身が呼んでいる方向性だが、そこで繰り返し取り上げられる重要テクストは、

『国家』の「洞窟の比喩」である。だが、この興味深い問題に関しては、ここでは立ち入らない。ここでむしろ注目したいのは、プラトンに強い関心を示したハイデガーが、その次にどこへ向かったか、である。

　私が言いたいのは、ソクラテス以前の哲学者《フォアゾクラティカー》研究でもヘルダーリン読解でもニーチェとの対決でもない。それらをおよそ動機づけたと目される決定的出来事である。ハイデガーは「哲学者にして政治家」というあり方の典型的ケースを、一時的にではあれ身をもって体現したのであった。だとすれば、一九三三年に国民社会主義ドイツ労働者党の党員となりフライブルク大学学長に就任した「哲学者の政治参加」とは、ハイデガーの独創的なアリストテレス解釈の帰結であったことになる。学長ハイデガーは、みずからの政治への接近を、早々と哲学的に基礎づけていたのである。これは驚くべきことではなかろうか。

　この「ハイデガーとナチズム」問題は、これまで、当時の事実関係が暴露されたり、『存在と時間』に見られる「民族」の「運命」との一体化という発想にその萌芽がひそんでいると指摘されたりと、さまざま議論されてきた。だが私の見るところ、問題の本質はそこにはない。ハイデガーの政治的関与は、『存在と時間』に結実した彼のアリストテレス理解に淵源するものであり、つまり『ニコマコス倫理学』のフロネーシス論の受容の仕方に根ざしていた。フロネーシスと一体となったソフィアを哲学者が理想として仰ぎ、活動的生を観想的生と融合させれば、その行き着くところ、政治へ実践的に乗り出すことが哲学理論に携わる者にとっての本懐となるのは当然である。

だから、「ハイデガー問題」とは、行為、実践、政治のうちに哲学の活路を見出すことを課題とした がるあまたの専業哲学者にとって無縁でない、普遍的問題なのである。象牙の塔が内側から取り憑かれてきたこうした現実志向のことを、われわれは「フロネーシスの呪縛」とでも呼びたい気がする。プラクシスへの渇望に駆り立てられたアカデミズムは、理論知の囲いに囚われていることに我慢できず、その垣根を取り払って、われもわれもとフロネーシスのもとへ群がろうとする——ソフィアの空洞化を推し進めることは意に介さずに。

この根の深い問題を早くから察知し、根本的に掘り下げようとしたのが、世に政治哲学者と評されることの多いアーレントであった。その隠された事情を白日のものに晒し、哲学と政治の積もり積もった因縁に現象学的にアプローチすることこそ、「ハイデガーとアーレント」というタイトルで表わされる課題にほかならない。

この巨大な「現象学の課題」に取り組むには、入念な準備作業を必要とする。本章では、その最初の手がかりを見出すべく努めよう。

三　仲人としてのアリストテレス

テクネーこそは、それに基づいてエイドスといったものがさしあたって見てとられるようになる基盤である。

マールブルク時代のハイデガーは、一九二四／二五年冬学期に「プラトン『ソフィスト』」と題する講義を行なっている。その浩瀚な論述のなかに、いま挙げた一文が出てくる。[7] 当時のハイデガーが独自の「アリストテレスの現象学的解釈」を仕上げようと試み、その成果が一九二七年に『存在と時間』となって世に現われたことは、今日もはや旧聞に属する。

ハイデガーのこの講義に、アーレントは新入生として出席している。つまり、それが両者の最初の出会いだった。しかもこの遭遇はたんに、秘められた情事の始まりにとどまるものではなかった。それが発端となって、やがて二〇世紀哲学の最も華々しい対決の幕が切って落とされたからである。両者の因縁の仲を取り持ったのが、アリストテレスだった。そう、アリストテレスこそ、ハイデガーとアーレントとの縁結びに与って力のあった「仲人」にほかならない。そして、両者に差し出された「誓いの言葉」こそ、本章第二節の最初に挙げた『ニコマコス倫理学』の一節なのである。

なぜそう言えるのか。ハイデガーは、この『ソフィスト』講義の本論であるプラトン読解に先立って、その序論という形で、えんえんと『ニコマコス倫理学』第六巻の解釈を行なっている。若き日のアーレントがそれに接したことが、彼女のその後の思考、とりわけハイデガーとの哲学的対決を決定的に方向づけた、と考えられるからである。アーレントがのちのちまでこの講義を重視していたことは、たとえば、遺著となった『精神の生』のなかでその講義録を参照していることからも窺える。[8] また、エティンガーの本が出て——流言蜚語を恐れてか——出版された『ハイデガー＝アーレント往復書簡』を見ると、後年の二人のやりとりの中でこの講義が幾度となく言及されていることが分かる。[9] そこに見られる発言が、ほとんどハイデガーからなされているのはやや遺憾だが（しかもわりと未練がましいのである）、そう相手に言わせているところを見ると、アーレントも相当のこだわりをもっていたのはたしかだろう。彼女の思想的遍歴にとって『ソフィスト』講義は、生涯変わることなき導きの糸であり続けた。

ハイデガーはこの講義の序論で、「ソフィアかフロネーシスか」もしくは「テオーリアかプラクシスか」という問いを一貫して追究している。この問いがのちに、「哲学と政治」もしくは「観想的生と活動的生」の相克として、アーレントの思考のなかで変形されつつ再現されることになる。アーレントが哲学と政治の関係を問い続けたこと自体、マールブルクでハイデガーから教えを受けたことに起因していると見られる。それどころか、独自のアリストテレス読解（とりわけエネルゲイア概念の解釈）に基づくアーレントの「活動」論そのものが——それを展開することが『人間の条件』の骨子であるから、この書がそっくりそのまま——、執拗きわまりない「ハイデガーとの対決」となっているのである。

いや、そういう言い方は、アーレントの本意に沿っていないかもしれない。アーレントは、ハイデガーが『存在と時間』で遂行しようとしながら中途で挫折した二通りの課題、つまり「時間に基づく現象学的存在論」と「存在論の歴史の解体」を、いわば新規蒔き直しのうえ別途完遂するという仕方で、継承もしくは簒奪した、と言うべきかもしれないからである。少なくともその疑いは濃厚だと、私は考えている。

これまでハイデガー研究上の最大のテーマの一つが、なぜ『存在と時間』は挫折したのか、という問いであったことは言うまでもない。そこで、その手がかりを求めて、続稿として行なわれた一九二七年夏学期講義『現象学の根本諸問題』における「存在時性（Temporalität）」論が熱心に読まれたりもした。だがわれわれはむしろ、一九五八年に公刊されたアーレントの主著『人間の条件』に、懸案の謎を解くカギがじつはひそんでいたらしいことに、もっと早く思い至ってもよかったのではないか。

ともあれ、『存在と時間』で提起された二重の課題のエッセンスを一語で表現しているのが、本節の冒頭に挙げた一文である。これは、『ニコマコス倫理学』第六巻第四章の「テクネー」概念に寄せてのハイデガーのコメントであり、そう呼ばれる技術知が「エイドス」つまりは「イデア」という存在概念の基盤をなしている、と言われている。だがこの指摘の意味するところを理解するためには、当時のハイデガーの古代哲学研究をもう少し押さえる必要がある。先回りして言っておけば、ハイデガーとアーレントを結ぶ「テオーリアかプラクシスか」という問題には、さらに第三項として、「テクネー」という知に導かれる「ポイエーシス」が一枚絡んでいる。では、ポイエーシスはテオーリアとプラクシスとを媒介する「仲人」なのか。こちらは、かなり出来の悪い冗談のようだが、しかしそれが必ずしも冗談とばかりも言っていられないところに、「テオーリア―プラクシス―ポイエーシス」三つ巴問題の難しさのゆえんがある。

四　「制作されて在ること」としての存在

根源的な存在意味を与えてくれる対象領域とは、制作された対象の領野にほかならない。〔…〕制作したり実行したり使用したりする交渉において出会われる世界こそ、根源的な存在経験が向かっている当の方向なのである。〔…〕存在するとは、制作されて在ること（Hergestelltsein）を意味する。

『ソフィスト』講義の序論と並んで、一九二〇年代前半のハイデガーのアリストテレス研究を窺わせる有力な資料として与えられているのが、一九二二年に執筆され、ようやく一九八九年に『ディルタイ年報』に掲載された草稿「アリストテレスの現象学的解釈（解釈学的状況の告知）」である。[10] これは初期フライブルク時代のアリストテレス研究を圧縮した梗概であり、そこでも『ソフィスト』講義と同じく『ニコマコス倫理学』第六巻が主要テクストの一つとして扱われており、いわば姉妹編のようなものである。その論述の前半では、『存在と時間』の実存論的分析論の雛型とも言える「事実性の解釈学」の要旨が述べられるが、それに続いてアリストテレス解釈の見通しが与えられる後半の最初のほうに出てくるのが、いま引用した文章なのである（GA19, 253）。これとほぼ同じ発言は、論文の末尾――未完であったが――でも繰り返される（GA19, 268）。つまり、当時のハイデガーの古代哲学研究上の基本方針を打ち出しているのが、これなのである。

ここに見出されるのは、古代ギリシア人が「存在（*ousia*）」を考えるさい根底に置いていた根本経験とは「制作（*poiēsis*, Herstellen）」であった、とする大胆な「存在＝被制作性」説である。「存在するとは知覚されること」という近代的テーゼにはるかに先んじて、古代では「存在するとは制作されること」という大原則がまかり通っていた、というわけである。この決め付けは見たところ強引に見える。ハイデガーは「ウーシア」というギリシア語がもともと家屋敷、家財、所有財産という意味であったという語源的説明をもって自説の補強にあてているが、それだけでは何といっても説得力に乏しい。おそらく、ハイデガーの思考の中では、次のように考えられたのではないか。――環境世界において道具との交渉に没頭する「事実的生の経験」――つまり実際の生活経験――の素朴で非反省的な態度ふるまいが、古代ギリシア人の生活圏をも規定しており、そうした「世界のほうから考える」「頽落的」なあり方から、古代哲学の存在概念も生まれ育ったふしがあり、アリストテレスの語る存在概念「ウーシア」も、そう考えるとじつに辻褄が合う――と。

「存在＝被制作性」というテーゼそれ自体の当否は、別途慎重に検討すべきテーマだが、若きハイデガーに直感的に閃いたこの「発見」が、その後の彼の思索にとって最重要の意味を持つようになったのはたしかである。この点に関する理解抜きにハイデガー哲学を論ずるのは、種々の資料が出揃いつつある現在、もはやおしゃべりにすぎない。

ハイデガーにとって「存在＝被制作性の発見」がいかなる意味をもっていたか、を試みに挙げてみると、おおよそ以下のようになるだろう。

⑴「アリストテレスからプラトンへ」

「制作されて在ることとしての存在」という観点は、アリストテレスの存在概念――「ウーシア」はもとより、「ピュシス」、「キネーシス」、「デュナミス」、「エネルゲイア」、「エンテレケイア」なども含まれる――を解明するうえで手引きとなったばかりでなく、「ロゴス」概念を仲立ちとして、プラトンの「イデア」論の再読解へと向かう有力な足掛かりとなった。『ソフィスト』講義はこうした関心の広がりを如実に表わしており、その延長線上に、一九三三年に絶頂を迎えるプラトンへの傾斜も位置づけられる。さらに、その後のプラトン批判（ひいては形而上学の歴史への批判）の根底に置かれるのも、前期からの存在＝被制作性のテーゼであった。（なお、「ポイエーシス」の観点からの「イデア論」解釈がアーレントとの関係に直接からんでくることは、以下でやや詳しく見る通りである。）

⑵「事実的生の解釈学」から「現存在の実存論的分析論」へ

制作にもっぱら定位する古代存在概念は「事実性」もしくは「現存在」の存在を捉えるには不適切であり、それゆえ「実存」固有のあり方は伝統的に隠蔽され続けてきた、とする批判的視点がここに生じた。これに対して、生または現存在にふさわしい存在カテゴリーを新たに彫琢すべく企てられたのが、最初期以来の「事実性の解釈学」であり、それが『存在と時間』で「現存在の実存論的分析論」という形でいっそう大規模に存在論化されたのである。なかでも注意すべきは、「仕上げられ（fertig）」「意のままになった（verfügbar）」制作物が、現実的に「終わりに達している存在」をなすのと対照的に、現存在の実存は「不断の非完結性」をそなえた、可能的に「終わりへとかかわる存在」つまり「死への存在」である、とされる点である。

⑶「存在論の歴史の解体」という課題

このようにハイデガーは、古代ギリシアの存在論の土台たる「制作」という原初的経験へと立ち返る一方、そうした起源が以後の存在論の伝統において忘却され、硬直したドグマとしてのみ伝承されてきた点をあばき出そうとする。「解体」と呼ばれるこの批判的作業に、『存在と時間』の第二部は本来あてられるはずだった。その場合でも、中世存在論の「被造性」からデカルトの「思考する物」に至るまで、「存在」は「被制作性」という規定を引きずったままだったとされる。この論点は一九二七年の『現象学の根本諸問題』でも同様であり、「存在するとは制作されること」という命題が頻出する。そして、もし制作本位の存在論がプラトンから始まったのだとすれば、それ以前には別様な存在が思索されていた、ということにもなろう。のちにフォアゾクラティカーが追想されるゆえんである。

⑷「存在と時間」という問題設定そのもの

ハイデガーによれば、古代ギリシアにおいて制作の観点から経験されていた「存在《ウーシア》」は、「現前性

（Anwesenheit）」という「時間的」意味を帯びている。「存在者はその存在において現前性として捉えられている、つまり現在という特定の時間規定を顧慮して了解される」という着想こそ、「存在〈と〉時間」というテーマによって表わされるハイデガー哲学の根本モティーフにほかならない。当初の見込みでは、存在一般の時間的性格である「存在時性（Temporalität）」の問題群を究明する予定だったのが、『存在と時間』の未完の本論たる第一部第三篇「時間と存在」であった。とすれば、そこではおそらく、存在了解の基底であり続けた「ポイエーシス」およびそれに関する知としての「テクネー」が、その「テンポラール」なあり方において分析にかけられるはずだった。『現象学の根本諸問題』での「現前性（Praesenz）」論は、超越論的問題設定によって上滑りした感は否めないが、本来なら、制作の時間的性格があくまで根本経験にそくして際立たせられるべきだったのではないだろうか。（この課題をそっくり引き継いだのが、『人間の条件』のアーレントであった。）

以上、「存在＝被制作性の発見」の意味を荒っぽく列挙してみたが、こう見てくれば、『存在と時間』期のハイデガーにとって、この発見が、言いかえれば、テクネー－ポイエーシス問題が、いかに決定的だったかはもはや明らかだろう。それはハイデガー哲学の成立そのものに関わる想定だったのである。それればかりではない。一九三〇年代以降のハイデガーは、「存在と時間」という問題設定を大幅に踏み越えてゆくことになるが、じつはその場合でも、「テクネー－ポイエーシス」問題は依然として最重要のテーマであり続けるのである。ただしそのさい、この問題はいっそう微妙な両義性において捉え返されてゆく。すなわち、一九三〇年代後半の「芸術作品の根源」を起点として、いわば積極的ポイエーシス論が展開されていく一方、第二次世界大戦後には「ブレーメン講演」や「技術への問い」を代表とする大がかりなテクノロジー批判が企てられることになる。

後期の境涯に関して言うべきことは多いが、ここでは、アーレントに宛てたハイデガーの一九五三年一二月二一日付書簡の一節を挙げるのみとしよう。「技術についての講演の中でテクネーに関して私が述べたことは、以前に遡ります。つまり、『ソフィスト』講義の序論にまで遡るのです。思えばそれは、あなたが私のもとで聞いた最初の講義でしたね〔11〕」。

「テクネー」に関して「以前」述べたこと――これこそは、本章第三節の冒頭に掲げた一文が語っていた事柄にほかならない。では、テクネーおよびポイエーシスが「イデア」という存在概念をはぐくんだ基盤だった、とするこの洞察は、どれほどの射程を有するものなのだろうか。この点に関して、つまりプラトンの「イデア論」をめぐって、ハイデガーとアーレントの間柄はいよいよ抜き差しならぬ様相を帯びてくるのである。

五　「イデア」と「ポイエーシス」（その一）

ところで、これもまたわれわれのいつもの説ではないか。すなわち、いまの二つの家具のそれぞ

> れを作る職人は、その実相（イデア）に目を向けて、それを見つめながら、一方はベッドを作り、他方はテーブルを作るのであって、それらの製品をわれわれが使うのである。他のものについても同様なのだ、とね。

これは、『国家』第十巻の有名な「詩人追放論」において、プラトンがその手始めに、「職人（*dēmiourgos*）」が道具を「制作する（*poiein*）」あり方を描き出している箇所である（藤沢令夫訳、岩波文庫、下巻、一九七九年、三〇四頁、に基づく）。プラトンによれば、もともとは神の作り出した真なる「イデア」を眼差しに収めて職人はおのおの特定の製品を作るが、芸術家というのはせいぜい第三番目の作り手として「見かけを真似る描写」をなすにすぎない。そんな眉唾な連中には、このさい理想国家からは出て行ってもらおう、ということになる。この相当乱暴な「創作」批判が昔から物議をかもしてきたことは言うまでもない。だが、それとは別に、このテクストのうちに或る注目すべきことが語られていることは、これまであまり議論の的となってこなかった。つまりここには、「ポイエーシス」と「イデア」という二つの言葉の結びつきが、いわば問わず語りされているのである。

この問題がプラトン解釈上決して取るに足らぬものではないことは、前掲の箇所に注して邦訳者が次のように評していることからも窺われよう。「〔これは〕イデア論の思想を最も一般的・定式的な表現で述べた文章である」（前掲訳書三九六頁）。それにしても、そこまで重要な説明の中になぜ「職人」の例が出てくるのか。よく考えてみればたしかに不思議である。そして、この奇妙な事情をそれなりに説明してくれているのが、「イデア」に関するハイデガーの解釈であり、さらには、それを承けたアーレントの解釈なのである。

まずは、前者の解釈をもう一度確認することとしよう。

アーレントとの邂逅の場であった『ソフィスト』講義においてハイデガーは、序論のアリストテレス解釈に続いて、プラトンの『ソフィスト』を逐語的に解説してみせる。テクネーの分析からウーシア問題に分け入っていくこの対話篇を論ずるさいにも、彼は「存在＝被制作性」説を下敷きとしていることが分かる。『ソフィスト』の最初のほうで「作る技術（*poiētikē*）」が「存在へともたらす（*eis ousian agein*）」という意味で取り上げられるくだり（219B）に注目しつつ、ハイデガーは次のように述べている。「それゆえ、存在とはここでは、まったく限定された特定の意味を持っている。つまりそれは、何かを日常的に使ったり見たりすることの領域において一定の事象が現前していること（Anwesenheit）なのである。ウーシアとは、そうした使用にとって意のままとなること（Verfügbarkeit）を意味する。それゆえ、エイス・ウーシアン・アゲイン、つまり存在へと導く、とは、日常生活にとって意のままとなることへと立てる、ひとことで言えば、こちらへと立てて制作する（herstellen）という意味なのである」（GA19, 269. 強調は原文、以下同様）。続いて、この「存在＝被制作性」テーゼは、次のように復唱される。

それゆえ、存在とは、こちらへと立てて制作されて在る（Her-gestelltsein）という意味である。このことに対応しているのが、ウーシアの根源的意味である。ウーシアとは、所有、資産、家産、つまり、日常的現存在において意のままに利用できるもの、意のままに利用されるべくそこに立っている、ということなのである。〔…〕見られる通り、ここでは、存在の意味に関するまったく自然的な解釈がギリシア人にとって生き生きと働いていたのであり、彼らは、存在の意味を環境世界としての世界に即して読みとったのである。これが自然で素朴な解釈だというのは、こうした存在の意味が同時に――この点がまさに素朴さを特徴づけているが――絶対的な存在意味そのものとして受けとられているからである。だが、このことが示しているのは、ギリシア人は存在概念のこの自然的起源について表立っては意識していなかったこと、それゆえ、彼らがそこから存在の意味を本来汲みとった当の領野〔すなわちポイエーシス〕に関して、彼ら自身は洞察していなかったこと、このことなのである。（GA19, 270）

やや長くなったが、これと同趣旨の発言は、その後も繰り返し出てくる（GA19, 397f.; 466f.; vgl. 632f.）。ハイデガーは、アリストテレスのみならずプラトンを解釈するさいにも、「制作されて在ることとしての存在」を一貫して見出そうとするのである。

ここから、イデア論ポイエーシス起源説への道がまっすぐ伸びていることは、もはや明らかだろう。ハイデガーは「エイドス」や「イデア」を、その原義に鑑みて「見えている姿かたち（Aussehen）」と訳すのをつねとするが、それが誰にとって見えているかと言えば、何よりもまず、それを目標として個々の使用対象を制作する職人にとって、なのである。そのような制作モデルによってウーシアつまり存在が理解されていたことをまぎれもなく証言している存在論の典型こそ、プラトンのイデア論なのだ、というのである。

注意すべきは、ハイデガーはこの場合、存在を制作の観点から理解することそのこと自体が「誤解」だとか「誤謬」だなどと主張しているわけでは決してないという点である。彼が問題にしようとしているのは、むしろ、そうした「自然的」理解が「素朴」つまり無批判に拡大解釈され、いつしか制作という特定の領域を超え出て「絶対的な存在意味」にまで一般化されてしまったのではないか、ということなのである。とりわけ、一九二〇年代のハイデガーにとって重大であったのは、存在の意味を環境世界としての世界に即して読みとってしまうことの問題性であった。つまり、そのような「反照的」存在了解が、自己のあり方へと転用されて、「頽落」した「非本来的」自己了解を招来させてしまう、というのである。こうした批判的視点が、最初期以来の環境世界分析のモティーフに遡ることは言うまでもない。そして、その制作本位の現在中心的発想に対置されるのが、パウロを源流とするキリスト教的時間経験——不在の将来の到来する瞬間——であった。

ともあれ、ハイデガーの企てた古代存在論の「反復」は、たんなるルネサンスつまり「伝統の破壊によるる古代の再興」にとどまるものではなかった。むしろそれは初めから「伝統の由来としての古代の超克」という性格を濃厚に帯びていた。というのも、伝統的存在論の閉塞性の根源が、つまり近代哲学の行き詰まりの大元が、ギリシア哲学に見出される「制作されて在ることとしての存在」概念にあるとされたからである。そしてその典型として、プラトンのイデア論が、いわば系譜学的に批判されようとしているのである。

ここで、古代存在論にひそむ「ウーシアの意味とポイエーシスの基礎的連関」(GA19, 271)に対するハイデガーの批判的論点を再整理しておこう。簡略に示せば次のようになる。

(a)存在の意味が、制作という特定の領域に基づいて素朴、無自覚に了解されている。
(b)それゆえ、事実的生または実存に固有な遂行的時間性格がなおざりにされている。
(c)むしろ、制作のはらむ「現前性」という時間性格が、表立たずに前提されている。
(d)ひいては、使用対象の完了性、恒存性により、存在が「永遠」として解釈される。
(e)永遠存在を直接見るという意味での「純粋直観」が、真理に関して特権化される。
(f)語り(ロゴス)も、その遂行性格を捨象され、理論的命題の優位への道が拓かれる。

このように見てくると、「事物的存在性(Vorhandenheit)」という存在概念および「直観」本位の認識理論、という二段構えの哲学的伝統を、もろともに打ち破ろうとする『存在と時間』のプログラムは、最終的には、古代ギリシアにおける「テクネー-ポイエーシス」という原場面に遡ってはじめて仕上げられるはずだったことが、改めて理解されるだろう。そして、そうした批判の矛先がプラトンのイデア論そのものにまで及んだことは、一九三〇年代以降の「存在史的思索」においてプラトン以来の「存在忘却」の歴史をえぐり出すことになるハイデガーの歩みを用意した、と言ってよい。西洋形而上学の総体を批判しようとする姿勢の骨格が、ここに固まったのである。

　それ以後、ハイデガーに霊感を与えられた現代思想の論者のあいだでは、プラトン批判もイデア論批判もお茶の子さいさい、といった状況が続いてきた。だが、ハイデガー以前には、そのような古代の超克というモティーフがたえて見られなかったことは、銘記されるべきだろう。ただ一人の例外――ニーチェの系譜学的考察のほかには。

　それでは、プラトンのイデア論を批判したアーレントもまた、そのような「その他大勢の一人」なのだろうか。この点に関しては、速断は慎まなければならない。何といってもアーレントは、『存在と時間』の手前でのハイデガーの古代哲学研究の現場に立ち会い、それを自家薬籠中のものとしたのだから。

この本題に、いざ入っていくことにしよう。

六　「テクネー・アナロジー」の意味するもの

すぐれた人、つまり最善のことを目ざして話をする人というのは、どんな話をするにしても、ただでたらめに話すのではなくて、何かはっきりした目標を心において、話すのではないかね。そのことは、ほかのどんな職人の場合でも同様であろう。すなわち、彼らの一人一人が、自分たちの作ろうとしているものを心においているのであって、ただでたらめに材料を選び出しては、これを自分たちの作品にあてはめているのではなく、自分たちの作り上げようとしているものが、ある一定の形（エイドス）をとるようにしているわけだ。たとえば、なんなら、肖像画家でも、家大工でも、船大工でも、その他どんな職人でも、そのなかから誰なりと、君の好きな人をとりあげて、調べてごらん。

ここに掲げたのは、プラトンの『ゴルギアス』の一節（503D-E）である（岩波文庫の加来彰俊訳、一九六七年、一八一－一八二頁、に基づく）。一見何の変哲もないこの文章に少しこだわってみることにしたい。

先に見たとおり、ハイデガーは、イデアというプラトンの存在概念のうちに被制作性という意味での古代人の存在経験を読みとろうとした。これがハイデガーの存在の問いのおそらく最大の賭金であったことをこれまで見てきた。では、この異色の解釈は、プラトン読解として果たしてどこまで正当化されうるのだろうか[12]。

プラトンの多くの対話篇において、「テクネー」や「ポイエーシス」が議論を導く事例として頻繁に登場することはたしかである。こうした例解の作法は、一般に「テクネー・アナロジー」（術の類比）と呼ばれている。だが、そのような技術中心・生産重視の傾向が、イデア論本体の枠組みまで規定している、とまで言い切っているプラトン研究者を、私は寡聞にして知らない[13]。だが、そうした解釈をハイデガーの的外れな思いつきにすぎぬと一笑に付すのは、やはり早計と言うべきだろう。この擦れ違いに関しては、プラトン研究の側にも問題があるように思われる。「なぜテクネー・アナロジーが使われているのか？」という疑問は、明敏な古代ギリシア研究者なら看過しえぬ問題のはずだからである。

どうしてそう言えるか。それは、古代ポリスの自由市民の感受性からすると、制作およびそれに投入される技術とは、低俗卑賤なもの、つまり問題外の些事だったからである。「職業に貴賤なし」という近代平等主義にどっぷりと浸かった（そのじつ「万民が労働者」の）われわれならいざ知らず、誇り高い貴族主義者プラトンが、そのような「職工」や「俗業民」の奴隷的技芸ごときに繰り返し言及し、あまっさえ、そのアナロジーに頼って高度の哲学的議論を組み立てているというのは、いかにも異様な光景と言うべきなのである。[14]

もちろん、プラトンがただ通りすがり的に、さまざまな知識や営為を貴賤を問わず取り上げているのだとすれば、何ら怪しむに足りない。深読みは慎むべきである。だが、そうとばかりも言い切れない箇所が少なからず見出されるのである。そして、すでに本章第五節冒頭で引いておいた『国家』第十巻の詩人追放論のイデア論と並んで、その典型的テクストと目されるのが、いま挙げた『ゴルギアス』のくだりなのである。

ところで私は、ハイデガーの力説するような意味での「イデアとポイエーシスの連関」を取り上げているプラトン研究者はたえて見られない、と述べたが、じつはこの連関をハイデガーにかなり近い形で掘り下げた古典学者を、少なくとも一人、思い起こすことができる。それは、現代日本のギリシア哲学研究において忘れられがちな先達、斎藤忍随である。[15]

古代哲学の入門書として片付けるには惜しい佳作『プラトン』（岩波新書、一九七二年、現在は絶版）の最終（第Ⅳ）章「イデア」で、斎藤は、『国家』の「善のイデア」を解釈する一つの糸口として、『ゴルギアス』の先に引用した部分とその続きの箇所に着目し、「この箇所には、少なくとも、人間が日常的に、普通に経験するもの、すなわちわれわれが「もの」とか「存在する」と呼ぶものについての、プラトンの考えが非常に平明な形で述べられているように思われる」と述べ、これを「プラトンがやさしく説いている存在論（ontology）」だとしている（一五四頁）。

なるほど、この箇所には「イデア」という語こそ出てこないが、「エイドス」というほぼ同義語と見られる言葉なら使われている。これはさしあたり、「職人」が自分の作品を作り上げるさい心に思い浮べている一定の形、モデルという意味で持ち出されているが、これが拡大解釈され、「身体」や「魂」という人間の状態についても適用されることになる。それらが「秩序」や「調和」を持つようにと形づくるのは、言いかえれば、人間のあり方を善きものにする「技術」を行使するのは、身体に関しては、「体育教師」および「医者」であり、魂に関しては「すぐれた弁論家」つまり「政治家」である。

このように、ここで「エイドス」という制作上の目標は、種々の製品のみならず人間のあり方をも秩序づける一般原理としての「善」とじかに結びつけられることになる。こうした議論の運びが、『国家』における「善のイデア」論にまっすぐ通じているのは明らかである。イデア中のイデアとして、一切の存在者を存在せしめる究極の原因・根拠としての「善のイデア」という考え方は、初期のソクラテス的対話篇から中期の範型イデア論への途上に位置する『ゴルギアス』に、すでにその下図が描かれていたのである。その出発点に「ポイエーシス」という存在経験が置き据えられているかぎり、この連関がエピソード的な例解や類比の次元にとどまるとは、とても考えられない。プラトンの存在論のうちに「イデアとポイエーシスの連関」を見てとることは、あながち的外れとは言えないのである。

だが、これをもってハイデガーの「存在＝被制作性」説が確証されたとは、とうてい言えない。何といってもプラトンのイデア論は一筋縄では行かないのであり、その多義性を慎重に解きほぐす作業が要求されるのである。とはいえ、少なくとも『国家』第十巻に見られるテクネー・アナロジーが、『ゴルギアス』のいま問題としている箇所と明らかに呼応していることは、ここに確認されたと言ってさしつかえない。そして、この偶然とは思えぬ符合を、「存在＝被制作性」説とは別様に解明する仕方を示しているのが、ハイデガーに着想を負いつつも独自の読解方向を打ち出しているアーレントのイデア論解釈なのである。

アーレントが、マールブルク時代に接しえたハイデガーの古代哲学研究にどこまで触発され、次いでそれをどのような経緯で改変していったかは、今後の研究にまたねばならない。すくなくとも、一九五八年に出版された『人間の条件』には、「制作（making）」という経験がプラトンのイデア論と抜き差しならぬ関係にあることに注意を促している箇所が、繰り返し出てくる。[16] ハイデガーの所説との異同を押さえつつ、見ていくことにしよう。

七　「イデア」と「ポイエーシス」（その二）

まず、目下の文脈に『人間の条件』を置いてみた場合、目を引くことがある。アーレントは、「仕事（Work）」と題された第四章において、「制作」もしくは「製作（fabrication）」、つまり物を作るという「制作する人（homo faber）」に固有な「活動様態・あり方（activity）」[17]を、その初歩的場面に立ち返って考察している点である。こうした叙述の特徴が見逃されてはならない。この手の何気ないディテールにこそ、ハイデガーとの対決が隠されているからである。

では、ここではいったい何が賭けられているのだろうか。むろん、「仕事」を「労働」と区別するアーレント独自の領域分けも、『人間の条件』を理解するうえで非常に重要である。しかし、当面の課題であるハイデガーとの関連に沿って言えば、アーレントが制作のあり方を分析するさいに「時間」の観点を重んじていることを強調したいと思う。こう述べてもピンとこない向きもあろうから、もっとはっきり言おう。アーレントはここで、制作経験に種別的な存在了解を「テンポラール」に分析しているのである。これでもまだ問題の由々しさに気づかない方々には、こうダメ押ししよう。『人間の条件』のこのような現象学的記述は、『存在と時間』の第三篇「時間と存在」で展開されるはずだった「存在時性の問題群」を野心的に引き受けたものなのだ、と。それは未完の「テンポラリテート」論のアーレントなりの続行だったのだ、と。

もちろん、私のこの一見唐突な解釈は、『人間の条件』に即して具体的かつ全面的に立証される必要がある。[18] そのためには、「仕事」の章だけでなく、「労働」の章と「活動」の章も併せて考えなければならない。じつにそこにも、労働と活動という存在様態それぞれの時間的分析が見出せるのである。だが、当座はあまり大風呂敷を広げず、「イデアとポイエーシスの連関」に視野を限定して話を進めることにしたい。

制作のあり方が「時間」の観点から主題化されていることを端的に示しているのは、作品としての物が「耐久性（durability）」（HC, 136）という存在性格をもっている、とされている点である。ここに「物（things）」――これが人間の住む「世界」をなす――の物らしさ、つまりその「対象性・客観性（objectivity）」（HC, 137）のゆえんがある。労働によって生み出される日々の糧がそのつど「消費」され、自然の循環に帰してゆくのに対して、仕事によって作り出される人工物は、繰り返し「使用」に供されることを通じて、「少なくとも一定の間、持ちこたえる」（HC, 137）。

物の耐久性は、もちろん「絶対的」ではありえない（HC, 136）。それは、傑出した活動が不朽の名声を得て歴史的に語り継がれてゆくという意味での「不死性（immortality）」とは異なるし、ましてや、哲学者が観照によって一体になろうとする真理の「永遠性（eternity）」とは隔たっている。とはいえ、自然界の永遠回帰的な循環運動、つまり同じことがえんえんと繰り返すことの必然性に繋縛された「労働する動物」の状態からの一時的脱却として、一定の人間的意義をもつ。では、物の耐久性という時間的存在規定は、[19] さらに進んで、いかなる意味において、制作という人間の活動様態と相関しているのだろうか。この問題を論じているのが、第一九節「物象化」であり、われわれはまさにそこに、「イデアとポイエーシスの連関」がプラトン解釈として急浮上してくるのを見出すのである。

第一九節タイトルの「物象化（reification）」だが、この語は、独語版を参照するまでもなく、ドイツ語の“Verdinglichung”に対応する言葉である。ルカーチ以来、主としてマルクス主義の立場から、この「物象化」に批判が寄せられてきたことは周知のとおりである。だがアーレントは、「実体」をことごとく消去したがる近代的な「機能主義」の立場には与《くみ》しないし、「主観－客観」図式の超克を中心課題としたがる、これまた近代にありがちな認識論的議論からはそもそも距離をとっており、冒頭でさっそく、「制作する人の仕事たる制作の本質は、物象化にある」（HC, 139）と述べる。[20] そして、この「物象化」には「暴行と暴力の要素」つまり人間による自然の「破壊」や「支配」が付きものであると、冷静に付言している（HC, 139）。制作と暴力の結びつきに関するこうした指摘からも多くの示唆が引き出せるが、当面の議論とは関係ないので、先に進み、次の説明を読解することにしよう。ここに語られているのはいったい何であろうか。

製作の実際の仕事は、対象を組み立てるさいに則るべき何らかのモデルに導かれて遂行される。このモデルは、精神の眼によって見られるイメージである場合もあれば、イメージが仕事を通じてすでに物質化を試しに蒙っている青写真である場合もある。いずれの場合でも、制作の仕事を導くものは、製作者の外側にあり、実際の仕事の過程に先行している。〔…〕われわれはまず最初に、何らかのイメージたとえばベッドの何らかの「アイデア」をわれわれの内なる眼の前に抱くことなしに、ベッドを作ることを思いつくことはないし、実在する物についての何らかの視覚的経験に頼ることなしには、ベッドを想像することもできない。（HC, 140f.）

製作過程はイメージやモデルの形によって導かれるが、このイメージやモデルは、製作過程に先行するのみならず、完成した生産物とともに消滅することはなく、その後もいわば無傷のまま生きのびて現前し続け、さらなる製作の無限の継続に与るのである。（HC, 141）

重要な箇所ゆえ、引用がやや長くなった。「製作過程はイメージやモデルの形によって導かれる」という考え方が、先に見た『ゴルギアス』や『国家』におけるプラトンのポイエーシス観とウリ二つなのは明らかだろう。それもそのはずで、アーレント自身、この説明が、『国家』第十巻の、前に引用しておいた箇所と「じかに関連している」と述べ、さらにこう記しているのである。「その箇所ではプラトン自身が、みずからのイデア論を説明するために、職人が「〔自分の〕アイデアに則って」ベッドやテーブルを制作する、という「おなじみの事例」を用いており、しかもその場合「これが、この事例でもその他の似たような事例でもわれわれの使う言い回しである」と言い添えている」（HC, 142, note 7）。もっともアーレントはここで、たんなるテクネー・アナロジーを再確認しているのではもちろんない。重要なのは、「モデルやイメージが製作過程に先行するのみならず、物象化を越えて無傷のまま生きのびて現前し続け、さらなる製作の無限の継続に与る」という時間的性格の方なのである。物の「耐久性」とは別に、物象化の根底に置かれる範型が、先行的かつ持続的な「恒常的現前性」を持ちうること、そうした「永続性（permanence）」こそ、プラトンのイデア論にインスピレーションを与えた時間規定であった、とされるのである。

> モデルやイメージは、製作が始まる前から存在しており、製作が終わりに達した後にも存続し、製作によって次々に存在せしめられるすべての可能的な使用対象を越えて生きのびる。モデルやイメージがこのように永続性という性質をもっていることは、永遠のイデアというプラトンの学説に強力な影響を及ぼした。彼のこの教えはイデアないしはエイドス（「形」ないしは「形式」）というギリシア語によって霊感を得ており、彼はこの語を初めて哲学的文脈において使ったのだが、そのかぎりにおいて、彼の教えはポイエーシスつまり製作における経験に基づくのである。そして、プラトンがこの理論を、製作とまったく異なる、たぶんはるかに「哲学的」な経験を表現するために用いたにしろ、自分の言わんとすることがいかにもっともらしいかを例示しようとするさいには、彼は必ずや、制作の分野から事例を引き出している。多数の可滅的な物をつかさどる唯一で永遠のイデアといった考え方が、プラトンの教えのなかでもっともらしく説明されているのは、多くの可滅的な対象が作られるさいの拠り所となるモデルが永続的かつ単一であることに由来するのである。
> （HC, 142f. 強調は引用者）

プラトンが、可滅的な諸事物に対する一なるイデアの「永遠性」という哲学的理論を提示するにさいして、多くの製品を作り出すさいの単一のモデルの「永続性」という制作上の経験に頼った、とすることの解釈は、イデア論が「ポイエーシス経験に基づく」としている点で、たんなるテクネー・アナロジーの指摘にとどまるものではなく、強い意味での「イデアとポイエーシスの連関」を見出すハイデガーの解釈に明らかに同調するものである。ただし、アーレントはここからただちに「存在＝被制作性」という存在理解を引き出そうとはしない。むしろ彼女は、「製作とまったく異なる、たぶんはるかに「哲学的」な経験」というものを、プラトンのうちに認めようとする。これが、思考固有の経験としての「観照」であることは間違いない。それゆえ、「永遠性」がたんなる捏造概念であるなどとアーレントは言いたいわけではない。またもちろん、制作上のモデルが一定の「永続性」をもつこと自体が否定されているのでもない。そうではなく、制作や観照といったそれぞれの活動諸様式にふさわしい固有領域を踏み越えて「製作経験を一般化してしまうこと」（HC,157）こそが問題なのだ、とそうアーレントは考えるのである。

この「製作経験の一般化」がとりわけ問題となるのが、彼女の考えでは、観照というよりは活動が製作の観点から解釈されてしまう場合である。ここに、「伝統的に制作が活動の代替物とされてきた」という問題設定が浮かび上がるのだが、この点については、それが主題的に論じられている『人間の条件』第三一節にそくして、さらに検討されるべきであろう。次章ではこの課題に取り組むことにしよう。

註

〔1〕本章は、一九九八年一一月五日に岩手大学で開かれた日本現象学会第二〇回研究会のワークショップ「現象学の課題」のために用意した提題原稿「制作と哲学、制作と政治――「ハイデガーとアーレント」のために」を改稿したものを基本としている（もう一人の提題者は、山口一郎氏）。また、その続編として一九九九年二月のハイデガー研究会例会で発表した原稿も用いた（第六、七節がそれに当たる）。ただし第一節は、一九九八年五月に金沢大学で開かれた日本哲学会第五七回大会の一般研究発表の公募に応募した発表要旨原稿「ポイエシス、プラクシス、テオリア――ハイデガーとアーレント」を採録した。この年の日本哲学会大会の共同討議で「ハンナ・アーレントの哲学」をテーマとすると聞き、意気込んで応募したが、不採用となったものである。つまり、本章はすべてこれまで未公刊のものである。

〔2〕Elżbieta Ettinger, *Hannah Arendt and Martin Heidegger*, Yale University Press, 1995. Elżbieta Ettinger, *Hannah Arendt – Martin Heidegger. Eine Geschichte*, Aus der Amerikanischen von Brigitte Stein, Piper, 1995. エルジビェータ・エティンガー『アーレントとハイデガー』大島かおり訳、みすず書房、一九九六年。

〔3〕*Hannah Arendt and Martin Heidegger*, p. 114. *Hannah Arendt – Martin Heidegger*, S. 121.『アーレントとハイデガー』一五二頁以下。アーレントの手紙には「フライブルク」とある地名を、エティンガーは「マールブルク」に訂正しており、ここではそれに従う。「フライブルク」のままとする受け取り方もありうるだろう。

〔4〕*Hannah Arendt and Martin Heidegger*, p. 114. *Hannah Arendt – Martin Heidegger*, S. 122.『アーレントとハイデガー』一五四頁。

〔5〕*Hannah Arendt and Martin Heidegger*, p. 116. *Hannah Arendt – Martin Heidegger*, S. 123.『アーレントとハイデガー』一五五頁。

〔6〕「われわれは思索の技術的解釈から自由にならなければならない。この思索の技術的解釈の発端はプラトンとアリストテレスにまで遡る。思索そのものが、そこでは、テクネーつまり何かを為したり作ったりすることに役立つべき考量の仕方だと見なされている。考量することは、ところでここでは早くも、プラクシスとポイエーシスのほうに視点を定めることに基づいて看取されている。したがって、思索することは、それ自身だけで切り離されて解されるならば、「実践的」ではないことになる。思索をテオーリアとして特徴づけることと、認識作用を「理論的」態度として規定することは、すでに思索の「技術的」解釈の内部で起こっていたのである」(GA9, 314. 渡邊二郎訳『「ヒューマニズム」について』ちくま学芸文庫、一九九七年、におおむね基づく)。「思索の技術的解釈から自由になる」という意味での「制作と哲学」は、ハイデガーの終生変わらぬテーマであった。

〔7〕Martin Heidegger, *Platon: Sophistes*, GA19, 1992, S. 47.

〔8〕LMT, 118 (note, p. 228) and 184 (note p. 237).

〔9〕Hannah Arendt / Martin Heidegger, *Briefe 1925-1975*, Klostermann, 1998, S. 140, 148, 153, 193, 232, 268. 邦訳は、『アーレント=ハイデガー往復書簡　一九二五―一九七五』大島かおり・木田元訳、みすず書房、二〇〇三年。

〔10〕Martin Heidegger, „Phänomenologische Interpretation zu Aristoteles (Anzeige der hermeneutischen Situation)", in: *Dilthey-Jahrbuch für Philosophie und Geschichte der Geisteswissenschaften*, Bd. 6, Vandenhoeck & Ruprecht, 1989. 高田珠樹訳「アリストテレスの現象学的解釈　解釈学的状況の提示」、『思想』第八一三号、岩波書店、一九九二年、所収。

〔11〕*Briefe*, S. 139f.

（12）この問題は決してどうでもよいものではない。ハイデガーの思索の墨守を第一と心得る奥義継承者ならいざ知らず、ハイデガーと対話し、みずから哲学するつもりがあるなら、ハイデガー流の哲学史解釈の可否をテクストに即して確かめ、その偏りを批判する用意がなければならない。あわよくば、プラトンやアリストテレスの研究者の肺腑をえぐるような古代哲学解釈をみずから切り拓くことを目標とすべきなのである。

（13）イデア論におけるテクネー・アナロジーの意義に着目した示唆に富む論考として、伊集院利明「『国家』における正義と国家の制作」（東京大学文学部哲学研究室編『論集Ⅵ』、一九八七年、所収）、および同「詩人は何を模倣するか」（『論集Ⅷ』、一九九〇年、所収）を参照。

（14）「労働する動物の勝利」（『人間の条件』最終節タイトル）という近代の趨勢のもとで「リベラル・アーツ」が惨めにも凋落した現代では、古代人の生産労働蔑視の発想はなかなか理解されない。とはいえ、古代と近代との断層に耳をすまそうとする若干の「人文主義者」は、物作り一般を卑しんだ古代人の「差別」思想についても報告を怠らない。管見によれば、その好例は、本書第二章で取り上げたブルクハルトの『ギリシア文化史』に見出される。この書の内容が講じられた一連の講義にバーゼル時代のニーチェが出席していたことは有名な話だが、次のアーレントの説明なども、そうした人文主義的伝統を受け継いでいるように思われる。「古典期のギリシア人は、ひとが道具をもって仕事をするような、つまり、それ自体で意味のある理由のため（for its own sake）ではなく、何か別のものを生産するという目的のために（in order to produce something else）何かを行なうような、芸術や工芸の分野全体を、バナウソス的〔俗業的・実利的〕であると宣言し〔て軽蔑し〕た。〔…〕ギリシアの彫刻や建築の巨匠たちでさえ、この〔卑賤との〕宣告を例外的に免れたわけでは断じてなかったことを思えば、こうした侮蔑の猛烈さはわれわれを瞠目させてやまないだろう」(HC, 156f.)。アーレントは、二〇世紀の講壇哲学だけから学んだわけではない。

なお、ここでアーレントが、「それ自体で意味ある目的のため」と「何か別のものを生産するという目的のため」とを区別しているのは、『存在と時間』期のハイデガーの"Umwillen seiner selbst"と"Um-zu"の区別を髣髴させる。アーレントとしては、ハイデガーを踏まえつつ、直接にはアリストテレスにおけるプラクシスとポイエーシスの原理的弁別を念頭に置いていると見られる。ハイデガーの場合、プラクシスとポイエーシスを必ずしも峻別していない憾みがある。アーレントは、古代を尊重しそこへ立ち返ろうとするルネサンス・ヒューマニズムの精神を持ち合わせていた。

(15) なぜ斎藤が、ハイデガーに学んだわけでもないのにイデアとポイエーシスの連関に着目しえたか、は容易に推察することができる。それは、ブルクハルトやニーチェといった、一九世紀ドイツ古典文献学の異端派を愛読していたこの碩学には、前注の意味での「ヒューマニズム」がなお息づいていたからである。つまり彼は、『国家』第十巻でのイデア論のあの定式化において「職人」「の地位が意外に高いことに気づく」ことができるほどに、近代とは異質な古代人の感受性に十分敏感だったからこそ、「たとえベッドや机のイデアに限るとしても、神を除けば、職人がもっともイデアと親密な地位にあるということは、いったいどうしたことであろうか」という問いを立てることができた（斎藤忍随『プラトン』、講談社学術文庫、一九九七年、九八頁、強調は引用者）。ただし斎藤の解釈は、「善のイデア」と「美のイデア」の両者を宇宙秩序原理として一体的に捉えることで、魂の造型者にして観照者という哲学者のあり方のうちに「職人の地位の高さについての疑問」（九九頁）を解消しようとするものであり、アーレントとは別の見方をとっている。

(16) 同様のプラトン解釈は、一九五九年に発表された論文「権威とは何か」（『過去と未来の間』所収）でも再び論じられている。こちらに関しては、別途論じる機会を得たい。

〔17〕『人間の条件』に頻出する用語"activity"に「活動力」という訳語をあてるのは、ミスリーディングと言わざるをえない。アーレントは、アリストテレスに倣って「デュナミス（可能態）」に対するエネルゲイア（実現態）」という、「活動中」のありさまをこの用語にこめようとしている。それゆえ、力とそれが現に発揮された状態とは術語的に区別すべきである。「活動様態」という訳語がくどすぎるというのであれば、「あり方」でもよかろう（"action"を「行為」と訳せば、"activity"は「活動」と訳せる）。ハイデガーの用語で言い直せば"Seinsweise"である。

〔18〕大風呂敷ついでに言っておけば、『存在と時間』第二部で予定されていた「存在時性の問題群を手引きとする存在論の歴史の現象学的解体の要綱」という課題に、ある程度まで対応する歴史的部分が、『人間の条件』第六章の「活動的生と近代」である。さらにこの章全体の中心テーマを、ニーチェの用語（を承けた一九三〇年代以降のハイデガーの問題設定）で別様に表現すれば、「ヨーロッパのニヒリズム」ということになろう。注目すべきことに、労働、仕事、活動、観照にそれぞれ帰される「永遠回帰」、「耐久性」、「不死性」、「永遠性」という存在性格は、そのまま「テンポラール」な規定である。それにしても、このような見たところ単純素朴な時間的特徴づけを、存在一般の意味を問う際に用いられる「テンポラール」というハイデガーの高度な術語に結びつけようとするのは、軽率ではないか。アーレントのいったいどこにテンポラリテー

〔19〕ト論の続行があるのか、と言われるかもしれない。しかし思うに、ハイデガーにおける「挫折」の原因を、『現象学の根本諸問題』に見られるような超越論的問題設定の「限界」に求めて事足れりとしてきた解釈者たちに比べれば、存在を時間の地平から解釈するという「存在と時間」の発想を、とりわけ被制作性に定位した対象性理解を、ポイエーシスという根本経験にもう一度立ち返りつつ、初歩的なレベルから洗い直

〈20〉

しているアーレントのほうが、「事象そのものへ」の格率によほど忠実なのではなかろうか。
このいわば即物主義に、悪しき実体主義とか素朴実在論とかいったレッテルを貼るのは、性急にすぎよう。アーレントは、近代哲学が軒並み陥ってきた「偏向」以前に、いったん戻って考えてみよう、と自覚的に「反時代的考察」を行なっているのであり、その記述が、近代的な見地からすれば「時代錯誤的」に映るのは当然なのである。これは、アリストテレスの実体論を近代の認識論を尺度に批判しても仕方ないのと同じである。

第八章　制作と哲学、制作と政治（続）

――『人間の条件』第三一節に即して〔1〕

前章に続いて、「制作」をキーワードとして「哲学と政治」の間柄を見ていこう。アーレントの主著『人間の条件』は、つごう四五の節から成るが、どの節も読みごたえのある内容を含んでいて、そのいずれを取り上げてもそれなりの論文が書けそうな気がするほどである。なかでも、第五章「活動」の第三一節「活動の伝統的代替物としての制作」（HC, 220-230）に見られる伝統的政治哲学への根本的批判は、この書の核心部分の一つを形づくっており、「ハイデガーとアーレント」というテーマ設定に深く関わるものである。以下ではこの問題的な節に焦点を絞り、そこで掘り下げられている「制作と政治」という主題について考察を加えてゆくことにしたい。その途上で、「哲学」というもう一つの中心テーマも浮上してくることになろう。

一　活動の非力さ

アーレントは「現代における政治哲学の復権」に与《あずか》った功労者の一人に数えられることが多い。彼女の本来の関心は、政治を実質とする「活動（action）」にあったとするのが、定説となっているようである。だが、哲学に携わっている（と称する）者たちが、政治という新しくもないテーマに群がるさいに、その大義名分をアーレントから引き出そうとするのは、お門違いというものである。前章でも述べたように、たいていの連中は、彼女から「あなたたち政治の何たるかが分かっているの？」と失笑まじりの反問を浴びせられるのがオチであろう。

なぜそう言えるか。いろいろな理由でそうとしか思えないのだが[2]、とくにここで強調したいのは、アーレントほど政治というものの救いがたさに、それも現状ではなく本質上の惨状に、深刻な反省を促している論者はまれだからである。

現実の世界を共通の舞台とし、対等な市民のあいだで繰り広げられる行為と言葉のパフォーマンスたる「活動」が本題として論じられている『人間の条件』第五章には、その活動というものがいかに頼りなく、どれほど無残なものであるかを執拗に強調するくだりが繰り返し現われる。それらを読むと、アーレントという人は活動的に生きることに絶望していたのではあるまいか、と思ってしまうほどである。少なくとも、そこに相当深刻なペシミズムを見出さないわけにはいかない。あたかも彼女は、そうした反省をくぐり抜けたうえでないと「政治」を語ることなどできはしないのだ、と言っているかのようである。『人間の条件』は「政治の再生」といったおめでたい幻想を植えつける本ではない。活動がいかに呪われたものであるかを突き放して語る警世の書である。

活動が本性上抱えている「欠陥・非力さ（frustration）」は、第三一節の冒頭で次の三点に要約されている。つまり、「活動結果の予測不可能性（unpredictability）、活動過程の取り返しのつかなさ（irreversibility）、活動の原作者の匿名性（anonymity）」がそれである（HC, 220）。どれも本格的究明を必要とするものだが、さしあたり次のように理解しておこう。つまり、何か新しいことが人びとによって始められるとき、それがどんな意味をもたらすかを前もって、いや活動のただ中でも知ることは決してできず、しかも、それがいったん起こってしまった以上、あとでどんなに取り消しを叫んでも、その事実を抹消することは断じてできず、さらには、その出来事を生み出し背後で操っている作者は誰なのか、と問うことなど到底できないのだ、と。[3]

この三重の不可能性は、どんな歴史的「出来事（events）」にも付きまとうものである。これが「観念（ideas）」の世界なら、ひょっとすると話は別かもしれない。だが、現実の「歴史」はもちろん観念の遊戯ではないし、活動の結果である「真実の物語」は、作者によって作られる「虚構の物語」とはわけが違う。[4]アーレントが「活動の災難・悲運・不幸（calamities）」（HC, 220）と言っているものは、やや大げさな表現を使えば、「運命」のことなのである。シナリオを持った舞台上のドラマとは別の、いわば本物の運命悲劇が演じられるのが、彼女の言う意味での「活動」なのである。いま挙げた「三重の欠陥」

が意味しているのは、まさにこの「活動の悲劇性」以外の何物でもない。

もちろん、活動にはそれを補って余りある魅力があり、少なくとも近代以前はそうであった。公的領域という檜舞台でみずからの力量を示し、多数の人びとに見られ、聞かれるという自己表示の喜びをそれは代えがたく与えてくれたし、非業の没落と紙一重のところで不滅の名声を博するという意味での「不死性（immortality）」が、そこには輝き現われる余地があったからである。とはいえ、そのような身の程知らずの「英雄」志向を無益な「虚栄」（ホッブズ）とあざ笑う近代精神の勃興以前にも、活動の意のままならなさに対する苛立ちは根深くあったし、それは「ほとんど有史以来のものである」（HC, 220）。その無力感《フラストレーション》に苛まれた人びとは、「活動の代替物を見出すことによって、行為者の複数性ゆえに避けられない偶然性と道義的無責任性とを首尾よく人間事象の領域から取り除くことを願う、という大いなる誘惑」（HC, 220）に駆り立てられないではいられなかった。そして、いつの時代にも同工異曲で持ち出されてきた、代替案によるその解決法もしくは「避難所」こそ、「活動を制作に置き換えるという企て」（HC, 220）であった。というのも「制作（making）」とは、「他のすべての人びとから孤立して、ひとが最初から最後まで自分の行ないの主人にとどまるような活動様態」（HC, 220）だからである。

だが、この救済策が「弥縫策」でしかないのは明らかである。なぜなら、職人が自分一人で物を作るという「制作」の観点を携えて活動に臨めば、それは活動にとっての不可欠の条件である「複数性（plurality）」に抵触し、場合によっては活動の空間そのものを破壊してしまうからである。そもそも活動は、多くの人びとが参加するという相互共存なしにはありえない。「匿名性」のみならず「予測不可能性」や「取り返しのつかなさ」も、じつにこの「複数性」という根本条件に深く根ざしていたのである。活動の三重苦を免れようと、制作モデルを導入することでこの条件＝制約を取り払ってしまえば、そこに残るのはもはや活動とは似ても似つかぬ代物でしかない。じっさい、あらかじめ描かれた青写真に沿って動くプロセスを「自由な活動」と呼ぶことはできないし、再度のやり直しがきく程度の作りごとなら「歴史的出来事」とは到底言えないのである。活動が偉大でありうるのは、それが予期せぬ「突発事」にして抹消不可能な「事実」ぽっきりだからこそなのだ。僭主の暴政であれ哲人の統治であれ官僚の行政であれ、「原作者」によって一方的に敷かれたレールの上を動く国家体制というのは、もはや「政治」ではない。

しかしそれでもなお、「活動を制作に置き換える」という代替案は古来人びとを魅了してやまなかった。なぜか。活動の非力さに直面するのがそれだけ耐えがたかったからである。複数性から孤立した仕事場へ、という逃避行は活動の意味そのものを否定しかねないのだが、そう無理やり封印しないではいられないほど、活動のはらむ災厄は「悲劇的」なのである。われわれはここに、古代以来の政治哲学を蝕んできた「ニヒリズム」の影を見出すことができるが、それはたとえば、創始者たるプラトンを非難すればそれで済むような呑気な問題ではなく、そもそも「超克」できるような代物では全然ないのである。

二　支配という概念

それにしても西洋政治思想の伝統に対するアーレントの批判は辛辣である。それは次の箇所を読めば分かる。「プラトン以来の政治哲学の大部分は、政治からすっかり逃げ出すための理論的な基礎づけと実践的な方法を見出そうとするさまざまな企てとして容易に解釈できるだろう。そのような逃避すべてに特徴的な印は、支配という概念である。これは、人びとが合法的、政治的に共生できるのは、或る人びとに命令する資格が与えられ、他の人びとに服従が強制されるときだけである、とする考え方である」（HC, 222）。アーレントは、これまでの政治哲学のほとんどが、じつは「政治」から逃げ出すための口実にすぎなかったとまで言うのである。これでは昨今の「政治哲学の復権」の掛け声などおよそお笑い草ということになりかねない。

しかもアーレントによると、その逃避の証拠は、従来の政治理論の多くが「支配（rule）」という言葉を基本語として踏襲してきた点にあるという。ルールという語は「規則」、「規範」、「尺度」とも訳せる。つまり、あらかじめ定められた何らかの規則に従って何かを行なう、といった発想で政治のこと考えること自体、すでに政治に固有な次元からの離反を示しており「反政治的」だというのである。[5]「支配者－被支配者」という対立図式や、「法による支配」を政治の理想とする見方なども同断であろう。

このように「支配」という概念一般に対するアーレントの批判はすこぶる挑戦的で興味深い。後期プラトンの対話篇『政治家』の大胆な解釈を含むその論旨を、ここで逐一紹介することはできないが、ごくかいつまんで要点のみ記しておく。

「始める・導く」という原義をもつ“*archein*”というギリシア語は、「行なう」を意味する“*prattein*”という動詞と元来は相互に結びついていたが、それまで類義語であったこの二つの言葉は、前者をプラトンが「支配する」という意味に同定したことによって決定的に分断されることになった。つまり、前者は、知を独占し上から命令を下して「支配する」ことを、後者は、唯々諾々と服従し「実行する」ことを、それぞれ意味するようになった（HC, 222f.; cf. 189）。この「知と行為のプラトン的分離」（HC, 225）の根底に置かれたのは「家政（household）」の経験（HC, 223）とりわけ「主人－奴隷の関係」（HC, 224）であった。だが、家長による奴隷管理術に由来する「支配権（rulership）の概念」や「統治（domination）の原理」に基づいて政治一般を説明しようとするのは、「人間的自由」に対する初歩的な無理解をさらけ出しているにすぎない。そうアーレントはプラトン以来の「政治思想の伝統の総体」（HC, 225）を根底から批判するのである[6]。

では、そのような「活動から支配への逃避」などという無理筋を、プラトンはなぜ推し進めたのか。よくよく考えれば不思議な話である。アーレントはこの問いに対し、「人間蔑視」の念をプラトンが深く抱いていたためとか、「僭主的な権力意志」に彼が取り憑かれていたから、とかいった安易な答えをあてがうことなく、その本来の理由を、「活動に対する猜疑」もしくは「活動の代替物を見出そうとする熱烈な願望」のうちに求めている（HC, 222）。だとすれば、われわれはさらにこう問わなければならないだろう。そのような「猜疑」や「願望」は一体どこから生じたのであろうか、と。

もちろん、一般論としてならその答えはすでに与えられている。先に見た「活動の三重の非力さ」がこれである。政治の不随意性に対するフラストレーションが、奴隷を意のままに使役する家政の領域から「支配」の概念を引き寄せるに至った、というわけである。だがそれだけでは、「なぜプラトンが」といういぶかしさを説明したことにはならないだろう。もう少し「歴史的」に考えてみよう。プラトンはある決定的な「出来事」に立ち会っていたのではないか。その衝撃的な経験によって彼は「活動の悲劇性」というものをイヤというほど思い知らされたのではないか。そして、そこから生じた政治に対する憤激と現状変革の夢想の果てに、ついに壮大な「理想国家」論を築き上げたのではないか。

もはや言うまでもないだろう。プラトンが目撃したその歴史的事件とは、「ソクラテス裁判」（HC, 12）という「悲劇」にほかならなかった。そこに露呈した「哲学者とポリスとの抗争」（HC, 12）こそが、プラトンをして「哲人王による支配」を構想せしめたことは、『第七書簡』を繙くまでもなく明らかである。このソクラテス問題、つまり哲学と政治の不可避的な緊張関係という問題次元への洞察を抜きにして、プラトンの政治哲学を云々することはできない。そして、凡百のプラトニズム批判とは異なり、この次元を押さえつつ大胆なイデア論解釈を打ち出しているのが、アーレントなのである。ここに『人間の条件』第三一節の核心が存していることを、以下で見ていくことにしよう[7]。

三　イデア論のうちにひそむもの

アーレントによれば、「プラトンが知を命令や支配権と同一視し、また活動を服従や執行と同一視したことによって、政治的領域におけるそれ以前のさまざまな経験や分節化はすべて制圧されてしまった」(HC, 225)。「ポリス」という古代ギリシアに花開いた「現われの空間」がおびていた意味はここに決定的に忘れ去られ、以後いわば「活動忘却の歴史」が始まったのだ、というのである。だが、なぜそこまでプラトンの「支配」本位の政治哲学は成功を収めたのだろうか。その理由をアーレントは、プラトンが「活動に代えて支配権という考え方を持ち出すさい、そうした代替案を強化するために、制作や製作の観点に基づいていっそうもっともらしく解釈した」(HC, 225) 点に見出すのである。

では、なぜ「制作」という観点は好都合なのか。それは、活動が有意味であるためには知と行為は一体でなければならないのに対して、制作においては知ることと行なうことが乖離しているほうが「日常的な経験」(HC, 225) だからである。「製作過程は明らかに次の二つの部分に分かれる。第一に、あるべき生産物のイメージや形（エイドス）を知覚すること、第二に、手段を組織化し執行を開始することである」(HC, 225)。ここで制作上の「イメージや形（エイドス）」と言われている当のものこそ、アーレントによれば、かの「イデア」という用語の源泉にほかならない。支配の概念に基づくプラトンの政治哲学を補強しているのは、制作という卑近な日常的経験から元来汲みとられた「イデア」という存在論的概念だった、というのである。じっさい、制作という行為ないし運動の原因（アルケー）とは、制作物の完成状態（テロス＝エイドス）についての知であり、この知（テクネー）を制作者が独占するかぎりにおいて、彼は命令を下す支配者（アルコーン）である。

制作におけるこの「知／行為」の分断に基づいて活動一般が理解され、「知による支配／服従としての行為」の分離が正当化されるとき、活動の三重の難点は首尾よく克服される。制作と化した活動（活動を装った制作）は「原作者」が特定できるし、その結果は前もって「予測可能」であり、その過程は何度でも「取り返しがきく」からである。まさにそうした「テクネー支配」を決定的に確立しようとして、プラトンはイデアという形而上学的原理をおのれの国家論に流用した、というのがアーレントの解釈なのである。

かくしてアーレントは、プラトン哲学の中核をなすイデア論にひそむ政治哲学的含意を暴露することへと向かう。「プラトンは、仕事と製作に特有の堅固さを人間事象の領域に与えるために、活動に代えて製作を置き据えようとした。プラトンのこの願望は、彼の哲学のまさに中心であるイデア論にふれるとき、最もあらわとなる」（HC, 225）。このイデア論解釈がはなはだ挑戦的であるのは明らかであろう。プラトンの存在概念たる「イデア」は、いわば政治支配の恰好の道具として機能している、というのだから。とはいえ、このような批判的読解はイデア論のすべてに向けられているわけではない。アーレントが問題にしているのは、きわめて特異な仕方で「イデア」が論じられている例外的なテキスト、つまり『国家』における「善のイデア」説にほかならない。

プラトンが政治哲学に関心をもっていないような場合（たとえば『饗宴』その他）、彼はイデアを「最も光り輝くもの」（エクパネスタトン）として、それゆえ美なるものの変化形として記述している。ただ『国家』においてのみ、イデアは、基準、尺度、行動規則に変形されている。それらはすべて、ギリシア語の意味における「善きもの」つまり「何かに適しているもの」ないしは適合性、の イデアの変化形ないしは派生形である。イデア論を政治に適用するためには、こうした変形が必要だった。そしてまた、美しいものではなく善いものこそ最高のイデアであると宣言することが必要だとプラトンが考えたのは、本質的には政治的目的のため、つまり人間事象からはかなさという性格を除去するという目的のためだった。

(HC, 225f.)

『国家』における「善のイデア」とは、プラトンが哲人王の知による支配という彼の政治思想を正当化するためにあえて持ち出した巧妙な道具立てだった、とアーレントは言ってのける。この解釈がおよそ通説と隔たったものであることは言うまでもない。プラトン研究者の多くは眉をひそめることだろう。だが、この一見独断的な評定は、見かけ以上に急所を突いているように私には思われる。というのも、『国家』のみに見られる「善のイデア」の突出性は、他のテキストとの不整合を明らかに示しており、その不可解さは解釈者たちを悩ませてきたからである。[8]

じっさい、イデアという身分に関しては「善そのもの」は「美そのもの」や「正そのもの」などと対等であるばかりでなく、『饗宴』や『パイドロス』などではむしろ「美のイデア」のほうが、哲学者の究極のあこがれの的として優先されているように見える。ところが、『国家』にかぎって、「善のイデア」だけが別格扱いされる。いや、その『国家』においても、第五巻では「美」のほうが優先的に扱われているほどなのである。それなのに、第六巻で国家の支配者が修めるべき「最大の学業」が問題となるや、突如として「善のイデア」が一切を超越した認識根拠かつ存在根拠として急浮上してくるのである。そして、「善そのもの」のこの法外な絶対性をありありと思い描くために持ち出されるものこそ、「太陽の比喩」と「線分の比喩」、そして第七巻の「洞窟の比喩」にほかならない。

アーレントによれば、この「洞窟の比喩」はプラトン哲学の絶頂などではなく、哲人王の支配を根拠づけるために変造されたイデア論だということになる。「『国家』において語られる洞窟の比喩は、プラトン政治哲学の中心そのものである。だが、そこで説明されるようなイデア論は、政治へのイデア論の適用として理解されるべきであって、イデア論本来の純粋に哲学的な発展として理解されるべきではない」（HC, 226）。そのように注記しつつアーレントは、しかし、「洞窟の比喩」においてさえ両義性がひそんでいることを指摘している。そこには、美のイデアから善のイデアへの微妙なシフトが見られるというのである。「存在の真の本質を観想したいと願い、そのために人間事象の暗い洞窟を去ってイデアの明るい大空へと向かう」かぎりでの「哲学者」というのは、依然として「美の愛好者」と見なしうるのであり（HC, 226）、彼が恍惚のうちに仰ぎ見る観想の対象としては「美のイデア」——「最も光り輝くもの」——こそがふさわしい。これに対して「善のイデア」が問題となるのは、あくまで、再び洞窟の暗やみに戻ったあとで彼が支配者（ruler）として君臨するさいに用いる絶対的尺度（rule）――適合性の範型――として、である。

> 善とは哲人王にとっての最高のイデアである〔…〕。彼が人間事象の暗い洞窟に戻ってもう一度彼の仲間と生きる場合にのみ、彼は導きのためのイデアを必要とする。そのさいイデアは、多種多様な人間の行為と言葉を測定したり包括したりするうえでの基準や規則として用いられる。この場合、イデアによって確保される絶対的で「客観的」な確実性とは、個々のベッドを職人が制作したり素人が判定したりするさいに導きとして用いられる不動のまま永遠に現前するモデル、つまりベッド一般の「アイデア」によって確保される確実性と同じなのである。（HC, 226. 強調は原文）

そうだとすれば、『国家』第十巻におけるイデア論がテクネー・アナロジーに依拠し制作（ポイエーシス）の観点に定位しているのも、何ら偶然ではないことになる。哲人王による体制変革という革命的プログラムそのものが、善のイデアを絶対的範型として仰ぐ「国家の制作」をめざしていたのであってみれば。善き国家の原像を占有する哲人王は、制作に付きものの変形や破壊といった「暴力」を素材――もちろん人間を含む――に加えて理想を実現する「国造り職人＝主人」なのである。

四　ポイエーシス、プラクシス、テオーリア

複数性に由来する活動の欠陥を除去しようと願ったプラトンは、自分のアイデアを孤立して造形する職人の制作術に擬しつつ、善のイデアという独占的基準に一切を服従させる知的僭主制を構想するに至った――そうアーレントは、『国家』にひそむ政治思想を解き明かしてみせる。こうしたプラトン解釈は、ニーチェ以降珍しくもなくなった安手のプラトン主義批判の一例にすぎないのだろうか。あるいは、たんにイデオロギーをめぐる政治批評であって哲学とは無縁の一トピックなのだろうか。私は、世のプラトン研究者が、また一般に哲学関係者がもしそう考えるなら、それは思い上がりもいいところだと思う。

もう一度「洞窟の比喩」を思い起こしてみよう。その結末は、地下に帰還した哲学者が王位に就くハッピーエンド（あるいは悪夢）では全然なく、仲間たちに嘲笑をもって迎えられるか、不興を買ったあげく殺されるか、のいずれかであった。この二重の顚末がソクラテスの運命を暗示しているのは誰の目にも明らかである。そうした悲劇を回避するためにこそ、プラトンは「善のイデア」というお守りを哲学者に携行させせようとした。そこには、哲学と政治との深刻な葛藤を目撃した者の絶望に近い現実認識があった。

では、プラトンが直面した問題はどうなったのだろうか。古代以来の長い歴史はひとまず措こう。今

日、哲学に対する嘲笑や不興は収まったとは到底思えない。ガリレオ以来の近代精密科学の台頭によって、真理の観照（テオーリア）という哲学の理想はかつての威光をすっかり失い、今や「理論」と言えば、実証によって有効性を試される作業仮説か、実用（プラクシス！）に適さぬ机上の空論か、のいずれかでしかない。そんな情勢にあって、哲学は失笑や黙殺の的どころか、絶滅危惧種に登録されそうなありさまである。哲学者が政治的に吊し上げられ生命の危機を感じることがなくなっているとすれば、それは哲学が現代において去勢され、飼い殺し状態にあることの裏返しなのである。すっかり従順になった者たちは、テクノロジーの進展に伴って要請される倫理上の問題を請け負う専門相談員になったり、頻発する社会問題の解決策を提言して公共の福祉への貢献度を競ったりしている。

そのような利口で善良な知識人からすれば、哲学的生に生きることを説いて回り、世の顰蹙《ひんしゅく》を買ったソクラテスは阿呆であろうし、哲人王政を待望するプラトンも不届きな夢想家でしかない。だが、現代なお哲学者が抜本的な名誉挽回を企てようとするかぎり、依然としてプラトン的試みは大いなる誘惑であるにちがいない。そして、そのまたとない見本ならすでに与えられている。ハイデガーというお手本がそれである。

アーレントの眼には、ハイデガーはプラトンを「反復」していると映ったことだろう。じつに彼女のプラトン批判は、同時にハイデガーへの皮肉でもあったのである。この点に関して、つまり「ハイデガーとアーレント」というテーマ設定の意味するところを、以下舌足らずを承知で、急ぎスケッチしてみよう。

アーレントも聴講した『ソフィスト』講義からも明らかなように、ハイデガーはアリストテレスから観照（テオーリア）と活動（プラクシス）の区別について多くを学んだ。だが、理論と実践の分離を哲学斜陽化の温床と見たハイデガー自身は、アリストテレス的分断化に甘んずることなく、逆にテオーリアとプラクシスの一体化によって哲学の失地回復を図ろうとした。この企ては、政治的洞察力たるフロネーシスを哲学的知の内部に取り込もうと試みた点に集中的に現われている。アリストテレス的というよりプラトン的なこの統合案が、政治を哲学の側に吸収して従属させる「政治の哲学化」という意味を含んでいることは明白だし、そのことなら本人もうすうす気づいていたであろう。一九三三年までの時期にハイデガーが『国家』を好んで取り上げ「洞窟の比喩」を繰り返し解釈しているのは、何ら偶然ではない。学長就任演説で、民族を主導する学問の理念をぶち上げ、プラトンの理想国家を髣髴《ほうふつ》させる知的奉仕−国防奉仕−勤労奉仕の三位一体を打ち出しているのは、この年来の企図の帰結だったとも解されよう。「政治の哲学化」の行き着く先は、かの哲人王政にほかならないのだから。〔9〕

だが、この「政治の哲学化」が「哲学の政治化」という表裏一体的事態を引き寄せてしまうことに、ハイデガーはどこまで自覚的であっただろうか。ともあれ、政治を哲学の側に引き寄せるとき、哲学そのものが変形をきたすことは避けられない。たとえば一九二七年講義『現象学の根本諸問題』の後半に至って「太陽の比喩」や「洞窟の比喩」がやや唐突に取り上げられ、彼自身の説く存在了解の超−超越性が、「存在《ウーシア》の彼方」にある「善のイデア」のそれに比肩されたことは、当時のハイデガーの野心のゆくえを問わず語りしているように思われる。〔10〕何より決定的なのは、『存在と時間』における本来性の諸カテゴリーが、哲学的生の性格づけであるとともに政治活動への参加にも適合しているような半テオーリア的・半プラクシス的融合体に出来上がっている点である。これは、プラトンの政治哲学的主著のうちに、哲学者の愛好する美のイデアから哲人王の支配に適合的な善のイデアへの巧妙なずらし変えが見られるのと、どこか似ていないだろうか。

だが、プラトンの名誉のために言えば、彼はハイデガーより数段徹底している。

まず、ハイデガーの場合、哲学的営為の意義はその活動性によって補塡されなければならないが（たとえば「思索こそ最高の行為である」というふうに）、プラトンには、イデアを観照する愛知者の自足性のまったき肯定がみなぎっている。また、プラトンが活動を制作に置き換えることの革命的意味を、つまりそれが活動空間としてのポリスに挑戦するものであることをはっきり自覚していたのに対して、ハイデガーはプラクシスを優遇しその根源へ遡っているかに見えて、じつはその種別性をまったく論じていない。その意味では、驚くべきことに、『存在と時間』には製作の説明はあるが、活動またはプラクシスの説明はない(11)。だがそれも当然なのである。プラトンと同じく「公共性」を世人支配と断定し「単独化」によって遮断する現存在分析論には、複数性を条件とするプラクシスを積極的に論じる余地は残されていないからである。いやそれどころか、「世人自己／本来的自己」の区別立てからすれば、人間事象に関わるプラクシスは、それが自己自身へと送り返され、本来性へと純化されないかぎり、道具的存在者との交渉つまりポイエーシスの側に送り込まれ、「頽落」の烙印を押されてしまうのである。

こうしたハイデガー哲学の問題点は、アーレントの視点をいっそう織り込むなら、さらに次のような大いなる皮肉として整理し直すことができる。

もともとアーレントが「テオーリア／プラクシス／ポイエーシス」の区別を学んだのは『存在と時間』を準備していた頃のハイデガーからであった。前章で見たように、当時のハイデガーは、テオーリアを理想とする古代存在論のうちにポイエーシス経験に根ざした「存在＝被制作性」説を読みとり、その抜本的批判を踏まえて、「実存」という彼なりのプラクシス解釈に基づく新たな存在論を構想していた。ところが、『人間の条件』を著した後年のアーレントには、そのプラクシスこそ、古代以来の政治哲学の伝統によってポイエーシスにとって代わられ、現代までその種別的意味が忘却されてきた当のものである、と思われたのである。それゆえアーレントにとっては、ハイデガーが重大視した「存在が制作の地平で了解されてきたこと」ではなく、「活動が制作によって置き換えられてきたこと」が問題の中心となった。(12)

だがそうなると、活動の条件である複数性を公共性批判によって排除しようとするハイデガーもまた、プラトン以来の「政治哲学における活動忘却の歴史」に棹差しているということにならざるをえない。(13)これに対し、古代以来のテオーリア優位の哲学的伝統には、それが近代科学の勃興によって息の根を断たれる前までは、「存在－真理－顕現－美」という根源的連関がひそんでいたのであり、その「存在」が制作の観点にすっかり従属するなどということは、近代以前にはありえなかった。むしろ「存在＝被制作性」説とは、ホッブズ、ヴィーコ以来の「真理とは作られたものである」とする近代哲学に固有な予断なのである。それればかりか、ハイデガーが存在問題の向かう先を「歴史性」や「出来事（Ereignis）」

に見定めている点こそ、政治の代替物としての歴史に肩入れする近代哲学の品質証明にほかならない。

このように「テオーリア／プラクシス／ポイエーシス」をめぐるハイデガーへのアーレントの応答は多岐にわたるが、とくにそれが「ハイデガー問題」と関わりをもつ部分を取り出せばこうなる。――テオーリアの威厳喪失から哲学を死守すべく、プラクシスに加勢を求めたはずのハイデガーが、その政治参加の大義名分とするに至ったプラトンの哲人王国家論こそ、ポイエーシスの観点によりプラクシスの意味を圧殺し続けてきた支配本位の政治哲学的伝統の原点そのものだった、と。だとすれば、これが皮肉でなくて何であろうか。

だが、今度はハイデガーの名誉のために、こう言わねばならないだろう。

ハイデガーは、「哲学の政治化」という代価を払ってまで「政治の哲学化」を企てることにより、哲学の起死回生を願った。その路線を推し進めた末の「哲学者の政治参加」のおかげで、ハイデガーは世の失笑や顰蹙を買ったかもしれない。思えば、これは「洞窟の比喩」の筋書きどおりだったのだろう。かくて、ソクラテスにあっては悲劇だったかもしれないものが、ハイデガーにあってはいかんせんパロディーとなった。だが、一般に活動というものが予測不可能で取り返しのきかない、行為者にとって不本意なドラマであるかぎり、ハイデガーの蹉跌をあざ笑うことはそうたやすくできそうにない。それよりも、この偉大な教訓ののちになお、テオーリアとプラクシスの相克を素通りしたまま、「理論と実践の統一」とか「政治哲学の復権」とか「行為論的転回」とか言い募っている哲学研究者のほうこそ、茶番劇もいいところである。さらに「学者の社会参加」や「市民に開かれた大学」や「臨床哲学」も、似たり寄ったりであろう。私が先ほど「思い上がり」と述べたのは、この意味においてである。

では、アーレントはどうだったか。この点につき最後に付言しておこう。

アーレントは、ハイデガー批判の底意を秘めて、独自の政治哲学と革命の哲学を企てようとした。そしてそのためには、「政治」や「革命」の積極的意味を明らかにしなければならないと考えた。それと並んで、またそれに劣らず、プラクシスと異なるテオーリアの種別性を明らかにすることが重要だと考えた。こうして生まれたアーレントの主著が、一方では『人間の条件』と『革命について』であり、他方では『精神の生』であった。

註

〔1〕本章は、前章に収めた一九九八年一一月の日本現象学会のワークショップ提題と一九九九年二月のハイデガー研究会での発表に続くものとして、一九九九年一〇月三一日刊の『現象学年報15』に寄稿した「制作と哲学、制作と政治――「ハイデガーとアーレント」のために」に基づく。

〔2〕たとえば、アーレントは例によって平然と、「政治的領域に入った者は誰でも、まず自分の生命を賭ける心構えがなくてはならなかった。生命にあまりに執着するのは自由を妨げたし、それこそ奴隷のまぎれもな

い印であった」（HC, 36）と述べている。この発言についていける「勇気」を持った政治家や政治理論家が、現代どれほどいるだろうか。

〔3〕この三つ巴の「〜できない」は、『存在と時間』の良心論でハイデガーが分析してみせた「非力さ（Nichtigkeit）」（SZ, 283ff.）という最深の実存規定にみごとに符合している。非力さは、現存在の存在の三重の襞《ひだ》である「被投性」、「企投」、「頽落」のいずれの契機をも染め抜いているとされるが、それをアーレントは、活動の欠陥である「取り返しのつかなさ」、「予測不可能性」、「匿名性」という三重の苦境に捉え返しているのである。ただし、両者のあいだには、むろん決定的な差異がある。ハイデガーの「実存」が単独化された個人にあくまで定位しているのに対して、アーレントの「活動」は、複数性における公的共存を意味しているからである。アーレントの視点からすれば、ハイデガーの「本来的実存」とは、孤独な思考への没入でしかないだろうし、ハイデガーから見れば、アーレントの「活動」とは、公共性を支配している世人への引きこもりということになろう。この違いは、ハイデガー言うところの「時間性」のレベルにおいていっそう際立ってくる。『人間の条件』では、過去の「取り返しのつかなさ」と未来の「予測不可能性」を救済する活動本来の打開策として、本質的に対他依存的でしかありえない「赦し」と「約束」がそれぞれ配されるが、『存在と時間』のうちにこの両者に対応する時熟様態をあえて探すとすれば、それはむしろ非本来的とされる「忘却」と「予期」なのである。

〔4〕近代認識論の末裔たる「歴史の物語論」が通用するのは、「観念」の次元で何とか的転回を売り物にする講壇哲学界くらいであって、人間関係の網の目のただなかに勃発する「出来事」のリアリティにはまったく歯が立たないように思われる。

〔5〕アーレントは「活動（action）」や「行為（deeds）」とつねにワンセットで「言論（speech）」や「言葉

（words）」を考えるから、こうも言えるだろう。日常言語を「規則に従う」というモデルに当てはめて論じる言語哲学的言説も、プラトン以来の政治哲学が伝統的に内蔵してきた「支配－服従」図式にはまり込んだままだ、と。

〔6〕伝統的「支配」概念への異議申し立てとしては、フーコー『性の歴史』の第一巻『知への意志』の第四章における権力論が思い浮かぶ。これとアーレントの権力論とを比較対照する場合、両者の間にニーチェの「力への意志」説を置く必要があろう。フーコーの背後にニーチェが控えていることは周知の通りだが、アーレントもまた「力への意志」説を強く意識している（cf. HC, 203; 222; 225）。さらに、ニーチェとの対決を試みたハイデガー中期の「力」についての思索も、この連関に位置づけることができる。たとえば、一九三八／三九年の遺稿『省察』の第九節（*Besinnung*, GA66, 1997, 16ff.）は「作為（暴力、権力、支配）」という標題を掲げているが、こうしたテーマ設定はそのままアーレントの政治哲学的省察に引き継がれていると言ってよい。

〔7〕本章では、『人間の条件』第三一節におけるプラトン解釈に焦点を絞るが、前章で見たように、『人間の条件』第一九節でアーレントは、イデア論が制作経験を基盤としていることを指摘している。さらに、イデアの観照という側面が制作過程にもひそんでいることは、『人間の条件』第四二節で論じられている。第三一節はこれら前後の説明によって準備され、補完されていることが分かる。なお、『過去と未来の間』所収の論文「権威とは何か」の第二節でも『人間の条件』第三一節と酷似した「善のイデア」解釈が展開されており、そこではソクラテス問題つまり哲学と政治との相剋が、プラトンの思索の原点として表立って位置づけられている。

〔8〕たとえば、藤沢令夫（『プラトンの哲学』、岩波新書、一九九八年）は次のように述べている。「イデアの諸

例が列挙される場合に、そのなかで「善」だけが別格であることをいささかでも示唆するような点は、何も見られない」（一二六頁）。「イデア自身がさらに「善」によって根拠づけられているという、この構図そのものは、どのようなことを意味しているのだろうか」（一二四頁）。アーレントはまさにこの疑問に対して、「イデア論の政治哲学的変形」という解答を与えているのである。

〔9〕ハイデガーの哲学観の問題点を扱った拙論二篇を挙げておく。「哲学の実存」（哲学会編『現代における哲学の意味』哲学雑誌第一一〇巻第七八二号、有斐閣、一九九五年、所収）、「ハイデッガーにおける学問と政治——『ドイツ大学の自己主張』再読」（ハイデッガー研究会編『対話に立つハイデッガー』理想社、二〇〇〇年、所収）。拙著『ハイデガーと哲学の可能性——世界・時間・政治』法政大学出版局、二〇一八年、に第十章、第十一章として収録。

〔10〕GA24, 400ff.; vgl. GA26, 237f. u. GA9, 160f.

〔11〕J. Taminiaux, *La fille de Thrace et le penseur professionnel. Arendt et Heidegger*, Payot, 1992, p. 51. *The Thracian Maid and the Professional Thinker. Arendt and Heidegger*, trans. By M. Gendre, State University of New York Press, 1997, p. 34. タミニョーの見解には賛同できる点が多い。

〔12〕ハイデガーの「存在＝被制作性」批判からアーレントが「活動の伝統的代替物としての制作」批判というみずからのモティーフを摑みとった点については、以下を参照。D. R. Villa, *Arendt and Heidegger. The Fate of the Political*, Princeton University Press, 1996. ただし、ヴィラの見解には、アリストテレスの位置づけなど賛同しかねる点が少なくない。

〔13〕プラクシスを論じているようでじつは論じていないのは、何もハイデガーだけではない。アーレントによると、キルケゴールから実存主義までの「近代哲学の最後の段階」は、全体として「哲学に対する哲学者

の反抗」という様相を呈しており、「一見すると観照の反対物たる活動を強調しているように見える。だが詳しく調べてみると、実際にはこれらの哲学者のうち、誰一人として活動そのものに関心を持っている者はいない」（HC, 313）。現代でも「反哲学」や「直観ではなく行為」といった空念仏はよく見かける。

第九章　死と良心
――『存在と時間』の中心部

一　死と良心について存在論的に語るということ

ハイデガーの主著『存在と時間』の中心はどこにあるか。本来の中心部となるべき第一部第三篇は書き継がれず、三篇からなるはずだった第二部もそっくり欠けたままである。それでも二〇世紀の最重要の哲学書の一つに数えられてきた既刊の第一部第一篇、第二篇のうち、第二篇後半の「時間性」と「歴史性」の議論がこの書の中心だとする見方はありうる。だが私としては、ハイデガー特有の時間性の概念が析出されてくる手前に位置する「死」と「良心」の分析こそ、『存在と時間』の核心をなすと考える。そこでは、「事象そのものへ！」という格率に見合った現象学的記述が繰り広げられている。この中心部に立ち入ることのないどんなハイデガー解釈も、その名に値するとは言えないと私は思う。

ところで、ハイデガーが『存在と時間』で取り組んだ課題は、「存在《ある》とは何を意味するか」という問いをあらたに立てることであった（SZ, 1）。その存在論再生プロジェクトの肝心要《かなめ》の箇所で、死と良心についての議論がえんえんと続くのである。それにしても、なぜ死や良心が――人間学や倫理学の主題ならともかく――存在論の主題となるのか。

第一部第二篇冒頭の第四五節でのハイデガーの説明は、こうである。――現存在分析論が根源性を主張するには、現存在の全体性ならびに本来性を押さえておく必要があるが、第一篇ではどちらも確保できていなかった。日常性から出発した世界内存在の現象学は、現存在の非本来的あり方を解明する段階にとどまっており、本来性には照準を合わせてこなかったからである。のみならず、全体性を捉えるには、「「始め」から「終わり」まで」（SZ, 233）射程に収めなければならないが、現存在は、おのれの終わりである死に、実存するかぎり、いまだ至っておらず、逆に、死んでしまえば、現存在はもう実存しなくなってしまう。そういう原理的困難ゆえにこそ、終わりとしての死を存在論的に探究すべきなのである。かくて、現存在の全体存在の可能性が見出されたあかつきには、今度はそれを本来性において確証することが求められる。その証言として引き合いに出されるのが良心なのだ、と。

死や良心を論ずるに先立って、こんな前口上を聞かされなければならないこと自体、あるいはもどかしく感じられるかもしれない。しかし、『存在と時間』を存在論の書と見なすかぎり、死と良心という主題も、あくまで存在論的観点から扱われていることを忘れるべきではない。

死という誰にとっても切実なテーマを、その切実さからは縁遠い観点から、ピンセットで扱うかのように冷やかに分析する非情さ。罪と罰、法や責任といった倫理的問題と関係する良心経験を、対他関係を脱落させて自己への気遣いに一極集中させる不遜さ。そんなアプローチをもし正当化しうるとすれば、それは、死と良心の分析において存在論的な掘り下げが成し遂げられていることを見届けたときにはじめてであろう。これが本章の目標となる。

二　死の各自性

私にとって関心の的である存在は、そのつど私のものである。『存在と時間』の読者は、この「そのつど私のものであること・各自性（Jemeinigkeit）」に付き合わされる。第一篇の最初で形式的に暗示されるこの存在規定は、徐々にあらわとなってゆき、第二篇前半に至るや、これ見よがしに強調され、「充実」される――思わず抵抗をおぼえたくなるほどに。死と良心の分析を辿ることは、各自性を会得する仕方を学ぶことでもある。

死はさしあたり、経験不可能なものとしておのれを告げる。私が存在するとき死は存在せず、死が存在するや私は存在しなくなる――このエピクロス的命題を、だがハイデガーは反転させ、私が存在しているただなかに立ち現われるとおりの死の存在を、現象学的に提示せよ、との指令へと変形する。その第一階梯として、他者の死において死はどこまで接近可能か、が吟味される。自分が死ぬのは経験できなくても、他人が死ぬことならわれわれは頻繁に見聞きしているからである。自己の死の代替問題としての、他者の死。

この自己中心的発想からして、他者を軽んずるにも程があるとの舌打ちが聞こえてきそうだが、他者の死をめぐるハイデガーの議論には、いくつもの示唆が含まれている。

まず、ひとくちに他者の死といっても、さまざまな位相があるということ。――人が死ねば、もはや世界内存在しなくなるとはいえ、死体はいまだ「客体的に存在（vorhanden）」している。この存在者はしかし、純然たる物体ではなく、命を失った生きていないものである。物理学的というより、生物学的、医学的に有意な対象である。それればかりではない。亡骸《なきがら》は、遺族にとって、葬式をはじめとする「顧慮」の対象でこそあれ、「配慮」される道具などではない。客体的に存在する当のモノが実定的な重みをもつがゆえに、逆に、遺体が行方不明になって見つからなければ、遺族にとって死を受け入れられないほどの喪失となる。

次に、そのような死者との共存在をつなぐのが、世界だということ。――たしかに死者は、もはや事実的に現存在していない。だが「共存在」とは、同一の世界にともに与《あずか》ることを意味する。「故人はわれわれの「世界」を去り、あとに残していった。その「世界」のほうから、遺された人びとはなお、故人とともに存在することができる」（SZ, 238. 強調は原文）。故人との共存在は、生者どうしの共存在に劣らず、世界に仲立ちされている。ここでカッコに入れられている「世界」とは、実存範疇としての世界であろうが、形見という意味での「「世界」」、つまり諸々の遺物が、死者と生者をつなぐ絆となることもある。

最後に、他者の死と自己の死には、非対称性があり、同列には論じられないこと。——肉親や親友との死別は痛切な経験だが、当人が死んでゆくこととは別の事柄である。「われわれは、他者が死ぬことを真正の意味で経験することはない。せいぜい「居合わせる」のが関の山である」(SZ, 239)。死別したからといって関係が一切なくなるわけではなく、死者との共存在について語ることもできるが、だからといって、死にゆく人自身の存在可能性としての死ぬことを、ともに経験できるわけではない。他者の死なら経験可能だから、それを自己の死の代わりに主題に据えよう、という抜け道は、自他の非対称性ゆえに塞がれている。「現存在は他の現存在と任意に代替可能であり、それゆえ自分の現存在においてあくまで経験できないことも、他人の現存在においてなら近づきうるのだ」(SZ, 239)とする考え方そのものが、批判されねばならない。なるほど特定の仕事やポストに関してなら、代理可能性はあまねく成り立っており、われわれの日常的共存在に本質上属しているほどである。だが、現存在がおのれの死を死ぬことに関しては、代理がまったくきかない(1)。「他人が死んでゆくことを、その人から取り去ることは、誰にもできない」(SZ, 240. 強調は原文)。あたかも、死の各自性は人格の尊厳の最後の砦であるかのようである。

この各自性の強調は、「犠牲」を積極的に論じようとする向きには、評判が悪い。他人のために自分の尊い命を犠牲にする利他的行為が、侮辱されたかのように響くからであろう。だがハイデガーは、いくら犠牲を払ってもムダだと言っているわけではない。他人のために身を擲《なげう》つことにも意味はあろうが、それはあくまで「特定の事柄において」でしかない、と言っているだけである。死すべき者から死すべき定めを取り去ることは、誰にもできない。このトートロジー的命題は、宗教や政治において煽情的に語られる「犠牲」の言説に流されないために、肝に銘じるべきであろう[2]。

死の存在論的究明にとっての最初の関門たる各自性は、こう定式化される。「死を、各々の現存在はそのつどわが身に引き受けなければならない。死は、それが「存在する」かぎり、本質上そのつど私の死である。〔…〕死は存在論的に各自性と実存によって構成される」(SZ, 240)。各自性は、隣人の死に立ち会ったり、身代わり行為を評価するうえでも欠かせない。各人がおのれの死を死ぬことが問題だからこそ、逝去や犠牲が重大だと受け止められるのだから。

三　終わりへとかかわる存在

さて、各自性によって規定された実存とその終わりとの一対一の対応関係をいっそう追跡すべく、終わり、ひいては全体性についての吟味が、第四八節で試みられる。

ハイデガーは、「まだない・未了 (Noch-nicht)」という不断の未完結性が現存在に属することは否定しない。だがその「未了」性格を、満たされるべきものが欠けている未完了状態としての「未済 (Ausstand)」として特徴づけることには異を唱える。なぜなら、実存現象としての死は、たとえば借金の未返済分といった意味で「未済」ではありえないからである。残金が回収されて完済されたからといって、「総計

(Summe)」は存在性格を変えはしないが、現存在の場合、未了が満たされると、一緒に存在するどころか、もはや存在しなくなってしまう。未済や総計は、現存在にふさわしくないカテゴリーなのである。では、終わりによって「全体(Ganzes)」のあり方が規定されているような存在者は、他にはないであろうか。ここでハイデガーが持ち出してくる具体例が、果実の「生成」である。

月が満月でなく欠けているという場合の「未了」は、知覚可能かどうかという認識の問題にすぎない。これに対し、生成しつつ存在する果実が「未熟」であるのは、存在のあり方として「未了」なのである。ここまでは現存在の「未了」と似ている。ではその先はどうか。青白かったリンゴが、赤みを帯びて熟し、終わりに達する。成熟でもって、果実はおのずと完成するのである。この場合、終わりとは「完成」であり、その存在は「完全性」を意味する。だが現存在が、果実と同じ意味で完成することはない。現存在の終わりである死は、成熟を何ら意味しないからである。現存在はなるほど「生涯を全《まっと》うする」が、だからといって可能性を汲みつくしたわけではなく、むしろ可能性を奪われる。「未完成」の現存在だって終わるし、逆に、死ぬ前に成熟をとうに踏み越えてしまうこともある。「現存在はたいてい未完成のうちに終わるし、もしくは崩壊し憔悴して終わる」(SZ, 244)。

果実の成熟と現存在の死とを対比して、ハイデガーはこう結論づける――「終わることは、おのずと完成することを、必ずしも意味しない」(SZ, 244)。ついに完成を意味しない終わりであるのが、死である。そうした終わりを孕んだ現存在の存在は、完全性という存在性格をもたない。この主張には、伝統的存在概念を転覆しようとする野心がひそむ。

古来、存在は「終わり（*telos*）」のほうから理解されてきた。その場合の「テロス」には、「目的」とともに「完全性」という含意があった。非の打ちどころのない完璧さをそなえているものこそ、真に存在するものだと考えられてきたのである。そのさい、本来的に完全な存在者として神が想定されたのは、言うまでもない。全体としての「世界《コスモス》」は、完全性を示す――これが、アリストテレスに代表される目的論的世界観の根幹であった。

ハイデガーは、このテロス本位の伝統的存在概念を換骨奪胎しようとする。完全性と相容れない全体性というものがあることを証示する一方、終わりへの定位は手放さず、決して完成を意味しない終わりに着目することによって。「死でもって言われている終わることは、現存在が終わりに達すること（Zu-Ende-sein）を意味するのではなく、この存在者の終わりへとかかわる存在（*Sein zum Ende*）を意味する」（SZ, 245. 強調は原文）。これは、アリストテレス以来のテロス本位の存在概念に対する大胆な挑戦だったのである。

「終わりへとかかわる存在」は、まだ終わっておらず不断に終わりつつあるということがそのつど全体性をなす、という独特の存在のあり方を示す。それが、アリストテレスの「現実態（*energeia*）」とりわけ「終局態（*entelecheia*）」という存在概念に、どこまで匹敵しえているか、は未決定のままとしておこう。ハイデガーがアリストテレスとの対決を志していることは、エネルゲイア概念が「デュナミス」つまり可能態と対比されたのと似て、死を「可能性」として性格づけていることからも明らかである。アリストテレスでは現実態が可能態に先立つのに対し、ハイデガーにおいては、むしろ可能性が現実性に先立つ。そのような実存範疇としての可能性が、死の相のもとに全貌を現わすのである。

なお、その一歩手前の概念整理において、「死へとかかわる存在」を浮き立たせるべく、三様の概念が提案される。生き物が「終焉すること（Verenden）」、人間が「落命すること（Ableben）」、現存在が「死亡すること（Sterben）」である。これを、「三人称の死」、「二人称の死」、「一人称の死」という区別立てになぞらえることもできようが、ハイデガーの存在論的区別は、あくまで現象学的に汲みとられている。死へとかかわる存在の別名である「死亡する」とは、おのれの死を死ぬことであり、死ぬことの相関者としての死が問題となる。可能性という様相のもとで死が立ち現われてくるのは、ここである。

四　可能性への先駆

まずハイデガーはここでも「未済」に反面教師的な手がかりを見出す。死は、やがて帳消しにされる客体的存在者の「未済（Ausstand）」を意味するのではなく、現存在にそのつどすでに切迫している。だが、死を「切迫（Bevorstand）」として性格づけるだけでは十分ではない。他にもさまざまなものが切迫しうるからである。現存在自身の存在可能性としての死が、際立った切迫であることを、ハイデガーはここで執拗に洗い出す。死は、現存在各自がみずから引き受けねばならない存在可能性である。他者との関係が言うことをきかなくなるこの極端な可能性を、追い越すことは誰にもできない。「最も固有で、没交渉的で、追い越しえない可能性」（SZ, 250）——死の実存論的概念はこう素描される。

気遣いの第一契機「おのれに先んじて（Sich-vorweg）」は、そのように切迫する可能性としての死へとかかわる存在において、根源的に具体化される。しかも現存在は、実存するかぎり、死という可能性に投げ入れられている。この「死への被投性」を根源的に明らかにするのが、不安という情態性である。死への不安を、落命への恐れと混同してはならない。さらに現存在は、さしあたりたいてい死から逃避し、最も固有な可能性としての死を隠蔽している。死へとかかわる存在は、頽落によって日常的に規定されている。

次いでハイデガーは、この日常的な「死へとかかわる存在」を、死についての語りに着目して掘り下げようとする。「ひとは結局いつかは死ぬ。しかしさしあたって自分自身には関係ない」という他人事的な語り方が、吟味にかけられる。ひとは死ぬものだと言い合いつつ、この私には関係ないと、誰しも内心思っている。「ひと」とは誰でもあって誰でもないから。そのように死を隠蔽したがること自体が、この可能性が不断に切迫しており、それが各自にとっての関心の的となっていることを暴露している。頽落的空談という仕方で、死がおのれを告知しているのである。隠蔽現場にこそ、まぎれもなき証拠がひそむ。

続いてハイデガーは、死の実存論的概念を仕上げるべく、今挙げた空談の後半部分「いつかはそうだが、さしあたりはまだ関係ない」の分析へと向かう。その曖昧化のうちに問わず語りされているのは、死の確実性である。なるほど、いつやってくるかも分からない宙ぶらりんの可能性には、蓋然性ならともかく、別様の否定という意味での「必当然的（apodiktisch）」確実性を帰することは、できそうにない。だがハイデガーは、ここでいわば開き直る。日常的現存在は、死の確実性を、「純粋に理論的な省察において真だと思っているのとは別の仕方で、やはり確実だとさとっている」（SZ, 258）のだ、と。「いつかは」の無規定性も、その隠蔽傾向を逆手にとれば、「あらゆる瞬間に可能」と言い換えられる。かくて死の完全な実存論的概念が、「最も固有で、没交渉的で、確実で、それでいて無規定的な、追い越しえない、現存在の可能性」（SZ, 258f.）として得られた。

「死は、現存在の終わりとして、おのれの終わりへとかかわるこの存在者の存在のうちで、存在する」（SZ, 259. 強調は原文）。この言明により、死の存在論的分析はひとまず落着する。だが、死の分析の本来のねらいは、現存在の全体性を確保することにあった。現存在にふさわしい終わりとしての死によって補完されつつ、現存在の全体存在が、「おのれに先んじて」を内蔵する気遣い構造と両立しうるものとして、いよいよ姿を現わすのでなければならない。だがその前に考慮すべきことがある。これまで特徴づけられた日常的な「死へとかかわる存在」は、頽落的、非本来的なそれであった。本来的な「死へとかかわる存在」は果たして可能か。この実存的可能性の実存論的条件が明らかにされるべきである。

以上を踏まえ、第二篇第一章の最終第五三節では、本来的な「死へかかわる存在」の実存論的「構想・企投（Entwurf）」が目指される。この試みは、空想上の無謀な企てではあるまいかと、ハイデガー自身自問しているほどである。現存在はつねにすでに死へとかかわって存在しているが、さしあたりたいていは逃避的な仕方においてである。可能性としての死に、いかにして本来的にかかわるのか。そもそもそんな接近が可能なのか。この疑問に答えるには、まず、本来的な「死へとかかわる存在」を実存論的に描き出し、次いで、その実存的可能性を証示してみせる、という二段構えが必要である。第五三節で取り組まれるのは、第一段階であり、第二段階は次章へ持ち越される。

　さて、死へとかかわる存在の相関者としての死は、可能性としてあらわになった。本来的な「死へとかかわる存在」がありうるとすれば、それは、この可能性としての死を、隠蔽するのではなく、可能性として露呈させるものでなければならない。可能性を現実化したり（たとえば自殺）、現実性に鑑みて可能性を待ち受けたり（たとえば予期）するのは、不適当である。「死へとかかわる本来的な存在においては、〔…〕可能性は弱められず、可能性として理解され、可能性として仕上げられ、〔…〕可能性として持ちこたえられるのでなければならない」（SZ, 261）。そのように可能性を可能性として遇するあり方のことを、ハイデガーは「可能性への先駆（Vorlaufen in die Möglichkeit）」（SZ, 262）と名づける。先駆という仕方で近づけば近づくほど、それだけ死は、現実性からは遠ざかり、可能性として高まる。「死への先駆」という意味での本来的な「死へとかかわる存在」こそ、求められている全体存在にほかならない。

　死への先駆は、さしあたり存在論的企投の考案物にすぎないが、だからといって具体的肉付けを拒むわけではない。先に得られた死の完全な実存論的概念の諸契機にそくして、それと相関的なあり方の本来形をなす死への先駆が、一つ一つ概念的に彫琢されてゆく。ここでも各自性が本領を発揮する。なかでも注目すべきは、「追い越しえない」可能性という契機に対応する、先駆の次の性格づけであろう。「追い越しえない可能性への先駆は、その手前に横たわるすべての可能性をともに開示するがゆえに、先駆のうちには、全体的現存在を実存的に先取りする可能性が、すなわち全体的な存在可能として実存する可能性が、ひそんでいる」（SZ, 264. 強調は原文）。死によってふちどられたあらゆる可能性を一挙に開示するからこそ、先駆は、現存在の全体性を確保しうるのである。

さらに注目すべきは、「確実な」という契機、つまり死の確実性である。この確実性は、必当然性という理論上の最高の確実性に後れをとるものではない。死の確実性は、客体的存在者に関する明証の段階にはそもそも属しておらず、そのいかなる段階よりも根源的なのである。「というのも、それは、世界内存在を確実だとさとることだからである」（SZ, 265）。死への先駆とは、おのれの存在自身とじかに触れ合う経験であり、破格の真理現象をなす。先駆は、真理を与えると伝統的に見なされてきた「直観」とは異なりながら、その直観の優位を揺さぶることで、真理概念自体に風穴を空けるという役目を担わされている。

最後に、かくも最高度に確実でありながら「無規定的」な可能性である死へとかかわる本来的あり方は、「不安」によって気分的に規定される。「不安において現存在は、おのれの存在の可能的な不可能性という無の前に情態的におのれを見出す」（SZ, 266）。不安においてはじめて、「死への自由」という境地が情熱的に開かれてくる。

以上のように、死へとかかわる本来的な存在は描き出される。だが、本来性がどこかにごろっと客体的に存在するなどありえない。本来性が非本来性の実存変様であるかぎり、あくまでそれは各自の実存において摑みとられるほかはない。実存論的に構想されたものが、絵に描いた餅にとどまるものでないとすれば、現場でじかに取り押さえられるのでなければならない。本来性のそうした実存的証拠をなすのが、良心なのである。

五　気遣いの呼び声としての良心

求められているのは、現存在自身がその実存可能性において証しする本来性である。そのような実存的「証し（Bezeugung）」と見なされるのが、良心という日常的になじみの現象である。

良心分析は、次の現象的実情から出発する。「良心は「何ごとか」了解するようほのめかす。すなわち開示する」（SZ, 269）。良心の開示性は、「語り」の一種として記述される。語りには一般に、⑴語りの糸口たる、語りかけられている存在者、⑵語られている内容そのもの、⑶他者への伝達、という契機が属する。良心の呼び声において、⑴語りかけられているものは、現存在自身である。日常的に道具を配慮しつつ他者と共存在している世人《ひと》‐自己が、呼びかけられるのである。では、良心によって呼び伝えられる、⑵語られている内容は、と言えば、「厳密には――何もない（nichts）」（SZ, 273）。呼び声は、何の言明も情報も与えず、呼びかけられた自己をもっぱら自己自身へと呼び開くのみである。「良心はひたすら不断に、沈黙という様態において語る」（SZ, 273）。それゆえ、⑶伝達といったことも期待できない。だからといって、呼び声は曖昧ではありえず、一義的であり、そこに誤りの可能性はない。良心とは、まさに「全的に知ること（Ge-wissen）」なのだ。

良心を知の極致と見なす試みとしては、ヘーゲルの議論が有名だが、ハイデガーの良心論は、弁証法的総合ではなく、現象学的遡行を本領とする。分析は高次の段階へ進むのではなく、原初の根底へと戻ってゆく。良心において、呼びかけられているのは誰か、だけではなく、呼びかけているのは誰か、が掘り下げられるべきである。一見、その答えは自明に見える。呼ばれている者も呼ぶ者もどちらも現存在自身だ、と答えればよさそうだから。だが、現存在が自分自身を呼ぶ、とするだけでは不十分である。たんなる主客関係にとどまらない、呼ぶことと聴くことの応答関係こそ、問題の中心なのである。

良心において誰が呼ぶのか。これを考えるうえで手がかりとなるのは、次の現象的実情である。「呼び声は、私から、やって来るのだが、それでいて、私に降りかかって来る（Der Ruf kommt *aus* mir und doch *über* mich）」[3]（SZ, 275. 強調は原文）。この über mich kommen は「私に降りかかって来る」の意であり、「私を超えて来る」と訳すのは不適切である。

まず、ドイツ語として über jemanden kommen という表現は、「（感情などが）誰かを襲う」という意味である[4]。また、文脈からしてもここでは、呼び声が現存在ならざる何者か——神とか公共的良心とか——から発せられると解する、ありがちな良心解釈が批判されている。なるほど、呼ぶ者は、呼びかけられる者たる現存在とは一線を画している。そこに何らかの隔たりや差異を見出すことは重要であろう。しかしだからといって、呼び声は私を「超越」しているわけではない。少なくともハイデガーの記述はそうなっていない。良心は、あくまで私自身からやって来るにもかかわらず、私の「意に反して」（SZ,

275)、私自身に向けて、じかに突きつけられる。呼び声に不意に見舞われる良心経験の無媒介性・直接性、ひいてはその真理性が、über mich kommen という表現には含意されている。

　じっさい、先の現象的実情は、次のように再定式化される。「呼び声が、私からやって来ては私に降りかかって来つつ、私に宛てられるということ（daß der Ruf aus mir über mich kommend an mich ergeht）」（SZ, 275）。「良心の呼び声が、現存在自身からやって来つつ、ひたすらこの存在者に向けられるとすれば（wenn der Ruf des Gewissens, aus dem Dasein selbst kommend, einzig an dieses Seiende sich richtet）」（SZ, 287）。――いずれも、「私から発しながら、それでいて私に宛てつけられる」という自己反転性・再帰性が強調されている。

　「良心は、その根本と本質とにおいて、そのつど私のものである」（SZ, 278）。そういう私にかぎりなく近しいはずのものが、内的なよそよそしさを圧倒的に孕んで、私の内奥に突き刺さってくる。私は、自己同一性の一枚岩などではなく、おのれの内に無気味なものを宿し、おのがダイモーンの声にふと呼び止められる。だからこそこう語られる――「それが私を呼ぶ」（SZ, 277）と。良心とは、私の存在そのものをなす「気遣い」の呼び声にほかならない。では、かくも無気味さを湛《たた》えた私の存在とは、いかなるものでなければならないか。これが問題である。

六　非力な根拠であること

呼ぶ者と呼びかけられる者がともに現存在自身である良心が、了解するようほのめかすのは何か。呼びかけの了解とは何を意味するか。注目すべきことに、いかなる良心経験も、異口同音にこう述べる。呼び声は現存在を「負い目あり（schuldig）」と見なすと。だがもちろん、それが答えではありえず、「負い目ある存在（Schuldigsein）」に関する実存論的分析が着手される。現存在の存在である「気遣い」の概念が、深化を蒙るのはここである。

ここでもやはり、日常性が、とりわけ日常的な語りが、分析の出発点とされる。「負い目ある存在」は、さしあたり、①「誰かに借りがある（Schulden haben bei ...）」という意味に解される。また、②「何かに責任がある（Schuld haben an ...）」という意味もある。①と②が組み合わされた「借りがあることに責任がある」ことにより、③法に違反し、「罰せられるべきものとなる（sich strafbar machen）」場合もある。さらに、そのような「罪」が、④「他者に対して罪を犯す（Schuldigwerden an Anderen）」という性格をもつこともある。ただしこれが生ずるのは、法に違反すること自体によってではなく、他者を害した責任が私にあることによってである。この「他者に対して罪を犯す」という優れて倫理的な意味での「負い目ある存在」の形式的概念は、「他者の現存在における何らかの欠如にとっての根拠であること（Grundsein für einen Mangel im Dasein eines Anderen）」（SZ, 282）となる。

しかるにハイデガーは、このように「欠如」という仕方で、つまり倫理的要求の違反として、負い目ある存在を特徴づけても、存在論的には何ら得られるところはない、と断じ、むしろ「負い目あり」の理念を形式化すべく、他者との共存在に関する通俗的な負い目の概念は脱落させなければならない、とする。この脱倫理化も、他者との関わりを忽《ゆるが》せにすると、多くの論者から不評を買ってきたが、ハイデガーの言い分は、「欠如」という消極的規定によっては、「負い目あり」に固有な「非（Nicht）」という性格を逸してしまう、という点にある。「欠如（*sterēsis*, privatio）」、つまり本来あるべきものが欠けている、という「非」の捉え方は、古代存在論以来、支配的であり続けてきたが、それはあくまで客体的存在者の存在理解の地平から汲みとられており、現存在の存在そのものにひそむ「非」を実存論的に性格づけるには適していない、とされるのである。

そこで、「負い目あり」の形式的に実存論的な理念は、「何らかの非によって規定された存在にとっての根拠であること」、すなわち「非力さの根拠であること（Grundsein einer Nichtigkeit）」と規定される（SZ, 283）。「非力さ」という「非性（Nichtheit）」が、実存範疇として提起されるのである。おのれの存在を決して意のままにできない非力な根拠（nichtiger Grund）――底の抜けた根拠（Ab-grund）――たることをどこまでも引き受けて存在せざるをえないこと、ここに「根源的な負い目ある存在（das ursprüngliche Schuldigsein）」概念が見届けられる。存在するかぎりおのれの存在へと委ねられ、おのれの被投的な根拠であらざるをえないこと。あれかこれかの可能性のどちらかを選びとるとき、他の可能性は断念するほかないこと。頽落という非本来的実存の可能性に晒されることを、余儀なくされること。――気遣いの構造の全体は、かくも非力さに染め抜かれている。

実存には、各自性とともに、非力さの影がさしている。この真実が露呈するに及んで、実存の遂行としての現存在分析論は、底なしの底に達する。各自性と非力さに等根源的に規定された現存在の存在は、第二篇後半で「有限性」という存在規定において捉え返されるが、「時間性」という存在意味をおびるに至る。完全性（テロス）や欠如（ステレーシス）といった伝統的存在規定をカッコに入れ、実存にふさわしい存在カテゴリーを獲得しようとする存在論的企図は、死と良心の分析を経てはじめて遂行されうるものだったのである。[5]

七　先駆的決意性という関門

良心分析は、「非力さ」を摑むことで最深の基底に達する。だがそこで終わるのではない。根源的な負い目ある存在を了解することは、邪悪へと呼び開かれることではなく、おのれの負い目ある存在に対して自由であることを選びとること、すなわち「良心を持とうと欲すること（Gewissen-haben-wollen）」（SZ, 288）だと規定される。次いで、非力な根拠であることを了解させるようほのめかすのが良心だとする実存論的解釈は、通俗的良心解釈に照らしても正当であることが説明される。そのうえでハイデガーは、おのれの負い目ある存在に対して身を開くという際立った開示性のことを、「決意性（Entschlossenheit）」

と名づけ、そこに、「本来的であるがゆえに、最も根源的な、現存在の真理」を見出す（SZ, 297）。この実存の真理のうちにある現存在は、そのつどの「状況」のただなかで、「決意した現存在として、すでに行為している」（SZ, 300）。この決意性と結びつけられて先駆が「実存的様相化」（SZ, 305）を蒙るとき、「先駆的決意性（vorlaufende Entschlossenheit）」という、求められてきた現存在の本来的全体存在が達成されるに至り、実存論的分析は頂点を迎える。その議論を追うことはもはやできないが、この局面で重大な問いが焚きつけられるのは避けがたい。つまり、存在者的／存在論的、もしくは実存的／実存論的の区別は、どこまで有意か。

存在論のゆくえを左右するこの自省的反問は、『存在と時間』以後「メタ存在論」の主題としてはじめて生ずるのではなく、当の区別が駆使された主著の核心部分でまさに関門となる。本来的全体存在の実存論的可能性と、その実存的な証しが、「先駆的決意性」として一つに結び合わされるこの要所は、解釈者を悩ませてきた難所でもある。ひとたび実存的／実存論的を区別しておきながら、それを一つに結び合わせるのは容易でない。本来的／非本来的の区別も、先駆的決意性という関門を経由して、時間性の議論へと運び入れられ、第二篇後半でも維持される。だが、実存に定位したその区別は、時間性の存在論的射程にとって、ひいては存在一般の「存在時性（Temporalität）」の解釈にとって、足枷《あしかせ》となりかねない。にもかかわらず、『存在と時間』において先駆的決意性が時間性の意味源泉であったことも、また確かなのである。かくも前途多難なせめぎ合いが、先駆的決意性という観念複合《コンプレックス》にはひそんでいたのである。

註

〔1〕もちろんこれは、代理不可能なのは死のみだということではない。代理可能性が「分業」の可能性の条件として一般に成り立つ一方で、代理不可能性は、生身で行なうことすべてにおいて原理的に成り立つ。摂食、排泄からしてそうであり、快苦などの感覚もわが身で味わうほかはない。さらに、考えることは、自分で考えることであるかぎり、代理がきかない。

〔2〕献身が枢要な同情徳目に数えられる時代には、贖罪や靖国といった昔ながらの大義名分に加えて、臓器ドナーから原発事故処理決死隊まで、挺身殉死が美化される事例には事欠かない。

〔3〕参考のために、主な邦訳を挙げておく。「良心の呼び声は、私の内から、しかも私を越えて聞こえてくる」（細谷貞雄訳）。「その喚び声は私の内から而も私を超えて来る」（辻村公一訳）。「呼び声は、私のなかからやってくるのだが、しかもそれでいて私のうえへと襲ってくる」（原佑・渡邊二郎訳）。「呼び声は私のうちから到来し、しかも私を超えて到来するのだ」（熊野純彦訳）。「呼び声は私の内からやって来るが、それでいて私に襲いかかって来る」（高田珠樹訳、強調欠ママ）。高田訳が的を射ているように思われる。

〔4〕たとえば、Ein Gefühl des Friedens kam über sie.（深い安らぎの気持を彼女はおぼえた。）Manchmal kommt es so über ihn.（時おり彼はそういう〔鬱屈した〕気持になる。）Ein schweres Unglück ist über ihn gekommen.（彼はひどい不幸に見舞われている。）一番目と二番目の文例は、小学館独和大辞典より。三番目の文例は、Wahrig Deutsches Wörterbuch より。

〔5〕ここで、『存在と時間』の記述をはみ出すコメントを差し挟んでおこう。良心論で語られる「根拠」という言葉には、「始まり」の含意があることに注目したいのである。

ドイツ語の Grund には、「土地・根底・根本・根拠・理由」といった豊かな意味があるが、この語自体に、「始まり」という意味合いは希薄である。だが、gründen という動詞には、「創設する」という意味がある（Gründer とは「創設者」の意）。ギリシア語で「始める」という意味の動詞 *archein* の名詞形 *archē* は、「始まり・原初」の意味をもつとともに、「原理・原因・根拠」の意味もある。ハイデガーは *archē* を、「始まり・原初」の意の Anfang というドイツ語で表わすが、Grund という言葉を用いる場合にも、*archē* の意味が鳴り響いている。根拠論は原初論でもある——どちらも「アルケー」の探究であるかぎりにおいて。

　良心分析において、実存にふさわしい「非力さ」が取り出されたが、それが「欠如」という「無」の規定にとどまらない積極性をそなえているとすれば、その積極性は、非力さが「始まりの非性」という意味をもつ点にあるように私には思われる。その場合の「非」とは、同時に、実存にふさわしい「自由」を意味する。あるべきものが欠けているという消極的理解には収まりきれない実存論的「非性」とは、始まりゆえに没根拠であらざるをえないという本性を肯定されるべき人間的自由の謂いであったと考えられよう。

第十章　良心をめぐって

——ハイデガーとアーレント

一　良心という対決現場——『エルサレムのアイヒマン』から

アリストテレスがプラトンに、ハイデガーがフッサールに挑戦したように、アーレントはハイデガーに挑戦した。西洋哲学史を形づくる華々しい師弟対決の一つがここにある。本章では、「良心」という主題に焦点を絞り、このテーマをめぐってハイデガーとアーレントが交わしたとおぼしき対話に、耳を澄ますことにしよう。

良心論が、死の分析とともに『存在と時間』の中心部をなすことは、前章で見た。では、アーレントの場合はどうか。二〇世紀の奇書『エルサレムのアイヒマン』では、まさしく「良心」が問題にされる。ナチのユダヤ民族絶滅政策の担当官であったオットー・アードルフ・アイヒマンに「良心」はあったのかという、のっぴきならぬ問いの形においてである。

ハイデガーへの言及のないこの本で、さしあたって気になる箇所は、ナチ・ドイツで高い地位を保持しながら「自分は内心ではいつも反対していた」と回顧する自称「国内亡命者」たちについての、アーレントの次のコメントである——「たしかに主観的には誠実だった或るかなり名の知れた「国内亡命者」が、自分の秘密を守るためには「外部に対しては」普通のナチよりナチらしく振舞わねばならなかった、とかつて私に言った」(EJ, 127)。べつにハイデガーのことを指しているのではないだろうが、戦後のハイデガーがいかにも言い出しそうな言い訳ではある。また、「自分が官位にとどまったのは、もっとひどいことを防止するためにほかならなかった、つまり事態を「緩和」し「本物のナチ」が自分の後釜にすわることを防ぐためだった、と今日主張している多くの官吏」(EJ, 128) という言い方は、一九三三年のフライブルク大学学長就任はやむをえなかったのだ、と当時を振り返るハイデガーの回顧に酷似しており、ニアミスみたいにヒヤッとさせられる。

アーレントは『エルサレムのアイヒマン』で、「最終的解決」の担当役人が自分の行なっていることについて呆れるほど「考えなし」であったことから、思考停止が道徳的判断停止ひいては良心の欠如を生む、と指摘した。ここで素朴な疑問が沸き起こる。もしハイデガーが良心の欠如を示したとすれば、この名立たる思索者もまた「考えなし」だったことにならないか。さらには、『存在と時間』の良心論そのものが疑わしいものになってしまうのではないか。もしそうだとすれば、倫理的問題を脱落させたうえで良心現象を純然と存在論的に論じたハイデガーに、アーレントはまさに異を唱えていることになる。

この疑問は、二〇一三年に日本でも封切られ話題を呼んだマルガレーテ・フォン・トロッタ監督作『ハンナ・アーレント』を観て思い浮かぶものでもある。映画の中でバルバラ・スコヴァ扮するアーレントが、ハイデガーとの思い出を回想するシーンが幾度も出てくる。そこに描かれる主人公の葛藤の質とは、いかなるものだったか。言行不一致の旧愛人の不誠実さに苦悩するヒロインのメロドラマ的トラウマ以上のものが、そこに見出せないとすれば、二人の関係は、結局のところスキャンダルの域を出ないことになってしまう。

以下では、ハイデガーとアーレントの哲学的対決の主戦場の一つにどこまで迫れるか、試みたい。まず、『存在と時間』の良心論が『活動的生』の行為論に引き継がれたことを瞥見し、次いで、『精神の生』第一部『思考』に別の仕方で継承されたことを確認する。複数性を思索の事柄に据えたアーレントの格闘が、そこに浮かび上がってくることだろう。

二　ゲーテの箴言を起点として――行為の非力さ

「罪と罰、法や責任といった倫理的問題に通ずる良心現象を、対他関係を脱落させて自己への気遣いに一極集中させる不遜さ」。前章の最初でそう評した『存在と時間』の良心論は、これまで多くの非難を浴びてきた。複数性を人間の条件に据えるアーレントも、ハイデガーの没倫理性を論難した、と考えたくなるところだが、そう決めつけるのは少し早い。

なるほど、アーレントは『エルサレムのアイヒマン』で「良心」を、「正不正を弁別する能力」(EJ, 26; cf. EJ, 104) と言い換えており、良心問題を一貫して「道徳的問題」(EJ, 91) として捉えている。それどころか、良心問題と関連づけられる「考える能力の欠如」を、「誰か他の人の立場に立って考える能力の欠如」(EJ, 49; cf. EJ, 48.) と敷衍している。こうした「他者への思いやり」的良心理解は、ハイデガーの論調とはおよそ異なるかに見える。だが、別の「哲学的」テクストに目を転ずれば、アーレントがハイデガー的アプローチを受け止め、続行していることが分かる。

まずは『活動的生』の「行為」論に目を向けてみよう。「良心」という言葉こそ出てこないものの、そこには、『存在と時間』の良心論に連なる問題関心が脈打っている。

手始めに、ハイデガーの行為論の展開ともおぼしき『存在と時間』第五八節の次の箇所を見ておこう。「呼び声を了解しつつ、現存在は、最も固有な自己を、みずから選択した存在可能により、みずからにおいて行為させる。そのようにしてのみ現存在は、責任ある存在となりうるのである。しかるに、いかなる行為も事実的に必ずや「良心を欠いて」いる。それは、行為が事実的に道徳的罪過を免れないからばかりではなく、みずからの非力な企投の非力な根拠ゆえに、他者との共存在においてそのつどすでに、他者に負い目を負っているからである。かくして、良心を持とうと欲することは、良心を本質上欠くことを引き受けることとなるのであり、この良心を欠くことの内部でしか、「善」であることの実存的可能性は成り立たない」(SZ, 288. 強調は原文)。

ここで引用符付きで持ち出される »gewissenlos« は、ゲーテの箴言に由来する。そのことにハイデガーは自覚的であった。『存在と時間』刊行直前のマールブルク大学一九二五年夏学期講義『時間概念の歴史への序説』の終わり近くでは、こう言われていた。「行為者は、ゲーテがつとに述べたように、つねに良心を欠いている。良心を欠きながら私が本来的でありうるのは、良心を持とうと欲することを選択した場合だけである」(GA20, 441)。「良心を欠く」という語は、『存在と時間』の雛形となった一九二四年の講演『時間の概念』でも用いられていた(GA64, 59)。じつに、行為論へと向かおうとするハイデガーの良心論がそっくり、ゲーテの「行為の没良心性」の再解釈の試みだと言えるほどである。そしてそれと軌を一にして、行為に抜きがたくひそむ非力さを凝視しているのが、『人間の条件』――のドイツ語版『活動的生』――におけるアーレントの行為論なのである。

「行為者はつねに良心を欠いている。観察者以外の誰も良心を持たない」。これがゲーテの有名な箴言の全文である。[1] ここには、「観察・観照(*theōria*)」と「行為(*praxis*)」という伝統的区別が名残をとどめている。近代では「理論/実践」という対立図式で流通してきたが、ハイデガーはアリストテレスに遡って「観照/行為」の峻別に挑戦しようとした。

ゲーテも、「見ること/為すこと」の乖離の問題に取り組んだ近代人だった。かの箴言は、行為を没良心性ゆえに斥けているのでも、傍観者に徹し疚しくない良心を保てと勧めているのでもない。行為の結果が裏目に出ることを覚悟しつつ行為に乗り出すことを是としている。『ファウスト』の筋書き一つとっても、そう解釈できる。だからこそハイデガーは、「良心を持とうと欲すること」から「行為」へと論じ進めるまさにその箇所でゲーテの箴言を示唆し、「負い目ある存在」の「非力さ」という概念をもってすれば行為の没良心性を積極的に解釈できる、としたのである。ただ、ハイデガーの行為論は本来的自己に一極集中するあまり、他者との共存在の側面を掘り下げる点ではいかんせん物足りない。

ハイデガーは、共存在を世界内存在の構造に組み入れ、古代ポリス的な行為《プラクシス》概念を復権させた貢献大だが、世人《ひと》という非本来的公共性への批判に力を傾ける一方、「ポリス内存在」の積極面を展開するには至っていない。この点を捉えてハイデガーにおける他者不在を乗り越えようとする者たち——レーヴィットを嚆矢《こうし》とし和辻、レヴィナスに続く流れ——が、ハイデガー以後の思想潮流を形づくってきた。なかでもアーレントは、アリストテレス序論を含む一九二四／二五年『プラトン『ソフィスト』』講義や今挙げた一九二五年講義に出席した愛弟子であり、観照と行為をめぐるハイデガーの問題意識に肉迫しつつ、その先に歩み出そうとする。

アーレントの哲学的主著『活動的生』——英語版よりこのドイツ語版を優先するわけは、そのほうがハイデガーとのつながりが判然となるからである——は、複数性という行為の根本条件に正面から向き合っており、ハイデガーの世界内存在の現象学を批判的に続行している。自己と隔たった他者の他者性ばかり強調するのではなく、「共同世界・世の中（Mitwelt）」を対等同格に形づくっているわれわれ相互のあり方を問題とする。行為者が「負い目ある存在」となるのも、行為の条件をなす複数性のままならなさによる以上、その非力さを耐え忍ぶほかないからである。

ここでは、『活動的生』の行為論を詳しく扱う遑《いとま》はないが、アーレントは、「観照／活動」の上位区分を踏まえつつ、「事を為すこと・行為」を、「働くこと・労働」や「物を作ること・制作」と対照させて論じている。(2) この書の第五章「行為」で際立たせられているものは、ハイデガーがその良心論で強調した実存の「非力さ」そのものである。

行為には、労働の「必然性」や制作の「有用性」とは断然異なる「自由」が輝き現われる。行為するとは、新しく始めることであり、人間的自由を証するものである。だが、その自由なはずの行為が、行為者を縛り、がんじがらめにしてしまう。なぜか。行為が人びととともに事を為すことであるかぎり、行為はその本性上、行為者当人の思い通りには決してならないからである。これには、大略次の三相がある。(1)行為者は自分の行為を自分で作ることができず、他の人びとの協力を仰がざるをえず、その意図や思惑に左右されないわけにはいかない。また、行為している自分が、周りの人びとにどう見えているか、自分自身には摑めない。(2)何かを始めるに当たって、その行為がどのような結果をもたらすか、予測がつかない。(3)いったん為された行為は既定の事実となり、その結果は取り返しがつかない。

いずれも、行為の時間性にまつわる難点である。そうした不如意性が行為には重く伸《の》しかかることを、アーレントは行為者の「負い目（Schuld）」という言葉で説明しており、ハイデガー行為論の続行となっている。(3) 行為の袋小路《アポリア》のことを指してアーレントは、行為者は「犠牲者にして被害者」（Va, 298）だと述べる。行為にそういった悲劇性が具わっていることから、哲学者は古来、観察者たることを善しとし、行為へと赴くことを拒否してきた。自由の現われのはずの行為が、人間をがんじがらめにして終わる。そんな無残な顚末が分かっていて行為などできるものだろうか、とアーレントは問い進め、行為の難点を救う内的可能性として、「赦し」と「約束」の力を引き立たせるのである。なかでも「赦し」は、行為者同士を復讐の連鎖に捕縛する過去の行為の負債から解放し、新しい始まりを空け開く。アーレントの赦し論は、ハイデガーの「負い目ある存在」の時間論の続行と見なしうる。

良心の呼び声によって呼び開かれる負い目ある存在の「非力さ（Nichtigkeit）」とその「非性（Nichtheit）の存在論的起源」（SZ, 286）を、アーレントは行為にひそむ自由の深淵のうちに覗き見た。始まりに漲《みなぎ》る「没根拠の深淵（Ab-grund）」は、『存在と時間』以後のハイデガーにとって思索の事柄となるが、まさにその主題をアーレントは別の仕方で追究していったのである。

三　『思索とは何を意味するか』と『精神の生』第一部『思考』

『エルサレムのアイヒマン』が激しい論争を呼び起こしたとき、著者はほとんど取り合わなかった。(4) だからといってアーレントは、アイヒマン裁判において浮かび上がった「良心の問題」をやり過ごしたわけではない。このテーマは、晩年の著述『精神の生』の第一部『思考』において、執拗に追跡されてゆくのである。

よく知られているように、アーレントは『思考』の「序論」で、自分が「精神の生」のとくに「思考」という主題に取り組むようになったのは、アイヒマン裁判を傍聴して「悪の陳腐さ」について考えさせられたことが一因だった、と述べている。「私は、この行為者があからさまに浅薄であることに衝撃を受けた」(LMT, 4)。アイヒマンという人物の最たる特徴は、「何も考えていないということ」だった。この「思考の欠如」は、悪と関係があるのではないか、「善悪の問題、つまり正不正を区別する能力は、われわれの思考能力と結びついているのではないか」(LMT, 5)。

良心論が行為論へ向かうのはまだ理解できるが、「思考の欠如・考えなし」が、道徳的な善悪の区別という「良心の問題」と関係しているとは、なかなか考えにくい。ところがまさにその思考と道徳との不思議な間柄へと、アーレントの議論は分け入っていく。『活動的生』における良心論とはまた違った視角が、そこには見出されるのである。[5]

ところで、「序論」の続きでアーレントは、「精神の生」をテーマとした二つ目の理由として、『人間の条件』では「活動的生」を扱ったので、次は「観想的生」について考えようと思った、と述べている(LMT, 6)。この説明だけだと形式的に聞こえてしまうが、アーレントはもともと「活動的生」と「観想的生」の双方を偏りなく考察したいと考えていた。それは、「観照/行為」の区別に照準を定めたハイデガー譲りの問題関心でもあった。

アーレントは、戦後に再会してからも、ハイデガーから刺激を受けている。ハイデガーがフライブルク大学で戦後初めて行なった講義に、アーレントは何回か出席している。[6] その講義『思索とは何を意味するか(Was heißt Denken?)』に出てくる四つの文を、アーレントは『精神の生』第一部『思考』の「序論」のモットーとして掲げている。「1. 思考は、科学のように知をもたらしはしない。2. 思考は、役に立つ人生の知恵を授けはしない。3．思考は、世界の謎を解きはしない。4．思考は、行為への力をすぐに与えはしない」（GA8, 163）。『思考』におけるアーレントの「良心」論は、第三章「われわれを思考するようにさせるのは何か（What Makes Us Think?）」で展開されるが、この章のタイトルからして、ハイデガーの講義題目――これをハイデガー自身、「われわれに思考するよう命ずるのは何か（Was heißt uns Denken?）」と読み替える――を踏まえている。

四番目の命題「思考は、行為への力をすぐに与えはしない」では、思考と行為の関係は消極的に語られている。だがこれをもって、両者を無関係と見ているのではないことは、戦後のハイデガーの思索からして明らかである。たとえば、『「ヒューマニズム」についての書簡』は、「私たちは、行為するということの本質を、まだとても十分考え抜いているとは言えない状態にある」の一文で始まり、すぐ「思索は、みずからが思索することによって、行為しているのである。この行為は、おそらく、最も単純なものでありながら同時に最高のものである」と言い切っている。[7]ゲーテの箴言を取り上げて以来のテーマが、ここに再浮上している。ハイデガーとアーレントは、戦後も問題意識を共有し続けたのである。

もう一つ、外的証拠を援用しよう。アーレントは『精神の生』という形をとるに至る著作を準備していた頃、その本をハイデガーに献ずる許しを手紙で乞うていた。「最後に一つ、とても口頭ではできそうにない質問をさせてください。わたしはいまある本を手がけていて――『活動的生』のいわば第二巻のようなものですが――、なんとかそうなりそうな可能性はまだあります。人間の非活動的な活動である、思考と意志と判断についての本です。ほんとうに仕上がるのか、とりわけ、いつになるのかは、わかりません。ついに日の目を見ないということになるかもしれません。でも、もしも書き上げられたら——それをあなたに献呈することをお許しいただけるでしょうか[8]」（一九七一年三月二〇日付のハイデガー宛アーレント書簡）。切々たる私信に込められた、今度こそというこの献辞の願いは、アーレントの死により叶えられないままに終わった。

アーレントはしかし、ハイデガーの思考論を鵜呑みにしたのではない。『思考』は、ハイデガーをいわば末裔に見立てて、形而上学の考え方をトータルに批判した書とも取れる。第三章「われわれを思考するようにさせるのは何か」では、この問いに「ソクラテス」という範例が挙げられ（第一七節「ソクラテスの答え」）、思考は何の役にも立たないどころか、危険であることが強調される。「思考によって引き起こされる麻痺は、二重である。まずそれは、立ち止まって考えることに本来備わっていて、他の一切の活動を中断させる。〔…〕さらに思考は、ひとを茫然とさせる後遺症をもたらす。ひとたびそれに罹ると、どんな行ないにせよ考えなしに従事しているときには疑いの余地がないように思えていたことに、確信がもてなくなる」（LMT, 175. 強調は原文）。「危険でない思想はない。思想それ自体が危険なのだ」（LMT, 176）。寸鉄人を刺す箴言である。

その一方で、アーレントは逆のことも言い出す。「考えないことのほうが政治や道徳の事柄にとって望ましい状態のように見えるが、考えないことにもそれなりに危険がある。吟味することの危険に人びとが陥らないように防ぐことで、考えないことは、一定の社会で一定の時代に既定の行動規則となっているらしいものに、とにかくしがみつくように人びとに教える」（LMT, 176）。思考するも危険、思考しないも危険。かくして、アーレント良心論の絶頂たる第一八節「〈一人なのに二人〉」が始まる。まさにこれは、ハイデガーの良心論への応答なのである。

四　ソクラテスの命題に立ち返って――〈一人なのに二人〉

「悪をなすことのないように人を仕向けることのできるものが思考にあるとすれば、それは、思考の対象にかかわりなく、思考という活動自体に本来備わっている何らかの性質であるにちがいない」(LMT, 180)。これをハイデガーに引きつけて言い直せば、道徳的価値評価や他者への顧慮をひとまずカッコに入れ、「徹底的に形式化」(SZ, 283) してはじめて、良心現象を純粋に取り出すことができる、ということである。ただしアーレントの議論は、複数性という観点が最終的に効いてくるところに特色がある。

アーレントがここで持ち出すプラトンのテクストは、『ゴルギアス』である。この出色の対話篇は、(ゴルギアス的) 弁論術 vs (ソクラテス的) 問答法という対比が鮮やかになされ、ドラマ性に富んだ展開をもつが、最後は袋小路《アポリア》で終わっている。議論は、「不正を行なうよりも不正を受ける方がましだ」とするソクラテスの命題をめぐって展開される。これが発展して、(最終対話者カリクレスの目指すように、悪事をなそうとも表向きは羽振りよく) 政治に生きるべきか、(ソクラテスが体現したように、たとえ死刑になっても違法は行わず泰然として) 哲学に生きるべきか、という正面対決を迎えるが、これには結局、答えが出ないままである。いかにも哲学に答えなしの典型だが、最終的にプラトンは、ソクラテスに「来世の賞罰」の物語《ミュトス》をえんえんと語らせて締めくくっている。正しい人生を送った魂の清らかな者は、死後に「至福の島」に送られ、不正を行なって魂の汚れた者は、冥界《ハデス》でその報いの罰を受ける、というのである。

この幕切れをアーレントは解釈して、「プラトンはこのおとぎ話を大まじめに持ち出すのだが、それには純然たる政治的意味がある。大事なのは、このおとぎ話が大多数の人びとに向けて語られている点である。〔…〕人はみずから進んで悪事をなすことを、プラトンは認めており、そのうえ、ソクラテスと同様、混乱を招くこの事実を哲学的にどう扱ったらよいか知らないことも暗に認めている」。だからこそ、世の人びとを道徳的に教化するためには、死後の信賞必罰という「脅しを頼りとするほうが賢明だと考えていた」(LMT, 180)のだという。穿った見方だが、のちにキリスト教が成立し発展してゆく過程で、プラトン主義と融合して天国と地獄の観念を整備するに至ったことを考えれば、そして最終的には、この世での道徳的な奨励と警告の究極の拠り所を来世での賞罰に置いてきたことを考え併せれば、侮《あなど》れない重みをもつ。

ただしこれは、「ソクラテスの答え」ではない。アーレントは先のテーゼを補強するもう一つのソクラテスの命題として、『ゴルギアス』の次の文章(482C)に注目する。「世の大多数の人びとが私と違う意見を言うほうが、私が一人でいながら自分自身と一致調和しないで自分と矛盾するよりは、私にとってまだましであろう[9]」。

アーレントは、この「一人でいながら」という表現の重要性を強調する。「自己自身と同一であって、本当に絶対的に一者であるものは、AはAであるというのと同じく、自己自身と一致調和したり、しなかったりすることはありえない」。「私は、他者にとって存在するのみならず、私自身にとっても存在しているのであり、後者の場合、明らかに私は、たんに一人なのではない。私が一人でいることのうちに差異が持ち込まれているのである」（LMT, 183. 強調は原文）。ソクラテスは、自己自身との内的対話を何よりも大事にし、その対話相手つまり自分自身と険悪な関係にならないよう、つまり「自己への気遣い」を怠らないよう、心掛けた。ソクラテスにとってそれは、何に対しても絶えず吟味し納得するまで考える、哲学的生を生きることを意味した。同時にそれが、道徳的な意味で不正を犯すことを避けて生きる、ということにもなったのである。純然たる思考の経験のただなかで、良心の呼び声が聞き届けられ、証しされたことになる。

consciousness（意識）、ひいてはconscience（良心）におけるcon- つまり「ともに」とは、「自分自身とともに」ということであり、良心現象とは「自分自身とともに知ること」である。語源的にそう語られることが、アーレントにより、プラトン解釈あるいはソクラテス論として、ひいてはハイデガー良心論の続行として、肉付けされたわけである。

『存在と時間』におけるハイデガーの良心論を振り返ってみよう。それは、他者への顧慮もしくは倫理的次元はいったん留保し、もっぱら自己自身への気遣いの側面を掘り下げた果てに、自己自身の「負い目ある存在」とその「非力さ」を了解するようほのめかす「良心の呼び声」を聞き届け、行為へと呼び開かれるものだった。ただし、単独者に定位してどこまで倫理や善悪についてどこまで語りうるのか、という問いは残されていた。

『思考』におけるアーレントの良心論とは、アイヒマン裁判を通して尖鋭化された「悪」の問題から出発しつつ、考えるという純然たる活動のうちに、悪事を行なわないよう仕向けてくる何かがひそんでいるのではないか、と問い尋ねるものであった。そしてそこに、自分を絶えず吟味してくるもう一人の自分との自己内対話、その「一人なのに二人」の複数性が発見されたのである。それは、この世に多くの人びとが住み、関係し合っているという意味での複数性が——ハイデガー的に言えば「共存在」が——、単独の自己存在のうちにも見届けられる、ということを意味する。「思考に本来備わっている二重性が指し示しているものこそ、大地の法である無限の複数性にほかならない」(LMT, 187)。

アーレントは『思考』の中でこの複数性を、プラトンの対話篇『ゴルギアス』でのソクラテスの「一人でいながら自分自身と不和でありたくはない」という発言に、見出している。ここでやや脱線的にプラトンの別の対話篇『ソフィスト』が引き合いに出される(LMT, 183f.)が、アーレントが最初に受けたハイデガーの講義は、まさに「プラトン『ソフィスト』」(マールブルク大学一九二四/二五年冬学期講義)であった。アーレント自身、この講義の筆記録を用いて論じていると、わざわざ注記している。[10] アーレントは、ハイデガーの解釈は間違っていると評しているが(LMT, 184)、それはひとまず措き、「同一性における差異性」(LMT, 187)とも言うべき二重性は、ほかでもなく、ハイデガーの良心論で際立たせられていた。「呼び声は、私からやって来るのだが、それでいて私に降りかかってくる」(SZ, 275)。私の中に、私のものでありつつ私の意のままにならない、何かよそよそしいものがひそんでいて、それが私に否応なく呼びかけてくる――そういう良心の呼び声を聞くとは、アーレントの言う「一人なのに二人」の自己内対話と別物ではない。

ハイデガーは、「呼び声が、本来的に了解される代わりに、世人《ひと》自己によって、一種の商談的な自己対話（ein verhandelndes Selbstgespräch）へと引き入れられ、呼び声の開示機能において転倒されてしまう」（SZ, 274）のを、良心の呼び声が誤認されるケースだとしている。ここだけ読むと、ハイデガーは「自己対話」を斥けているかのようである。だが、思考に純然と見出される「一人なのに二人」とは、世間体を慮《おもんぱか》っての自己との打算的密談――ソクラテスの言う、「世の大多数の人たちが私に同意しないこと」を気に病むレヴェル――ではない。自分で自分に納得がいくまで考え抜き、自己自身における内的調和を保つことをよしとする「魂の配慮」のことなのである。

西洋哲学史の原点に位置するこの魂の配慮とは、かみ砕いて言えば、「もしあなたが考えたいのであれば、対話を行なう二人とも調子がよく、お互い同士友だちであるように気を配らなければならない」（LMT, 187-188）ということである。言ってみれば、自分の家に帰ったら連れ合いが待っていて、その日のことをあれこれ語らう、そういう寛《くつろ》いだ会話を、自分自身と楽しみたい、という生き方のことである。ソクラテス論にもとづくアーレントの良心論は、あくまで自己本位のモラル、つまり思考する私本位のモラルから出発していることが分かる。

「なぜ人を殺してはいけないのか」――この剣呑な問いに対するソクラテス＝アーレントの答えは、「私は人殺しにはなりたくない。なぜなら人殺しと一緒に暮らしたくないから」というものであった。

アイヒマン裁判後に行き着いたかに見えるこの答えを、じつはアーレントは一九五〇年代前半から早くも抱懐していた[11]。これはしかし、万人に普遍的に妥当する道徳律ではない。いわば各人の「好み」であり、ものを考えない人、考えたくない人には、当てはまらない。だが逆に言えば、思考とは「少数者の特権ではなく、誰もがいつも持ち合わせている能力である」(LMT, 191)。

他方、専業哲学者のような「精神的営為の専門家《スペシャリスト》」だって、「自分自身との付き合いを避けたくなること」はある(LMT, 191)。あたかもアーレントは、ハイデガーもそのように魔が差してナチに加担したのではないかしら、と言っているかのようである。だとすれば、なんと強烈な皮肉であろうか。ハイデガーの事例には一言も触れていない分、いっそう嫌味となっているところに凄味がある。

「良心とは、あなたが家に帰ると、そのときあなたを待っている相棒がいる、ということを先取りすることなのである」(LMT, 191)。それは思考の「副産物」でしかなく、「思考する人自身にとって、この道徳的な副産物は、周辺的な事柄にすぎない」(LMT, 192)。ここでアーレントは、ハイデガー式の「〜でない」テーゼを繰り返す。「思考することそれ自体は、社会の役にはほとんど立たないし、知識欲と比べても、はるかに役立たずである。せいぜい知識欲によって思考は他の目的のための道具手段として用いられる程度である。思考が価値を創造することはない。「善」とは何かを、思考がとことん見きわめることもないだろう。思考は、世に定められた行動規則を、確固たるものにするどころか、それを溶解させてしまう。だから、特別な緊急事態でも起きないかぎり、思考は政治的重要性をもたない」(LMT, 192)。——そんなないないない尽くしでありながら、それでも考えることを好む人は思考を大切にする。好みは損得とは別だからである。逆に言えば、良心を持つために考えるというのは本末転倒であり、良心を持たせるために考えさせるというのは倒錯している。哲学教育は、道徳教育とはあくまで別物なのだ。

ここでアーレントは、もう一人の終生の師カール・ヤスパースの名前を出している。限界状況論で有名なこの実存哲学者は、ナチ時代のドイツで、ユダヤ人の妻とともに不遇な生活を耐え忍び、戦後は一躍「ドイツの良心」として遇された。ナチ・ドイツという「特別な緊急事態」において、思考の「副産物」がまさに物を言ったのである。「ヤスパースの毅然とした態度に比べて、ハイデガーは……」と当てこすっているようにも聞こえる。(12)

「誰もが考えなしに、他の誰もが行ない、信じていることに、雪崩を打ったように押し流されるとき、考えている人は隠れている所から引っぱり出される。なぜなら、唱和することを拒否する彼らの態度が目立つようになり、それゆえ一種の活動《アクション》となるからである」(LMT, 192)。だからといって、思考の潜在力は万能ではありえず、巨大な犯罪を防いだりもしないだろう。だが、「ここぞというまれな瞬間には、破局を防いでくれるかもしれないのだ。少なくとも自分にとっての破局だけは」(LMT, 193)。アーレントの良心論は、このように思考のささやかな「効用」に言及して締めくくられる。それは、二〇世紀という大破局の時代を生き抜いた哲学者の偽らざる思いであったにちがいない。

〔1〕 »Der Handelnde ist immer gewissenlos; es hat niemand Gewissen als der Betrachtende.« (*Maximen und Reflexionen*, in: *Goethes Werke*, Hamburger Ausgabe in 14 Bänden, Bd. XII, Christian Wegner Verlag, Hamburg 1953, 6. Aufl., 1967, S. 399. 関楠生・岩崎英二郎訳『箴言と省察』、『ゲーテ全集13』潮出版社、一九八〇年、所収、二四一頁。

〔2〕 労働には消費が、制作には使用が、行為には言論が、それぞれの仕方で相関し合う。活動的生のこの三つのあり方は、時間的に見ると、「労働⇄消費」は同じことの永遠回帰を、「制作→使用」は永続的現前性を、「行為―言論」は、瞬間と歴史性を、それぞれ特徴とする。ここに「存在と時間」という哲学的プロジェクトが継続されていることが分かる。本書第七章第七節を参照。

〔3〕 本書第八章第一節でも述べた通り、アーレントによれば、行為には一般に次の難点が付きまとう。⑴自分が行為主体のはずなのに、そこに起こった出来事を自分のものだとは言えないという「匿名性」。⑵その行為の結果がどうなるかは、やってみなければ分からないという「予測のつかなさ」。⑶それでいていったん為されたら、その結果は取り返しがつかないという「取り返しのつかなさ」。この点をさらに踏み込んで考察している『活動的生』の第三二節「行為のプロセス性格」では、こう列挙される。――①行為するとき、自分が何を行なっているか本当に知っている人など誰もいない。②行為者は、つねに負い目ある存在となる。③行為者は、自分が意図も予測もしていなかった行為の帰結に関して、負い目をわが身に引き受ける。④行為者の行なったことが、思いもよらない結果をもたらそうとも、あとでそれをなかったことにすることは決してできない。⑤その人が始めたはずの行為が、彼自身のものだと断言できるかと言えば決してそうではなく、波紋が波紋を呼び、その連鎖は際限なく続く。⑥その人が為したことの真の意味が明らかとなるのは、当人にではなく、その歴史を振り返って語る後代の非行為者に対してのみである（Va, 297f.）。

――とりわけ、②の「行為者は、つねに負い目ある存在となる」の一文は、ゲーテの「没良心性」を承けてハイデガーが良心論で浮き彫りにした行為の「非力さ」に、まさしく符合している。

〔4] 『ユダヤ論集』に収録されたアイヒマン論争に関する五篇のテクストのうち、やはり読みどころは、「ゲルショム・ショーレムへの書簡」であろう（矢野久美子訳、『アイヒマン論争　ユダヤ論集2』みすず書房、二〇一三年、所収）。独立した思考の面目を示すこの強烈な応答一つあれば、論争に冷や水を浴びせるには十分だったのかもしれない。

〔5〕あとでふれるように、英語の conscience は――ドイツ語の Gewissen も――ギリシア語の *syneidēsis* を語源としており、「ともに知る」という原義をもつ。その場合の「ともに」とは何を意味するか、と問うアーレントの良心論はそれゆえ、必ずしも突飛なものではなく、むしろ伝統的良心概念に棹差している。西洋思想における良心論の系譜を、「共に知る」という原義を基軸として跡づけた研究として、石川文康『良心』（名古屋大学出版会、二〇〇一年）がある。そこでも出発的に置かれるソクラテスの考え方を、まさに取り返す試みこそ、『思考』における良心論にほかならない（石川が『ソクラテスの弁明』に拠っているのに対して、アーレントは、見られるとおり『ゴルギアス』を取り上げている）。すでに一九五〇年代前半にアーレントは、「ソクラテスと良心」論のアイデアを抱懐していた（たとえば一九五四年八月二〇日付のアーレントのマッカーシー宛書簡を参照）。アイヒマン裁判をきっかけに「根本悪」理解をめぐって「転向」があった、などというようなことはなく、ずっと温められてきたテーマの機がおのずと熟すに至った、というのが真相である。

〔6〕一九五二年一二月一五日付のハイデガーのアーレント宛書簡を参照。

〔7〕GA9, 313.『「ヒューマニズム」について』渡邊二郎訳、ちくま学芸文庫、一九九七年、一七頁。

（8）『アーレント＝ハイデガー往復書簡』大島かおり・木田元訳、二〇〇三年、みすず書房、一七一頁。『活動的生』も本来、ハイデガーに献じられるはずだったことを想起しよう。

（9）『ゴルギアス』加来彰俊訳、岩波文庫、一九六七年、一一六－一一七頁。ただし、アーレントの英訳（LMT, 181）に沿った訳文とした。強調もアーレントによる。

（10）『思考』第三章注128（LMT, 237）。第二章注111（LMT, 228）も参照。

（11）前出注5を参照。これについては、次の拙論も参照「人を殺してはいけない理由を求めることの愚かさについて――反時代的哲学入門」（『東京女子大学紀要　論集』第五二巻一号、二〇〇一年九月、所収（拙著『ニーチェ　哲学的生を生きる』青土社、二〇二四年、に第二章として収録）。

（12）だからといって、アーレントの議論がハイデガーに幾重にも負うていることは過小評価されてはならない。アーレントの良心論が道徳臭を脱しているとすれば、それは一つには、ハイデガーの脱倫理化路線を引き継いでいるからである。他方でアーレントは、良心論の存在論化ではなく、政治哲学化を企てていることにも注意しなければならない。

第十一章　どこまでわれわれは哲学をすすめられるか

――観想的生と近代〔1〕

一　知への愛の口説き方

アリストテレスは、失われた対話篇『哲学の勧め（*Protreptikos*）』の中で、「われわれは哲学すべきである」と力強く繰り返した。たとえばこんな調子である。「もし哲学すべきであるとすれば、〔当然〕哲学すべきであり、また、もし哲学すべきでないとしても、〔その所以を知るために〕哲学すべきである。したがって、いずれにしても哲学すべきである〔2〕」。「われわれは哲学すべきであるか、もしくは、この生に別れを告げてこの世から立ち去るべきであるか、のいずれかである。というのは、他の一切は何か全く無意味なものであり、愚かしい業であると思われるからである〔3〕」。現代のわれわれは、これと同じ断固たる調子で語ることはできそうにない。キケロに慰めを与え、アウグスティヌスを誘惑し、果ては、敬虔なキリスト教徒に悪影響を及ぼすからと危惧され隠滅されてしまったほどの哲学礼讃のスタイルを、なぜわれわれは復活できないのだろうか。

　ひょっとすると、昔から状況は似たり寄ったりだったのかもしれない。古代ギリシアで「哲学の勧め」がしきりに説かれたという事実そのものが、「哲学などという無益な暇つぶしを、前途ある青年に勧められるはずがない」とする哲学無用論が、当時も強固にあったこと、まただからこそ、それを打ち破る哲学擁護の論陣が張られなければならなかったことを伝えている。

　だとすれば、世に哲学無用論ひいては人文学系リストラ論が吹き荒れているからといって、それは今に始まったことではないという見立ても、当然成り立つ。われわれの研究仲間で、哲学を若者に鼓吹したかどで国家に捕まって殺された人はいない。哲学を教えてメシの種にしている人がまだ何百人もいる現代日本は、今なお愛智者の楽園と言えるほどである。少なくとも、みずからの不遇を恨みがましく託《かこ》つ前に、自分たちが人類史上まれな哲学業界バブル時代を謳歌してきたことに自覚的でなければならないだろう。

　本章のタイトル「どこまでわれわれは哲学をすすめられるか」の「われわれ」とは、さしあたり「われら哲学研究者」を想定している。たとえば、大学の一般教養の哲学入門の授業で、あるいは一般市民向け公開教養講座で、われわれはどのような「哲学のすすめ」を行なっているだろうか。現代における「哲学のすすめ」の説明《ロゴス》において、われわれはどんな口説き方をしているのか。これが、本章タイトルのまずもって意味するところである。

　よく使われる口説き方としては、クリティカルシンキング、哲学カフェ、陳腐な悪への抵抗拠点といったものがある。それぞれ立派な大義名分をもっているし、いずれもソクラテスの精神に淵源するとも言えそうである。それらをもって哲学への誘いとするのは、間違っていないだろう。そのうえでなお、こう問うてみたくなる――古代の哲学者は、まったく別の理由づけでもって知への愛を熱っぽく説いたのではないか、と。それなのに、その口説き方だけは、現代人に通用しないとわれわれは思っているのではないか、と。

「永遠の真理を観照することは、無上の喜びにして幸福であり、これを目指すのが哲学である以上、われわれは哲学すべきである」[4]。――「哲学の勧め」の定番であったこの最大の論拠《ロゴス》を、われわれは持ち出せなくなっている。

とはいえ、この理由説明をいきなり切り出すのは初心者に不親切だから、古代の哲学者も、もっと分かりやすいところから説き起こしている。つまり、哲学がいかに「有用」であるか、あれこれ説明している。ただし、その場合の「有用性」とは、近代功利主義的損得計算とは異なり、それ自体で望ましく喜ばしい、当の存在に具わる「善さ」のことであった。そしてそこには、その人がうまく事を為すこと・成功すること（エウ・プラッテイン）を可能にするような力量、つまり各人に具わる「徳」を追求する気風がみなぎっていた。自分自身の存在をパワーアップさせてくれるもの、かつその力を発揮することで優れた人物であると証明できるものこそ、「善きもの」であった。

そのかぎりでは、哲学もまた、徳の追求本位の古代市民の向上心と競争心を母胎にして生まれた、と言ってよい。そのポリス的な徳の観念が、近代道徳において変質し、似ても似つかぬものになったとしても、貴族主義的なハイレベルの有用性を求める「卓越性」志向それ自体は、古代ギリシアにおける哲学の成立事情にも色濃く見られるのである。

だが、そういう徳倫理的な「哲学の勧め」のなかに、それを大きくはみ出る要素が現われたのであり、それこそは、テオーリアの超絶性の主張にほかならない。

二　テオーリアの理想とその盛衰

古代のテオーリア礼讃は、一つにはプラトン『饗宴』にその極致が見出せる。それに劣らないテクストをもう一つ挙げるとすれば、アリストテレス『ニコマコス倫理学』の第十巻であろう。以前それぞれ取り上げたことがある。(5)『ニコマコス倫理学』にはポリス的徳論の果てに、テオーリアこそ至福だとする議論が最後に突出して現われるし、『饗宴』でもエロース談義を突き破って、知への愛が狂おしく讃えられる。そこには、「不死なるもの」から「永遠なるもの」への尋常ならざる飛躍がある。

「不滅の名声を得ること」が、事を為すこと(プラッテイン)の目標だとすると、じっと観ること(テオーレイン)の理想は、「永遠の真理に触れること」である。「不死」も「永遠」も死を超えるものである点では似たところがあり、「死すべき者ども」の身の丈を超えている。アリストテレスは、テオーリア礼讃に続けて、「死すべき人間は不死に与るなどという身の程知らずの願望を抱くべきでない」と戒める俗説を引き合いに出し、かつただちに斥けている。[6] 当時から「有限性の自覚の立場」があったことが分かるが、この種の戒めは、現代のわれわれからすれば、テオーリアにふける愛智の人のみならず、プラクシスにうつつを抜かす活動の人にも、等しく向けられるだろう。あっぱれに生き切り、没後に讃えられるなど、幻想もいいところだ、とわれわれは言いたくなるからである。

しかし、身の丈を弁えない点で、プラクシスの人のはるか上を行っていたのが、テオーリアの人である。活動の人が不死に与るとは、地上の歴史に名を刻み、死後も語り伝えられることだが、観照の人が永遠に与るとは、万有の原理を感得して、天上の神々の英知に近づくことだからである。どちらも、死すべき身が神的なものに近づく道であるとはいえ、その場合の「神」の観念が、光り輝くスターであるか、宇宙を照覧する全知であるか、という点で断然異なる。強烈な上昇志向をもつポリス市民の間に、美《うるわ》しき事を為して後世に語り継がれたい、という願いは共有されていたが、地上的名声のレベルを超えて、美《うるわ》しさそのものに肉迫し、この世を突き抜けた彼方の世界に参入しよう、という高望みの勧奨は、ディオティマに諭されても愛智者ソクラテスが怯んでしまうほどの法外さであった。

神に見紛《みまご》う英雄たちがオリュンポスの神々も交えて競い合うホメロスの世界を打ち倒して、昂然と名乗りを上げたのが、生成消滅する地上的要素を一切脱落させた不生不滅のイデアの世界であった。古代ギリシア哲学の勃興とは、その精神革命の現場にほかならない。時間的なものを超えた永遠不変の実体。純粋で恒真なる全知としての神の観念。そして、そのような理法と合体する純粋観照の恍惚。形而上学の始まりを劃する巨大な価値転換は、古代ポリス市民のプラクシスの理想を母胎としてはじめて摑みとられたのである。

プラクシスを重んずるポリス的生のただ中から、テオーリアという新しい理想が成立したという事情は、アリストテレスの「エネルゲイア」概念にも透けて見える。運動《キネーシス》の時間性格を示す制作《ポイエーシス》と異なり、行為《プラクシス》とは、その瞬間に遂行《パフォーマンス》のまったき意味が宿るという点で、時間的なものをはみ出た一個の現実活動態《エネルゲイア》であり、その点では、純粋に見て取ること、観照《テオーリア》も同じであり、やはり現実活動態として記述される。『ニコマコス倫理学』が結局、エネルゲイアの幸福の極みとしてテオーリアに軍配を上げているにしても、プラクシスもまたエネルゲイアであることを、アリストテレスは何ら否定していない。いや、否定するはずがない。エネルゲイア概念そのものが、プラクシスという活動的生の意味を追求した古代ポリス市民の現われの空間を起源とするものだったのだから。[7]

プラクシス本位の古代的エートスからテオーリアの新しき理想が生まれたことは、『饗宴』にも描き込まれており、その出生を象徴するエピソードが、アルキビアデスのソクラテス讃に出てくる。戦地であっぱれに戦っていた兵士ソクラテスが、あるとき思索にふけって、朝早くから同じ場所に立ち尽くして一昼夜が過ぎ、ついに夜が明けて翌朝になるまで、じっと佇立《ちょりつ》して考え続けていたという有名な逸話である。この場合、愛智者が同時に屈強の戦士でもあったことを忘れてはならない。真理の探究に没頭する者は、時を忘れ現実から遊離して危なくなってくるというのは、星を観察して穴に落ちたタレスの逸話以来、好んで語られるところだが、ソクラテスの忘我状態は、文弱の徒が安閑と書斎に閉じこもり俗世を超越したつもりになっているのではなく、出征中の市民の数ある武勇伝中の極めつけの逸話として語られている。哲学的生が元来、超ポリス的生として名乗りを上げたことは、思えば、ソクラテスの裁判と刑死の壮絶さに如実に示されていることでもあった。

さて、古代ギリシアに後から誕生したテオーリア的生は、古代ローマで政治的生を補完するものとして摂取された。それがマイナー路線を脱したのは、神の黙想を重んずるキリスト教の「宗教的生」に採り入れられてからである。プラトンやアリストテレスの観照礼讃のトーンも、その神観念の異質性を巧みに処理されて「瞑想の勧め」となり、ここに「観想的生（vita contemplativa）」という中世的観念が成立し、「活動的生（vita activa）」を圧倒する。その優位のゆえんは、万人に対する宗教の影響力にあった。哲学はそのおこぼれに与ったに過ぎず、万人が愛智者になったわけではない。しかしともかく、観想的生が活動的生より上位に置かれるというヒエラルキアが確立することとなった。

アーレントが『活動的生』において描き出した太い線に倣って、テオーリア礼讃の歴史に以上のような荒っぽい一瞥を投げかけたあとで、われわれの時代に目を向け直してみると、古今の落差はあまりに明らかである。今日われわれの誰が、純粋観照の至福を肯定しているだろうか。哲学入門の枠で学生や市民に哲学をすすめる哲学教師は、「観照的生の自足性」や「永遠不滅の真理」を口説き文句にしているだろうか。笑われるだけと思って口にしないのが普通である。とはいえ、伝来の殺し文句のほうは禁句とし、哲学の有用性をあれこれ列挙しても、迫力が欠けてしまうことは否めない。肝腎な点を欠落させていることにフタをして、必死に穴埋めをしたところで、その口吻のしらじらしさは拭えない。

古来の「哲学の勧め」のスタイルが、かくも空しく響くのが現代なのである。

ここで、古代哲学研究者にも決して他人事ではない疑問が、浮上してくる。いつから、またどうして、テオーリアの威光は失墜したのか。この場合、中世ではキリスト教の威光を借りていたが、その借り物が役立たなくなったのだ、といった説明では不十分である。では、なぜキリスト教の威光が失墜したのか、という問題に送り返されてしまうからである。ニーチェ風に言えば、「神は死んだ——だが、なぜ？」という問いはあくまで残る。

じつを言うと、この大問題はあっさり答えられる。テオーリアの威光が地に堕ちるという出来事が起こった時代こそ、近代であり、しかもそれは、近代科学によって形而上学が打ち倒されたことによってだ、というのがその答えである。しかしこの一見簡単な答えの趣旨を十全に説明するのは、そう簡単なことではない。

三　ハイデガーからニーチェへ、そしてアーレントへ

「哲学のすすめ」を稼業とする教師が学生によく訊かれる問いが、「そういうあなたはなぜ哲学をやりたいと思ったのか？」である。気がつくと哲学へのあこがれを漠然と抱いていた者には、この反問は捗々《はかばか》しく答えられないが、それではすまないと私が感じ始めたのは、大学で哲学を教えるようになってからである。一九九〇年代前半、大学改革の嵐が吹き荒れ始めた。一般教養や人文学への逆風が強まる

中、哲学の意味への問いに、遅ればせながら直面したのである。なぜ哲学なのかと自問する暗中模索の中、初期ハイデガーの哲学形成において哲学の意味への問いが決定的だったことに思い至った。また、ニーチェの著作に親しむうち、ハイデガーに先立つこと半世紀前、古典文献学者あがりの愛智者が、学問の意味への問いを正面から引き受けていることに気づいた。

若きハイデガーは、理論と実践の乖離によって意味喪失に陥った学問を刷新すべく、哲学の意味を根源から問い直そうとして古代ギリシアに遡り、アリストテレスにおけるテオーリアとプラクシスの区別に立ち帰った。『ニコマコス倫理学』第六巻の読解は、ソフィアかフロネーシスかの二者択一ではなく、ソフィアでもフロネーシスでもありうる融合形の本来知の模索へと向かわせた。そこに結実した『存在と時間』には、存在論を遂行する主人公たる「現存在」が状況内行為へと赴く、学的実存の物語が見出される。このシナリオを脚本家みずから演じてみせたのが、かの学長ハイデガーの冒険ではなかったか。理論と実践の融合のシナリオは、哲学と政治の古来の因縁を呼び戻したのである。

テオーリアのプラクシス化というハイデガー的オプションは、奇妙な弱さを抱えている。哲学的生を政治的生と合体させたがるのは、前者は後者ぬきで独立の意味を有することはなく、後者によって補完し意味づけてやる必要がある、と信じているからである。ところが、アリストテレスのテクストを読むと、テオーリアの自足性があっけらかんと謳われていて、それをプラクシスによって補う必要などこれっぽっちも語られていない。アリストテレスがどこまでも強気なのに比べて、ハイデガーはずっと弱気なのである。

では、ニーチェはどうか。ソクラテス批判やプラトニズム罵倒のイメージの強いニーチェは、テオーリアの至福など一笑に付したと思われがちだが、私は違うと思う。半世紀後の哲学者と違って、学長どころか学者稼業までさっさとやめた年金生活者は、隠れて生きつつ、知への愛という主題をとことん突き詰めて、『ツァラトゥストラはこう言った』の物語に結晶させた。「同じことの永遠の繰り返し」を全面肯定することが物語の主人公の課題だが、それはまさにテオーリアの境地なのである。永遠との合体は、何度繰り返しても味わうに足る最高の快楽であり、そこでは変化や進歩はむしろマイナスである。悲劇第三部のフィナーレでは、生に別れを告げて知恵のもとへ赴く主人公の姿が描かれる。その起死回生ぶりが『パイドン』における死にゆくソクラテスの姿に通じているのは、偶然ではない。

他方で、観想的生が活動的生に対して優位を占める時代は終わったという意識に強烈に襲われたのも、ニーチェだった。そのことを端的に言い表わした一句が、「神は死んだ」である。『ツァラトゥストラはこう言った』の序説ではこの事実が確認され、人間中心主義の克服と「超人」思想が打ち出される。それに続いて前半で唱えられる力への意志という上昇発展の思想と、後半で次第に浮上してくるテオーリアの至福を肯定する永遠回帰思想とは、いかにして両立しうるのか。古今のこの懸隔が次第に問題となってき、そのギャップに全身を埋《うず》めて内的葛藤に引き裂かれるのが、ツァラトゥストラであり、彼の吐き気と病気もここに由来する。ニーチェもまた、古代に憬れつつ近代に逆行して生きざるをえない一人だった。解決不可能な矛盾を孕む物語は、最終的には、悲劇が転じて喜劇となりパロディーに転ずるという哄笑に満ちた大団円を迎える。(8)

ニーチェが自分の実人生まで笑い飛ばして狂気に陥ったのかは定かでないが、少なくとも、オリュンポスの神々の哄笑の高みから人間世界を超然と眺めるという意味でのテオーリアを無上の喜びとし、生きる意味をそこに見出したのは確かである。どっちつかずの半テオーリア的‐半プラクシス的生を本来的実存として摑みとるのよりは、数段徹底している。ハイデガーよりニーチェの流儀のほうが、哲学の意味への問いに応答するには有望であり、ニーチェが理想とした意味でのテオーリアには、現代における「哲学のすすめ」の可能性がなお見出される、と私は考えるに至った。この考えは今でも大筋では変わっていない。知への愛の口説き方としてテオーリア以上のものはなく、テオーリアの恍惚のうちに死ねたらどんなに本望だろう、と私は思う。古代哲学研究者の方々はどう思われるだろうか。

しかしその一方で、ニーチェが「神の死」でもって宣告した「テオーリアの意味喪失」という事態を、深刻に受け止めざるをえないことも、また確かである。だいいち、テオーリアにきわまる知への愛をそれほど大事だと吹聴しておきながら、当の哲学の陥っている危機的状況については無関心なのは、知的怠慢もいいところである。この問題を素通りして、テオーリア礼讃の復活を夢見るのは、もはや悪い冗談にすぎない。ツァラトゥストラをして懊悩せしめたテオーリア拒絶症候群に、現代のわれわれも罹っているのだとすれば、なぜそれはかくも猛威をふるっているのか。これが問題である。

古来、哲学知の理想とされてきたテオーリアは、近代においてどうして威光を失ったのか。私の見るところ、この問題をしかと引き受けているのが、アーレントの哲学的主著『人間の条件』――以下ではドイツ語版『活動的生』を用いる――、なかんずくその第六章である。ハイデガーとニーチェに片足突っ込んでアーレントのテクストの深みにはまっていくうち、私はそのことに気づいた。二〇世紀の終わり頃のことである。以来、私にとってアーレントは、「哲学のすすめ」を語るうえでのよき伴侶であり続けている。

四　観想的生と近代

アーレントは政治理論家であって哲学者ではない——といまだに信じている人が多い。なるほど、本人が「私は哲学者には属していません。あえて申し上げるならば、私の職業は政治理論です」、「私自身は自分を哲学者とは思っていないのです。哲学と訣別したと考えているからです[9]」と公言したのは有名である。しかし、古代ギリシアに精通している人なら、「職業的哲学者」という言い方がどこまでまっとうと言えるか、考えていただきたいものである。ちなみに、ヤスパースはこのインタビュー発言に関して、アーレントへの手紙（一九六四年一〇月二九日付）のなかで、「哲学へのきみの「さよなら」は、たとえあそこでは本気で表明されたとしても、やっぱり冗談でしょうね[10]」と述べている。私も同感である。

今ふれた一九六四年のインタビューで、インタビュアーのギュンター・ガウスは、「『人間の条件』などの著作を念頭に置きますと、私はやはりあなたを哲学者のなかに数え入れたいのです[11]」と反論している。もっともな言い分である。この段階では遺著『精神の生』は出ていないが、アーレントは晩年になってから初恋の相手である哲学とヨリを戻した、とする復縁説も相当怪しい。『人間の条件』は『存在と時間』に劣らぬ現代の古典である。重厚なドイツ語版『活動的生』を読むと、ますますそういう思いを強くする。

それゆえ、『活動的生』のなかで、テオーリアの没落という哲学の命運にかかわる主題が扱われているのは、いっこう不思議ではない。「活動的生」をテーマとするこの書の影の主役は「観想的生」なのである。アーレントは、伝統的に観想的生が優位を占め、活動的生の内部での分節化が疎《おろそ》かにされてきたアンバランスを矯正すべく、活動的生に重点を置くと宣言しているが、「活動的生と観想的生の間柄に関して、われわれが歴史的に知っている問題地平は、つねに考慮に入れられている[12]」とも断わっている。この歴史的見地が前面に躍り出るのが、最終第六章「活動的生と近代」である。近代における活動的生の躍進とともにそこで光が当てられるのは、観想的生の失墜である。永遠の真理の純粋直観という、哲学知の理想が、近代に至って決定的に没落したことが、第六章の中心テーマなのである。

テオーリア（観照）は、アリストテレス的整理によれば、ソフィア（知恵）のエネルゲイア（現実態）とされる。ソフィアは、ヌース（直観理性）とエピステーメー（論証的認識）から成るが、主力は、原理を把握する純粋直観たるヌースにある。ところで、アーレントはヌースを「思考」という意味に広く解し人間の基本的能力の一つとするから、この広義の思考《ヌース》が完全に失われることはありえない。これに対して、原理《アルケー》を純然と観取するという意味での純粋直観《ヌース》を働かせたあり方、つまり哲学が理想としてきた観照的生《ビオス・テオーレーティコス》のほうは、近代においてまったく無意味と化した、というのがアーレントの見立てである。

〈古代〉		〈中世〉		〈近代（英・独）〉
nous	—	intellectus	—	understanding, Verstand
logos	—	ratio	—	reason, Vernunft
aisthēsis	—	sensus	—	sensation, Sinnlichkeit

表1

直観理性というこの強い意味でのヌース、つまりその現実態がテオーリアであるような原理把握能力は、一方では、言語媒介的推論知という意味でのロゴスと区別され、他方では、感性的直観としてのアイステーシスとも区別され、この区別立ては中世にも受け継がれていった、という語義説明がなされることがある。この変遷を近代にまで延長すると、ある奇妙なねじれが見えてくる、と慧眼にも指摘したのが、坂部恵哲学史だった[13]。それをさらに図式的かつ暴力的に割り切ると、表1のような系譜が引けるだろう。

カント、とりわけ『純粋理性批判』以降、知の最高能力としての「理性」と言えばVernunftになるわけだが、じつはそれは、伝統的には*logos*, ratioに連なる推論知のことであり、古来それよりも上位に置かれていた直観知*nous*, intellectusの系列の訳語のはずのVerstandが、カント以降は「悟性」と解され、「理性」より低い地位に甘んずることになる。哲学用語の変遷にここで深入りするつもりはないが、少なくとも、カント以降をスタンダードと見る立場からすれば、この理性概念の逆転はたしかに注目に値しよう。

問題は、この逆転のドラマをどう解すべきか、である。哲学者の「観念(ideas, Ideen)」のなかで巨大な歴史的転換が起こると考えるのは、講壇哲学史家の手前味噌でしかない。むしろ、知の最高能力に関する伝統的理解を覆すに足る大事件が近代に勃発し、それが哲学上の概念にも影響を与えていった、と見たほうがよいだろう。まさにそれがアーレントの「出来事（events, Ereignisse）」本位の近代論なのである。

坂部は、近代におけるラチオ系列の推論知の地位上昇が、「現象の根拠づけの連関の把握として理解された近代のいわゆる数学的自然科学の勃興と深い関連をもっていることは、あらためて指摘するまでもないだろう(14)」と述べた。この「関連」は、何度指摘しても足りないくらい重要で、「近代合理主義」の理性概念成立史はこちらをメインとすべきである。そして、インテレクトゥス系列の直観理性が最高位を奪われ「悟性」に成り下がっていく経緯も、同じく近代自然科学の勃興と深く連関している。じつにこの「直観理性の凋落」という出来事にこだわっているのが、『活動的生』第六章なのである。

カント以降の概念図式として「理性－悟性－感性」という三つの知的能力をわれわれが勉強するさい、「直観イコール感性」と教えられる。そこでは、直観概念と理性概念はすでに切り離されている。つまり、直観が原則として感性的知覚に切り詰められたのが、カント以降の近代哲学史である。ところが、伝統的に理性を意味するヌースやインテレクトゥスには、アイステーシスやセンススの「見る」はたらきと類比的に、「じかに観てとる」という原義が響いていた。しかも、この直観理性が何を観てとるのかと言えば、感覚的に現われているものとはおよそ異なる、理性のまなざしに顕現するかぎりでの真なるものだとされた。感性と理性にまたがるこうした伝統的直観概念を根本から覆すような何かが起こったのである。それとともに、直観概念と一対であった伝統的真理概念も瓦解することとなった。

アーレントはこの近代を劃する大いなる出来事《イベント》を、「ガリレオの望遠鏡」という小道具を用いて説明している。デカルトの懐疑の一歩手前に起こった知的革新は、たんなる観念《アイデア》のレベルをはるかに超えるものだった。それは、事象をありのままにじかに観てとることこそ人間的認識の最高形態だとしてきた太古からの強固な信念が、脆くも崩れ去る瞬間だった。人間によって作られたものを通して、それまでに知られたものを踏み越えるものが見えたということ、そこに新しく映じた世界は、それまで学問的に説かれてきた真なる世界とは、およそ異なるものだったということは、小手先の道具など使わず、どこまでも純然と直観すべしとしてきたテオーリアの理想に一大打撃を与えることとなった。

　大雑把に言うと、ガリレオの望遠鏡の新機軸とは、じかに観るのではない「作って－見る」という新しいタイプの媒介知の提唱にあった。伝統的に「奴隷的技芸」と蔑視されていた職人の技術によって創造されたこのメディア知の威力たるや、観想的生に優位を置いてきた旧来のヒエラルキアを覆すに十分だった。なぜなら、それまで活動的生の下位に甘んじてきた作ること（ポイエーシス）が、観想的生の本体であったはずの観ること（テオーリア）に内部深く食い込み、その理想を食い破って、ついに「作って－見ること」の優位へと昇りつめたからである。そのような知的大変革のあとで、つまりガリレオ以後の近代という時代に、テオーリアの幸福を唱えることは、お笑い草となった。だとすれば、われわれは知への愛をどうやって口説いたらよいのだろうか。

五　古代と近代のギャップを生きるということ

観想的生の理想が失墜した近代のどん詰まりのような現代に、古代ギリシア哲学を学び、研究すること――それは大げさに言えば、古代と近代との狭間、裂け目《ギャップ》を生きるということである。事は「近代哲学史」にとどまるものではない。アーレントが『活動的生』第六章で展開した近代論は、哲学史の枠組みを大きく踏み越えたものとなっている。ガリレオが制作と学問を融合させて近代の進路を切り拓いたとする見方は、近代をデカルトから始める哲学中心史観とは一線を劃している。なるほど『活動的生』では、ガリレオ論に続いてデカルトも詳しく論じられるが、それは、ガリレオの望遠鏡がもたらした知的震撼を最初に受け止めた一人がデカルトであり、その反応《リアクション》が普遍的懐疑だったからである。「近代を決定した出来事が帰せられるべき当事者は、ガリレイであって、デカルトではない」[15]。

デカルトは、時代を見極める明敏さを持っていた一方で、テオーリアへの思い入れをなお保持していた。演繹とともに直観を確実な認識の一つに数え入れ、直観の理想に適《かな》った「われ思う、われ在り」を、第一哲学の新しい原理とし、物体とは別に精神を実体として立て、みずからの省察を神の観想になぞらえ、かつ神という完全存在者を知の拠点に据える――こうしたデカルトの方法には伝統的発想が色濃く残っている。これと違って、あらゆる点で伝統と対決し近代的思考を先取りした、ガリレオ以後のラディカルな哲学者が、ホッブズだった。

先年、主著『哲学原論』の日本語訳が二種も揃い、ホッブズの偉大さが誰の眼にも明らかとなった。その物体論－人間論－市民論の哲学体系に、神の出番はない。精神はすべて物体に還元される。望遠鏡の登場による視覚理解の転換は、徹底した唯物論にもとづく機械論的人間観を生み出し、ここに「自然主義」という近代の主流が形成されてゆく。[16] ホッブズにおいてまずもって注目すべきは、そこでは、ヌース－インテレクトゥス系統の直観理性が早くも凋落していることである。ホッブズの哲学の定義において、哲学知はもっぱら原因から結果への、または結果から原因への「推論」と見なされ、[17] その「推論」とは、ずばり「計算」の謂いである。[18] 名辞の演算に帰着するこの「合理的思考」[19] こそ、近代合理主義の「理性（reason）」概念にほかならない。

近代的理性が名乗りを上げる一方、伝統的な直観理性は見る影もなくなっている。ヌースやインテレクトゥスの流れを汲む「理解・知性（understanding）」は、ホッブズによれば、「人間と獣に共通である」とされるほどである。[20] ここには、ロゴス－ラチオ系列の計算理性が支配的になることと裏腹に、伝統的な直観理性が失墜してゆく様子がまぎれもなく見てとれる。そしてその背景には、まさにガリレオの望遠鏡に始まる知の革命的変動があった。

哲学者の学説史上の「転回」をせっせと辿る「観念の物語・思想史（history of ideas）」にとどまるかぎり、デカルトやホッブズがガリレオの望遠鏡という出来事から衝撃を受けたことは見えてこない。しかしそこまで言うと、さすがに疑問を抑え切れない人もいるだろう。「ガリレオの望遠鏡のどこが「出来事」なのか？　たかが知的道具の一つでしかないのに。「観念」のレベルで騒いでいる点では、お前だって似たり寄ったりだ」と。

たしかに、ガリレオの望遠鏡の新機軸とは「作って－見ること」だと主張しても、「それがどうした？・」と言われかねない。しかし私としては、それはまったく新しい知的事件だった、とやはり言わざるをえないと思う。テオーリアとポイエーシスには、もしくはヌースとテクネーには、それほどの違いがある。「見ること」と「作ること」との間のその隔たりを、やすやすと飛び越えられると考えることは、近代のこちら側からの発想であって、その発想に立つかぎり、それ以前にあった区別は理解できないままである。それは同時に、自分たちが何をやっているのかをいつまでも理解できない、ということを意味する。

われわれは、作ることと見ることを、それほど隔たったものとは見なしていない。さらに大きな枠組みで言えば、観想的生と活動的生を別々のものと考えることには違和感を覚える。なぜか。それが実感だから、では答えにならない。幾重にも理由はあろう。一つには、人間のあり方に本性上の差別があってはならないとする（ホッブズ以来の）平等主義原則が、われわれに沁みついているからである。とりわけ、観想的生を上位に、活動的生を下位に置き、しかも制作を行為より下位に位置づけてきた伝統的序列を、われわれは間違いだと見なしているからである。さらにもう一つ、作って－見ることによって躍進をとげてきた近代的な技術知の勝利とさらなる発展を、疑っていないからである。

ところで、見ることと作ることのドッキングが、どれだけ目覚ましい未曾有のことだったかは、それが、哲学の古来の目標設定に意味転換を迫るものだったことからも窺える。つまり、「真理」とはいかなるものか、についての理解が根本のところで変わってしまった。「真理」は「現われてあること」をやめ、「作られてあること」に変貌をとげた。
「真なるものとは作られたものである」という近代真理論の根本テーゼを、アーレントは、ホッブズとヴィーコに帰しているが[21]、その手前にガリレオの望遠鏡があることは明らかである。なぜなら、凹凸レンズを組み合わせた筒眼鏡を通してガリレオが覗いて見た星界とは、「映像」にほかならず、光学的－技術的に作り出された形象以外の何ものでもなかったからである。そこでは、自然的なものと人工的なものとの境目、区別が曖昧となる。もちろん、その視覚像はありありと現われてはいるが、光学技術によって調整されて作り出された影法師が、そのように「自然」に見えているだけである。はるか彼方の遠い星の世界が、すぐ目の前に像を結んでいるということ自体、巧妙に騙されているかのごとくである。しかも、そうした作られた見かけのほうが「科学的で精確」というハクが付き、肉眼を凝らして夜空を見つめても「科学以前で素朴」とあっさり片付けられてしまう。

　われわれは、ありのままの真理などなく、どんな真理も作られたものなのだ、と思わずにはいられない。この現われへの不信こそ、伝統的真理観から新しい真理概念への転轍《てんてつ》をもたらした近代の根本経験であった。一切は作り物だ式の割り切りは、今日ますます支配的となっている。およそ見えるものすべてが「像（image, Bild）」と化し、見ることがつねに作られたものを見ることである時代。ハイデガーが「世界像の時代」と呼んだそういう時代には、何が真理から遠いかといって、当の事象の「隠れなきありさま（アレーテイア）」ほどウソ臭いものはない。古代ギリシア人にとって、存在するとは現われてあることであり、存在と現象、存在と真理は一つであった、などと宣《のたま》えば、何という非科学的なことを言い出すのかとたしなめられるのがオチである[22]。

そして、だからこそ、つまりその場合「科学的」と言われていることの意味理解を深めるためにこそ、「非科学的」と決めつけられてしまう「現われとしての真理」にも、われわれは習熟しなければならない。プラトンの「イデア」にしろ、アリストテレスの「エネルゲイア」にしろ、そうした真理観に立脚した存在概念なのだから、彼らのテクストを読むことは、同時に、われわれにとって自明と化した「作られたものとしての真理」観をあぶり出す絶好のよすがとなりうる。古代哲学は、そういう異化作用に満ちている。

以上、古代と近代のギャップにこだわることの意味について少し考えてみた。アーレントが『活動的生』で行なった「観想的生と近代」をめぐる考察には、近代という時代をトータルに照らし出す照明力があると私は思う。「観想的生／活動的生」や「制作／行為」といった古色蒼然とした区別立てにこそ、そのような差異発見機能がある。「そんな硬直した区別にこだわるのは時代錯誤もはなはだしい」と古代哲学研究者にすら言われてしまいそうだが、逆に私としては、古代ギリシアに着目したそのような時代おくれの考察にこそ、われわれ現代人の自己反省の豊かな可能性がひそんでいると思うのである。

ここで思い起こされるのは、ヤスパースがアーレントから『革命について』を贈ってもらった返礼の手紙のなかで記した、次のコメントである。「きみの本を読みながら、ギリシャはまさにきみたちのためにあると、何度も思いました。ギリシャ人たちのもとにきみが故郷をもたなかったら、こういう伝達形式を見いだすことはできなかったでしょうし、ギリシャ人なしには、きみがアメリカ憲法とその起源を比較検討できたこの地平は開けなかったことでしょう」[23]。アーレントのアメリカ論のバックボーンに関するヤスパースのこの評言は、『活動的生』の近代論にも、優るとも劣らず当てはまる。古今を行きつ戻りつし、古代と近代とのギャップに身を晒し、その落差を受け止めることができたからこそ、アーレントは現代世界の危機を深々と捉えることができた。「なぜいまギリシャ哲学か――回顧と展望」という問題設定に対する一つの範解がここにあると、私には思われる。

六　「どこまでわれわれは哲学をすすめられるか」の他意

さて、いちばん大事な問いがまだ手付かずのまま残っている――「どこまでわれわれは哲学をすすめられるか？」である。「作って－見る」をスタンダードとしてきた時代は、「じっと観るだけ」のテオーリアの理想を完全に葬り去ったかに見える。そんな時代に哲学を説くことはいかにして、またどこまで可能か。これが当初立てられた問いであった。

なるほど、無媒介な純粋直観の理念は、「作って－見ること」の勝利によって朽ち果てたかのようである。しかし、本当にそうだろうか。かつては対極にあったポイエーシスをも、自分のほうに巻き込んで、いかなる手段も犠牲も辞さずとにかく見ることをひたすら追求するという傾向は、いささかも衰えていないのではないだろうか。「人間はみな生まれつき見ることを欲する」――このテーゼは今日、何ら修正を要しないのではないか。

近代の四百年もの間、作ることによって増強された見ることは、無限の視力拡大をめざして驀進してきた。像を通して見ることは、それがよりよく見ることだからこそ、発明と改良を重ね、日進月歩をとげてきたのである。観望装置が次々に開発され、メディア知が進めば進むほど、それだけ人間は四方八方像に囲まれた生を生きることになる。気がつくと、映像機器なしには万人が一時たりとも生きられないほど、世界像の時代の住人は、おのれの作り出した像を見ることに一極集中している。神が宇宙を照覧する境地にはほど遠いが、その究極の目標へどこまでも進むことをやめそうにない。テオーリアの欲望がポイエーシスと合体することで吐き出し口を見つけて、無限に増長してゆくかのようである。

それゆえ、作って－見ることの暴走を前にすれば、こう言ってみたくなる。

テオーリアは死なず。死すべき者どもが神的視点に立とうとする野望は萎えるどころか、ひたすら見たいという欲望は人類史上かつてないほど膨れ上がっている。それは、知を求める熱病か狂気に罹っていると言わざるをえないほどである。だとすれば、まったく別の意味で、どこまでわれわれは哲学をすすめられるかと自問したくなる。そう、これ以上すすめないほうがいいのかもしれない。だって、もういい加減にしないと人類の破滅なのだから。

註

〔1〕本章はもともと、二〇一六年九月一七日に国際基督教大学で開かれた第二〇回ギリシャ哲学セミナーのシンポジウム「なぜいまギリシャ哲学か――回顧と展望」の提題原稿に由来する（他の提題者は、田中享英氏と荻原理氏）。この年のセミナーの研究テーマは、「哲学のすすめ（Protreptikos）」であった。

〔2〕宮内璋・松本厚訳『断片集』、『アリストテレス全集17』岩波書店、一九七二年、所収、五四二頁。〔 〕内は訳者の補足。國方栄二訳『著作断片集2』、『アリストテレス全集20』岩波書店、二〇一八年、所収、では六一頁。

〔3〕宮内・松本訳書五六九頁。國方訳では八五頁。「ギリシア哲学とペシミズム」の因縁を感じさせる定型表現である。

〔4〕そのままではないが、アリストテレス『哲学の勧め』断片には、たとえばこうある。「思惟し観照することから生ずる喜びこそ、唯一の、或いは、すべてにまさる生きることの喜びでなければならない〔…〕。何故ならば、最も真なる諸々の思惟の活動、すなわち、あらゆる存在の中で、存在の度合いにおいて、最も高度に存在するものによって充たされ、かつ、付与された完全性を確固として常に保ち続ける活動、そのような思惟の活動こそ、他のあらゆる諸活動にまさって、喜びを生む最大の力を有しているからである。それ故、真の、そして善き喜びを享受することとそのことのためにもまた、心ある人は哲学しなければならないのである」（宮内・松本訳書五八六頁。國方訳では一〇〇頁）。

〔5〕拙稿「ポイエーシスと世代出産性――『饗宴』再読」（哲学会編『「いのち」再考』哲学雑誌八〇二号、有斐閣、二〇一五年、所収。拙著『世代問題の再燃――ハイデガー、アーレントとともに哲学する』明石書店、二〇一七年、に第三章として収録）、および「哲学の実存」（哲学会編『現代における哲学の意味』哲学雑誌七八二号、有斐閣、二〇〇五年、所収。拙著『ハイデガーと哲学の可能性――世界・時間・政治』法

政大学出版局、二〇一八年、に第十章として収録）を参照。

〔6〕「われわれは「人間であるかぎり、人間のことを、死すべきものであるかぎり、死すべきもののことを想え」と勧めるひとびとの言葉に随ってはならない。むしろ、われわれに許されるかぎりにおいて、不死なるものに近づき、われわれ自身の内にあるもののうちで最高のものにしたがって生きるようあらゆる努力を尽くすべきである」（加藤信朗訳『ニコマコス倫理学』、『アリストテレス全集13』岩波書店、一九七三年、所収、三四四頁。神崎繁訳『ニコマコス倫理学』、『アリストテレス全集15』岩波書店、二〇一四年、所収、では四二四頁）。

〔7〕拙稿「エネルゲイアのポリス的起源――アーレントとアリストテレス」（『理想』第六九六号、特集「アリストテレス――その伝統と刷新」、理想社、二〇一六年、所収。拙著『ポリスへの愛――アーレントと政治哲学の可能性』風行社、二〇二〇年、に第五章として収録）を参照。

〔8〕拙稿「生への愛、知への愛――『ツァラトゥストラ』の筋立て」（『理想』第六八四号、特集「哲学者ニーチェ」、理想社、二〇一〇年、所収。拙著『ニーチェ――哲学的生を生きる』青土社、二〇二四年、の第一章に収録）を参照。

〔9〕矢野久美子訳「何が残った？　母語が残った」、齋藤純一・山田正行・矢野久美子訳『アーレント政治思想集成1』みすず書房、二〇〇二年、所収、二頁。

〔10〕『アーレント＝ヤスパース往復書簡3』大島かおり訳、みすず書房。二〇〇四年、一二五頁。

〔11〕「何が残った？　母語が残った」二頁。

〔12〕ハンナ・アーレント『活動的生』森一郎訳、みすず書房、二〇一五年、一〇頁。

〔13〕坂部恵「〈理性〉と〈悟性〉――十八世紀合理主義の消長」（哲学会編『近代合理主義の検討』哲学雑誌第

七七一号、有斐閣、一九八四年、所収。『坂部恵集1』岩波書店、二〇〇六年、に収録）、および坂部恵『ヨーロッパ精神史入門』岩波書店、一九九七年、の第十二講「能動知性の凋落」と第十八講「理性と悟性——逆転のドラマ」を参照。

〈14〉「〈理性〉と〈悟性〉」、『坂部恵集1』二一九頁。

〈15〉『活動的生』三五七頁。

〈16〉本書第四章「哲学的人間学の自然主義的起源——ホッブズの人間理解」を参照。

〈17〉「哲学とは、諸々の結果ないし現象の知得された原因ないし発生の仕方から正しい推論によって獲得された、これらの結果ないし現象の認識、およびこれと反対に、認識された諸々の結果から正しい推論によって獲得された、ありうる発生の仕方の認識である」（トマス・ホッブズ『物体論』本田裕志訳、二〇一五年、一六頁）。

〈18〉「さらに私は、推論を計算という意味に解する。しかるに、計算するとは、足し合わされた複数のものの合計を見積もること、もしくは、あるものを他のものから引いた残りを認識することである。それゆえ、推論するとは足すことと引くことと同じである。〔…〕あらゆる推論は足し算と引き算という、心の2つの作用に帰着する」（『物体論』一七頁）。

〈19〉計算に帰着するこの「合理的思考」のことを、ホッブズは、「ギリシア語で *logizesthai* という」と言い換えている（『物体論』一九頁）。

〈20〉ホッブズ『リヴァイアサン』水田洋訳、岩波文庫、第一巻、一九九六年（第三二刷）、五五—五六頁。

〈21〉『活動的生』三九〇頁以下を参照。ホッブズ論が見られるのはこの第四二節である。

〈22〉アーレントは『精神の生』第一部『思考』で、「存在と現われは一致する」（LMT, 19. 強調は原文）という古代ギリシア的根本テーゼから出発している。相当の度胸である。

〈23〉ヤスパースのアーレント宛一九六三年五月一六日付書簡、『アーレント＝ヤスパース往復書簡3』四七頁。

第十二章　世界と真理をめぐって
──ハイデガーからアーレントへ〔1〕

一　アーレントはどこまで哲学者か？

私見だが、アーレント研究は停滞していると思う。なるほど、政治思想研究や社会思想研究の方面では、従来からの蓄積もあり、それなりに研究されている。しかし、哲学研究方面でのアーレントに対する関心は、依然として低い。ハイデガーとヤスパースという両巨星の最優秀の弟子に対して実存思想の研究者の間で反応が鈍いのは、奇妙である。映画『ハンナ・アーレント』は見応えがあったが、教授と女学生の色恋沙汰の印象が強すぎたらしい。ハイデガーからアーレントへ、そしてその先にこそ、現代における哲学の可能性があると信じる者としては、アーレントへの関心の低さを残念に思っている。

どうやら、世の哲学研究者の眼には、アーレントは論ずるに足る存在とは映っていないようだ。彼女にうつつを抜かしているこの私など、さしずめ哲学研究から逸れてしまった脱落者といったところだろう。私個人が落伍者呼ばわりされるだけならまだしも、「アーレントは政治理論家ではあっても哲学者ではない」といまだに決めつけられているとしたら、聞き捨てならない。あまりに勿体ない話に唖然とさせられる。

本章では、「アーレントはどこまで哲学者か?」と疑う向きに対して、「アーレントはどこまでも哲学者である」と主張したいと思う。ただし、この議論に深入りすると、「哲学者とは誰か?」、「哲学とは何か?」という厄介な問いが浮上することは避けられなくなる。そこで、やや乱暴に見える基準を持ち出すことにしよう。「世界と真理という哲学の根本問題にこだわり、それを自分自身の問いとして摑みとって徹底的に問い直そうとしている者なら、哲学者と呼ばれてよい」と、そう私は考えたい。

ハイデガーが、世界や真理という問題現象にこだわり続けた真正の哲学者であったことは、ナチ問題を断罪し続ける向きは別として、多くの人に同意してもらえるだろう。それに優るとも劣らない意味で、アーレントも哲学者だと言ってよい――と私は思う。もちろんアーレントは、ハイデガーが世界や真理に関して思索した事柄を、ただなぞっているのではない。彼女なりにそれを引き受け直し、批判と対決を果たした末に、思考の新しい沃野を切り拓いたのである。ハイデガーからアーレントへの入り組んだ道程をさらに歩み、我がものとすることに、二一世紀における哲学の可能性が存する、と私は確信している。この可能性をともに担ってくれる人たちが現われることを願いつつ。

二　世界内存在からの出発と、不安における再出発

アーレントのどこが哲学者か、と懐疑的な問いを発する人はいても、『全体主義の起原』や『エルサレムのアイヒマン』といった作品の重みを否定する人はいない。二〇世紀政治思想の古典と目されるこの二つの著作で大規模に展開されているナチズムやユダヤ人虐殺に関する省察が、比類のない深さをたたえているのは誰の眼にも分かる。「でも哲学的には……」と不満をこぼす人がいる。とくにこの不満は、『人間の条件』――ハイデガーとの関わりを押さえるのに好都合なドイツ語版『活動的生』を優先させよう[2]――という「哲学的主著」に対する物足りなさに集中するようである。しかもその場合の評価の観点には、以下に挙げるようないくつかの有力なパターンがあるように見受けられる。

まず、「ハイデガーが古来の形而上学の伝統を踏まえ、かつその乗り越えをめざして、「存在《ある》」とは何を意味するかと問い、壮大なスケールの「存在一般の意味への問い」を立てようとしたのに対して、アーレントはせいぜい人間の「行為」を論ずる程度で、哲学的人間学の域を出ない」（不満A）。私自身は、行為論も哲学的人間学も哲学の立派なテーマだと思うが、その点はひとまず措く。ここでは、ハイデガーが企てたような存在論をどこまで展開できるかが、哲学的か否かの分かれ目のようである。

次に、「アーレントにおいては、自然物も人工物も人間関係も所与として前提され、客観的世界の存在が自明視されている。自我と他我との懸隔も問題にされず、言語論もろくにないまま、公共性がいき

なり語られている。哲学の基礎部門としての認識論が欠落しており、あまりに素朴だ」（不満B）。ここでは、外界の存在を前提せず、主観（内在的意識）から客観（超越的対象）へいかにして到達しうるか、と問う認識論（他我認識や歴史認識、言語論的転回以後も含む）こそ、哲学的議論の品質証明のようである。かりに存在論がプラトン、アリストテレスを範とする伝統哲学のスタイルと言ってよいとすれば、認識論はデカルト、カントを元祖とする近代哲学のスタイルと言ってよかろう。では、この水準からして、アーレントは古代、近代どちらの哲学の流儀から見ても失格で、箸にも棒にもかからない、ということになるのだろうか。

この疑問はひとまず後回しにして、ここでわれわれは、ある厄介な問いが浮上していることに気づく。つまり、存在論が先か認識論が先か。哲学の出発点をどちらに置くべきか。哲学はそもそもどこから始まるのか。これは、哲学の原初・原理（*archē*, principium）をどこに見出すかという問題であり、忽《ゆるが》せにできない。だがその一方で、「始まり」は一つとは限らないということだってありうる。古代哲学史は多様な原初（*archai*）に満ちており、近代哲学史は多数の原理（principia）に溢れている。それに、もし現代哲学に豊かな活路が見出されるとすれば、それは一つには、古今の二通りの始まりを我がものとしうるという可能性にあるだろう。そして、まさにその豊かさを体現してみせたのがハイデガーの哲学であった、と今さらながら思われてくる。

現代哲学の概説風に言うと、ハイデガーは、デカルト以来の近代哲学が、主観–客観の対立図式に基づく認識論にはまり込んできたことを批判し、それを乗り越えようとした。そこに据えられた哲学の発端こそ、「世界内存在」にほかならない。内在的意識に閉じこもった無世界的主観から出発したのでは、眼の前のこの机、そこにいるあなたについて語ることすらままならない。むしろわれわれは、理論的構築に先立って、手頃な道具や生身の他者と交渉し、それらとじかに触れ合うという仕方で、この世界の内にそのつど現に存在している。そして、そこから哲学を始めてよいのだ——。このような「世界内存在からの出発」宣言は、認識論は理論的構築物にすぎないとしてその根源性を疑問に付し、道具や他者といった世界内部的存在者との交渉へ、そして、そのように世界内存在しているわれわれ自身の存在へ肉迫する道を開いたのである。

『存在と時間』で展開された世界内存在の現象学が実りをもたらしたことは、否定できない。しかし、ここで一つの疑問が沸いてくる。最初から存在者とその存在を前提してかかるようなスタイルは、哲学としては素朴だし無批判的だと評されてもおかしくないのに、そういう反応がさほど見受けられないのは、なぜか。アーレントには認識論が欠落していると不平をこぼす人はいても、ハイデガーの場合、必ずしもそうではない。カルテジアンやカンティアンから、そういう不満はあまり聞こえてこない。

認識論者からの反批判が目立たないことにはいろいろな理由が考えられるが、ここで再確認しておきたいことは、ハイデガーの議論は世界内存在が自明視されたまま終わるのではなく、ある時点でそれがおもむろにカッコに入れられる、という点である。言うまでもなく、「不安」という気分において世界が無としてあらわとなる場面がそれである。

「何となく不安だ」としか言いようのない、名状しがたい気分にふと襲われるとき、日常性の淀みなさはたちまち脱落し、世界内存在そのものが無気味さをたたえて押しつけがましく迫ってくる。この屈折を孕んでいるからこそ、ハイデガーの現象学的存在論は、実在措定の素朴さを脱している、と見られてきたのではないだろうか。

この点に関しては、フッサール現象学とのつながりがしばしば語られる。「事象そのものへ！」を標語に掲げる現象学は、意識はつねに何かについての意識であるという「志向性」の概念を提唱し、意識とその対象とは陸続きであると宣言する。それでいて、方法論的出発点においては、外界を素朴に前提している自然的態度を遮断し、世界の存在をカッコに入れることを要求する。そうした現象学的判断停止《エポケー》によって取り出されてくる「純粋意識」は、デカルト的コギトとどこが違うのか、定かでないところがある。

フッサールにおいて、超越論的現象学を企てるうえで、そうしたいわば認識論への逆行が不可避とされたとすれば、それと似たことが、ハイデガーにもじつは見出される。『存在と時間』の本来性の議論には、一種のデカルト的モティーフが見てとれるのであり、そこでは、方法的懐疑もしくは現象学的還元に代わって、不安という根本気分が、世界内存在そのものを見つめ直すきっかけとして躍り出てくる。

では、結局のところ、ハイデガーも近代哲学に宗旨替えしたのか。必ずしもそうは言えない。不安という気分は、無意義性という様態において世界の有意義性をあぶり出し、無の相において存在を浮き彫りにする役目を担わされている。まさしく存在経験として、世界内存在の現象学をその実存的基盤へと差し戻すのが、不安という「根本情態性」なのであり、不安の分析がそのまま存在への問いの続行なのである。ちょうど、古代哲学においては「驚嘆」がそれと同じ位置価にあり、森羅万象の存在という不思議を前にしての愛智の始まりをひらく根本気分であったように。

原初をなす「驚き・驚嘆」と、「疑い・懐疑」。この二つの始まりがそれぞれ古今の哲学のスタイルたる存在論と認識論を切り拓いてきたのだとすれば、『存在と時間』において哲学の根本気分として煽り立てられる「不安」は、驚嘆と懐疑の両面を備えている。つまり、ハイデガーの哲学は、存在論と認識論、古代哲学と近代哲学のどちらの刻印も帯びていると言ってよい。われらハイデゲリアンはそこにまぎれもなき「現代哲学」を見出し、こう宣言する——不安において哲学は再出発するのだ、と。

だがそれにしても、古代哲学と近代哲学のそのようないいとこ取りの両立が、果たして根源的でありうるのだろうか。しょせんそれは中途半端な折衷様式にすぎないのではないか。そもそも不安はどこに由来するのか。驚嘆でも懐疑でもなく、そのどちらでもあるような始まりというのは、どこかうさん臭くないか。かくしてわれわれは、古代でも近代でもあり、かつ古代でも近代でもないという玉虫色の哲学事始めの素姓を明らかにする必要に迫られる。歴史的なものへの問いが、ここに焚き付けられる。

三　世界疎外と、その始まりの出来事

『存在と時間』では、不安は、日常性のただ中で、頽落の状態にどっぷり浸かり自分を見失っている

この私に、突如襲いかかってくるとされる。それが時代によって規定され、いわば時代制約的に調律されている、とは言われていない。日常性を突き破る不安の襲来は、あくまで世界内存在という存在構造に備わると考えられており、時代の変転によって浮上してくるようなものとは解されていないのである。同じことは、世人《ひと》や頽落についても言える。それらは「実存カテゴリー」をなす以上、時代的負荷を免れたものでなければならない。『存在と時間』後半では「歴史性」が主題となってくるにもかかわらず、その議論においてもなお、本来性や非本来性は時代的被規定性を欠いたものと見なされ続ける。

哲学的概念の歴史的中立性は、哲学全般に関するもう一つの先行判断と関わってくる。つまり、哲学は、有為転変とは無縁の、超歴史的な真理を追究しなければならぬ、とする思い入れである。純粋悟性概念や定言命法は時代とともに移り変わる、とカントは言わないだろう。相対主義の猛攻を浴びながらも、哲学の不変志向にはなおわれわれを魅了するものがある。それと似た不朽の魅力を、『存在と時間』は放っている。

逆に言えば、不用意に「時代」について喋々すると、非哲学的だという烙印を押される。まさにその疑いをかけられる問いがある。「近代とはどんな時代か」という問いである。そして、その問いを一貫して追究している『活動的生』第六章「活動的生と近代」は、これまた、哲学的には疑わしいとの嫌疑を受けかねない（不満C）。

しかし、じつを言えば、『存在と時間』以後のハイデガーの思索も、時代的なものへの着眼を次第に鋭くしていく。古代ギリシアという「第一の始まり」の根本気分であった驚嘆とは似て非なる、「あらたな始まり」にふさわしい別の根本気分――その一つに「驚愕《エアシュレッケン》」が挙げられる――を論じたり、現代の技術的世界を「作為機構《マッヘンシャフト》」や「総かり立て体制《ゲ・シュテル》」と名づけ、その時代的特徴を際立たせたりすることが、課題とされるようになる。存在の問いにあくまでこだわりつつ、古代から中世、近代、現代までの壮大な歴史がそこに食い込んでくることを自覚する問いのスタイルは、「歴史的省察」と呼ばれる。いわゆる後期ハイデガーに特有なそのスタイルを引き受け、我がものとして全面的に打ち出したのが、アーレントの『活動的生』第六章であった、と思われてならない。

思えば、『存在と時間』は、その第二部で、存在論の伝統との対決を予定していた。当初の形では実現しなかったにしろ、その構想がやがて、同時代の状況と切り結んだ仕方での「歴史的省察」となって現われたということだろう。だとすれば、『活動的生』最終第六章も――この全体が「存在と時間」プロジェクトの再出発と解されるとすれば――、『存在と時間』第二部の歴史的考察のあらたな変奏と見なすことができる。

それはともかく、『活動的生』第六章最初の第三五節のタイトルは「世界疎外の開始」である。近代という時代の始まりは世界疎外の始まりであり、つまり近代とは全体として世界疎外がどんどん進行してきた過程として理解できる、というのである。では、その「世界疎外」とは何か。アーレントは定義を与えていないし、一括りにできないところがあるが、ひとまずこう言っておこう。われわれに親密であったはずの世界が、一転して「よそよそしい（fremd, alien）」存在と化し、その異他的となった自分の居場所の前に立ち尽くすわれわれ自身もまた「よそ者・異星人」となった、という無気味な事態が、アーレントの言う「世界疎外（Weltentfremdung, world alienation）」なのだ、と。

　不安という気分に襲われるや、世界は有意義性をカッコに入れられ、俄然その無意義性をあらわにするのに対して、歴史的布置としての世界疎外にあっては、自然的世界はその親密性を剝奪され、自己と世界との関係は遮断される。物の世界の耐久的存続性も、共同世界の歴史的存続性も、世界疎外の時代には総じて崩れ落ちる。世界の内にどっしりと存在しているという素朴な信念は根こそぎ失われ、地盤を喪失した根無し草的な地球市民が、コスモポリタンという名のエイリアンとして大量発生するのである。

　時代的負荷を負わされた不安とでも言うべき位置価をもつ世界疎外を歴史的に省察することは、活動的生の現象学がそこから再出発することを意味する。そしてそれは、認識の不確かさに直面しての懐疑と、存在の不思議さに際会しての驚嘆という、哲学の二重の始まりを兼ね備えてもいる。この世界疎外という時代の根本気分をなお「不安」と呼んでよいかは、本章の最後で考えることにしよう。

　さて、アーレントの言うように、世界がよそよそしくなるという事態が近代を特徴づけるものだとすれば、近代とは、現われているがままの世界が、総じて身を退けて引きこもり、お隠れになってしまった世界引退の時代だ、ということになる。世界のこの「引きこもり（Entzug, withdrawal）」症状を示すのが、デカルトに始まる近代哲学だというのがアーレントの診断である。となると、無世界的主観から客観的世界への通路探しを課題とする認識論とは、世界疎外の時代に咲いたアダ花だった、ということになりかねない。逆に言えば、デカルトは近代という時代をいち早く正確に見抜いていたことになる。

それにしても、いやしくも哲学が時代をコロコロ追いかけるだけでよいのか。そう不満を抑えきれない人もいるだろう。デカルトが時代の動きに敏感だっただけなら近代哲学の祖たりえなかったはず、アーレントみたいな時事評論家と同じにされては困る、と。移ろいやすいもの相手ではなく、時局を突き抜けた不易なものに哲学は向かうのだ、という主張には、なるほど私も賛同したい。数年で入れ替わる新商品とか大学改革とかと同じノリで、哲学のテーマを設定されたのではたまらない。では、近代を問題にすることは、それと似たような一過的トピックにすぎないのだろうか。

そうであったら話はどんなに簡単だったことか、とつくづく思う。「近代とはどんな時代か」という問いは、とっかえひっかえできるような小問ではない。一七世紀の初めに火がついて以来、拡大の一途をたどり、四百年にわたって地上を席巻したあげく、今や地球上を覆い尽くしているのが、近代という怪物的時代である。全人類をその圏内に引きずり込む、かくも強大な勢力はかつて存在しなかった。惑星を遍く支配するその猛威に比べれば、古代ギリシアも古代ローマも、キリスト教もイスラム教も、はるかに局地的で子どもの遊びのようである。しかも、近代路線に代わるものをわれわれは持ち合わせていないから、この先もずっと――おそらく人類が続くかぎり――足を洗えそうにない。

当初はローカルであった「近代なるもの《モダニティー》」が、かくもしぶとく人類に取り憑き、遍在的となっているのは、この歴史的現象が人間性の本質に深々と食い込んでいること、ひいては存在と認識、世界と真理といった根本問題に関わっているらしいことを意味する。近代を問うことほど普遍的な問いはない、とすら言えるだろう。だとすれば、この時代に真っ向から問いかける歴史的省察のスタイルこそ、哲学的と称されるにふさわしい。

そのような歴史的省察のテーマとなるのは、観念ではなく、「出来事（Ereignis, event）」である。「始まりとしての出来事」は、ハイデガーが一九三〇年代に展開した「原初的思索」において主題に据えられた。アーレントが『活動的生』第六章で考察しているのも、近代の始まりを劃する、大いなる「出来事」である。イエスの生誕にも比せられるその大事件とは――、ガリレオの望遠鏡である。

四　ガリレオの望遠鏡という大いなる出来事

ガリレオが人づてに聞いて自前で作り、星空を眺めた、そのちっぽけな小道具から、近代という時代は始まった――アーレントのこの見立ては、あまりにチャチでお話にならない、と思う人も多いだろう。かく言う私もかつては半信半疑だった。だが次第に、考えれば考えるほど、アーレントの指摘は正鵠を射ていると思うようになった。

まず、デカルト（1596-1650）の手前にガリレオ（1564-1642）が置かれていることが重要である。年代的にはもちろんそれで正しいのだが、哲学史の教科書ではふつう、デカルトは近代の出発点として大々的に位置づけられ、ガリレオの新機軸は科学史上の一トピックとして扱われる程度である。ここでわれわれは、哲学史研究にありがちなもう一つの一般的思いなしと言っていい、講壇哲学の不文律に気づく。

哲学史はあくまで内在的に説明されねばならない、というのがそれである。デカルトの哲学は、一方でスピノザ、ライプニッツらの大陸合理論を生み、他方でロック、ヒュームらのイギリス経験論を生んだ、と語られる場合、それはあくまで哲学理論上の観念レベルで説明されねばならず、そこに当時の政治情勢や社会状況を混入させるのは控えるべきだ、とされる。この見方からすれば、アーレントが『活動的生』第六章で近代哲学史を扱っているように見えても、その発端は「アメリカ大陸の発見」や「宗教改革と教会領没収」といった出来事のレベルに置かれており、哲学史の説明としては不純であり邪道だ、ということになる（不満D）。

こういった純正哲学史観がいまだに通用していることは、たとえば、一九三〇年代以降のハイデガーの思索の変転を、超越論的問題設定の破綻や根源的自然概念への移行といったレベルで説明して済まそうとする研究方向がいまだに盛んであることからも窺える。そこでは、ナチズム加担やドイツ敗戦といった、ハイデガーの個人史的にも二〇世紀の人類史的にも重大な出来事は総じて切り捨てられ、「中期ハイデガーの性起《しょうき》の概念は……」式の観念遊戯が大手を振ってまかり通っている。しかし言うまでもなく、歴代の哲学者たちは、プラトンにしろトマスにしろスピノザにしろヘーゲルにしろ、空無の中で物を考えたわけではなく、彼らが各々生きた時代のただ中で、彼らにとっての巨大な現実に直面し、それと血みどろの格闘をしてきたのであり、だからこそ本物の思索と言えるのである。

純哲史観と関わるのが、哲学史と科学史の乖離である。デカルトの前にガリレオを置くのは哲学史と科学史の専門の垣根を超えるから、少なくともデカルト専門研究者はふつう二の足を踏む。この禁則に反してアーレントが両者を同一平面で語ろうとすると、これだから素人はいい気なものだ、と冷たく突き放す。彼らにとって、デカルトの哲学体系は内在的かつ整合的に理解すべき対象なのであり、一切は炉部屋での孤独な瞑想から始まるのでなければならない。そのルールに反するのはお呼びでないのである。

では、専業哲学史家が呆れてみせるように、アーレントは哲学史の素人なのか。なるほど、「アーレントはハイデガー全集を読まなかったから、今日の水準から見ると彼女のハイデガー理解は浅い」と言ってのける人もいる。直弟子相手に身の程知らずの専門家気取りだが、哲学史家としてのアーレントの力量を侮《あなど》ってはならない。「カントの政治哲学」や「意志の歴史」といった創見に富む視点から哲学史を縦横かつ壮大に論ずる筋金入りの哲学史通が、講壇哲学史デカルト解釈にあえて逆らう形で、近代哲学の祖の一歩手前にガリレオを置き、ガリレオの望遠鏡にこそ近代の始まりがあり、デカルトはその後塵を拝したのだ、と主張しているのである。(3) つまり、『活動的生』でデカルト論の前にガリレオ論を先行させているのは、アーレント一流の強烈な皮肉なのである。存在論も認識論も興味ないわと、そ知らぬふりを見せているのが辛辣な皮肉であるのと同様に。

それにしても、なぜ望遠鏡なのか。ようやくこの本題に入るときが来た。

ガリレオの望遠鏡が革命的だったと言っても、彼はその観測結果によってコペルニクスの地動説を実証したわけではない。なるほど、一六一〇年に出た『星界の報告』では、月面は滑らかでなく凹凸だとか、天の川は無数の星の集まりだとか、木星には四つの衛星があるとか、数々の新発見が筒眼鏡によってもたらされたと興奮気味に語っている。しかしそれだけでは、天動説を斥ける地動説の決定的証明には程遠い。とはいえ、ガリレオの新発見は新しい世界観へのめざましい一歩だという受け止め方は、当時からあった。ガリレオの小報告書は、やはり当時の人びとにとって衝撃的だったのである。それにしても、たかだか凹凸レンズを組み合わせた小道具で星空を覗いたことのどこが画期的なのか。

アリストテレスの学問体系に根ざしたプトレマイオスの天動説は、空理空論どころか、太陽は東から昇って西に沈み大地は動かない生活世界に住むわれわれに納得しやすい世界観であり、感覚的確信に見合っている。じつは地球は猛スピードで自転し公転し続けているのだとするほうが、よほどわれわれの感覚に反する。感覚的確信に根ざしそれを精緻化したのが、天動説に代表される伝統的世界観であったのに対して、コペルニクスの地動説は、感覚とは相容れない知的空想の産物だと言えるほどである。原子論と同じく、古代にも太陽中心説はあったが、いわば机上の空論だった。われわれの現実感覚を置き去りにする説明方式のほうがじつは「科学的に真」であり、むしろわれわれの実感こそ虚偽なのだと言われても、困惑するほかない。しかしまさにそういった現実遊離的な知的困惑状況が、地動説がたんなる仮説から脱してゆくさいには起こったのである。

ガリレオが望遠鏡を作って覗いた星界は、われわれの日常的実感や、それを学問体系に高めた古来の世界観とは、およそ異なる世界だった。地動説を実証したわけではないにしろ、神的で完璧であるはずの天上の世界が、地上の世界と変わらないデコボコやシミや雑多な不規則性を具えていたことは、上下の区別に基づく世界《コスモス》の秩序と調和の観念を覆すものだった。その発見は、感覚への信頼とそれに基づく理性的思考の権威を瓦解させるに十分な衝撃力をそなえていた。この転換こそ、本来の意味で「コペルニクス的転回」と称されるに相応しい革命的出来事にほかならない[4]。

われわれが見たり聞いたり感じたりしている世界の現われは、まやかしだったのであり、われわれは自分自身の感覚によってつねに欺かれている。これ以上騙されないためには、感覚を素朴に信じることを差し控えて、これを鵜呑みにせず、それとまったく異なる世界への接近法を自前であみ出すほかない――これが、ガリレオの望遠鏡によって切り拓かれた知の新しい局面であった。その新機軸を推し進めていったのが、ガリレオ以後の近代科学であり、その路線に相乗りしてその新しい思考様式を説明してみせたのが、デカルトに始まる近代哲学だった。その狼煙《のろし》となったのが懐疑であり、そこに形成されてきたスタンダードこそ、主観－客観－図式に基づく認識論にほかならない。

では、始まりの人ガリレオは、結局のところ、何をやってのけたのだろうか。ごく大雑把に言えば、「作って－見る」という新しいタイプの知的アプローチを創出したのである。「制作（*poiēsis*）」とドッキングした「学問的認識（*epistēmē*）」が、つまり現代の便利な言葉を使えば「テクノロジー」という知のあり方が、ここに成立する。

五　作られるものとしての真理

ガリレオの望遠鏡に始まる知的革新を目の当たりにしたデカルトは、普遍的懐疑を突破口とする新たな第一哲学を企てたが、そこでは、世界との関係性を絶たれ自己自身へと投げ返された自我が、その閉塞状態からいかに脱して世界認識を取り戻すか、が問題となる。――近代哲学のこの筋書きにおいては、対象となるべき客観的世界は、認識主観によって構成されるもの、つまり作られるものと見なされる。すでにここには、「存在とは作られたものである」とする存在理解が姿を現わしている。

作ること、これは、『活動的生』では第四章「制作」のテーマである。材料を使って形ある有用な物を作り出し、またそれらを使い、使い続けることで、人間は、人工的世界を打ち建て、そこに住み、自分の住まいとして保持してゆく。――こういった物作りの哲学は、旧式の素朴実在論そのものであるかに見える。そこではアリストテレスの実体論《ウーシア》やプラトンのイデア論が踏まえられており、なるほど古代存在論の捉え返しと言えなくもないが、だからといって現代におけるそのルネサンスの試みとまでは言えないだろう。

ところが、アーレントの制作論の射程は、第五章「行為」に入ると、思いがけない拡がりをもつことが明らかとなる。プラトンの政治哲学を根本から批判しようとする第三一節「行為に代えて制作を置き、行為を余計なものにしようと試みてきた伝統」では、プラトンはイデア論を政治的に変形し、「善のイデア」をモデルとする国家変革のプログラムを正当化するのに役立てようとした、とされる。[5] そこに浮かび上がるのは、「行為（*praxis*）」が「制作（*poiēsis*）」と見なされることの問題点である。作ることは、素材に暴力を加えて加工することを意味する以上、それと同じ制作モデルで政治共同体の構築を考えることは、政治的暴力つまりテロルを正当化することにつながる。作ることと為すことの区別がにわかに重要となってくるのであり、制作論の射程がここに及ぶことが分かる。

それだけではない。制作論は、第六章でさらにその広大な射程を明らかにする。しかもその場合、為すことと作ることという、「活動的生（vita activa）」内部での区別が問題となるのではなく、伝統的には「観想的生（vita contemplativa）」のほうに配されてきた「見ること（*theōria*）」と、作ることとのドッキングが問題となる。なぜなら、ガリレオの望遠鏡が先鞭をつけたのは、「作って－見る」という知のスタイルだからである。

伝統的には「観想的生」と「活動的生」は区別されてきた。後者を書名に据える書物では、「観想的生」は問題外とされているかに見える。だがそれは見かけにすぎない。皮肉屋アーレントの空とぼけに、ゆめゆめ用心を怠ってはならない。第六章で、ガリレオの望遠鏡により近代が開始されたとされるとき、そこで同時にテーマとされるのは、近代における「テオーリア」の運命なのである。哲学の命運と言ってもいい。

アリストテレス以来、「直観（*nous*）」という最高の知的能力は――もしくは「学問（*epistēmē*）」を兼ね備えた「知恵（*sophia*）」――は、「観照的生（*bios theōrētikos*）」の領分に割り振られ、その現実態たる「観照（*theōria*）」、つまり真理に触れてそれと一体となる不動の直接知が、哲学の理想とされてきた。これに対して、「ポイエーシス」は、活動的生の下位に置かれた。もっと言えば、制作を導く「技術知（*technē*）」は、生産的で有用であるがゆえに職工的で卑俗な業、つまり「奴隷的技芸」だとして蔑視され、自由市民にふさわしい教養知たる「自由学芸」よりも低く見られていた。

このように、伝統的には、見ることと作ることとは、別々のものだとされてきた。それとまったく異なる新しいタイプの「知的生産」、創造的に前進する科学＝技術が、ガリレオの望遠鏡に代表される近代知である。作ることが、そこでは威力を発揮する。制作という人間の営みはここに、伝統的ヒエラルキアを打ち破る近代を主導することによって、その生産性を誇示し、みずからを蔑視してきた伝統に復讐を遂げたかのようである。

真理というものが与えられて現にあり、それを虚心坦懐に「直観」すれば、ありのままにわれわれにおのずと明らかになる、としてきた伝統的真理概念は、根底から崩れ去る。活動的生よりも観想的生のほうに優位があるどころか、じっと静かに真理を見てとることに終始するような「観照」は、まったく無意味と化す。近代とは、テオーリアを、ひいては純粋「理論」の一切を、バカにする時代なのである。哲学研究者たち自身が真っ先に、「理論ではなく実践が大事」と唱えているありさまである。そしてその場合の「実践」とは、自由な行為《プラクシス》というよりは、有用な生産活動つまり制作《ポイエーシス》なのである。

真理を科学的に探究するには、じっと不動の姿勢でただ眺めているだけではダメで、人間が創意工夫を凝らして知的手段を次々に開発し、それらを重装備して観測や実験を積極的に、いや攻撃的に繰り広げなくてはならない。科学的認識の対象は、向こう側にどっしり存在するのではなく、われわれのほうであえてけしかけ、挑発し、力ずくで引きずり出してはじめて本性を現わすものなのである。そこでは、「真理」とは、人間がそのつど新しく作り出すもののことである。とはいえ、もちろん恣意的というわけではない。

「真なるものとは、作られるものである」――これが近代の原則である。ガリレオの衝撃を同じく正面から受け止めたデカルトの同時代人ホッブズ（1588-1679）に先取りされたこの根本命題は、ヴィーコ（1668-1744）によって定式化されることになる。ただしそれは、歴史科学の基礎をなす以前に、自然科学の基礎をなす命題であった。望遠鏡の制作とその改良によって宇宙像が改変を余儀なくされるように、そのつどの技術水準に応じて、真理もまた歴史的に変遷する。「永遠の真理」などという伝統的観念は、非科学的として物笑いの種にされるのがオチである。

「真なるもの」が「真に存在するもの」と言い換えられるかぎりにおいて、この新しい真理概念のもとでは、「存在するとは、制作されてあることだ」という存在了解が優勢となる。ここに、『活動的生』第六章の存在論的含意がいっそう明らかとなってくる。「存在＝被制作性」テーゼ[6]は、若きハイデガーが着想したように古代以来の形而上学の伝統に遡るのではなく、ガリレオ以後の「作って－見る」型の近代科学によって「発明」され、近代的思考様式を規定してきた「作られるものとしての真理」概念の別名だと、そうアーレントは言っていることになる。このようにしてアーレントは、かつてハイデガーの抱懐した「存在論の歴史の解体」構想を、巧みに文脈を置き換えて、みずからの近代論のモティーフに据え直したのである。

今日、何かを「通して」見るという、メディア的つまり媒介的な知が、隆盛をきわめている。実物よりも映像を見ることほうがどんどん主流となり、何であれ、とにかく映像で見せてもらわないと信じない世代が台頭してきている。「映像（Bild）」とは、まさしく「作られたもの」である。作られたものしか、現代人は信じられなくなっている。そういう「世界像の時代」の始まりは、デカルトの一歩手前で、ガリレオが自分の作った望遠鏡のレンズを覗き込んだとき、彼の眼に映じた星々の「像」にあったのである。

しかし、「イデア」や「エイドス」という言葉でプラトンが表わした存在概念も、「姿かたち」を意味する以上、近代的な世界「像」の元型をなすのではないか。――そう言われるかもしれない。なるほど、ハイデガー的な形而上学批判の立場からすればそうなるのだろうが、この見方には重大な落とし穴がある。というのも、近代の始まりを古代へ送り返すことにより、近代の特異性がその分、希釈されてしまうからであり、近代とは古代以来の形而上学の歴史の帰結なのだ、式の「観念」レベルの話に回収されてしまうからである。つまり、近代は伝統的形而上学の行き着いた果てだとされたとたん、「作って―見る」制作知の勝利という近代の幕開けの出来事は、あっさり飛び越えられてしまうのである。

「イデア」に代表される古代の存在概念は、現象・現われと一体である。「最も光り輝くもの」が「美それ自体」だとされるように、あらわになった姿かたちそのものこそ「有る」と言えるものだとするギリシア的根本経験は、プラトンのイデア論からも窺える。なるほど、先にふれたようにアーレントは、イデア中のイデア、万有の王のごとき「善のイデア」を持ち出すことでプラトンはイデア論を変形させた疑いがある、と『活動的生』第三一節で指摘している。ただしそれはイデア論の政治哲学的変形であって、形而上学的イデア論をそれと同列に論ずることはできない、ともアーレントは言い添えている。[7]『饗宴』や『パイドロス』と、『国家』のどちらのイデア論を重んずるべきかは、にわかには決定できない問題だが、『国家』の太陽の比喩、線分の比喩、洞窟の比喩でも、イデアは、おのずと現われるもの・現象の極致という意味を担わされている。「隠れなさ・現われとしての真理」は、プラトンのイデア論でも命脈を保っているのである。

それと断然異なり、近代では、おのずと現われる真理に立ち会うといった伝統的接近法は、科学以前の素朴な立場として一蹴される。じかに捉えようとする直観的アプローチをすり抜け、拒み、みずから正体を現わすことの決してない、摑みどころのない対象相手に、数学をはじめとする知的道具を次々に投入して総攻撃を仕掛けることが、ガリレオ以後の近代科学の知的戦略である。相手を挑発し、蹂躙し、拷問にかけることではじめて真理を引きずり出して我がものとしうるというのだから、どこまでが主観的でどこからが客観的かといった線引きは、もはやできない。けしかけて現われさせることと、けしかけられて現われるものは、一蓮托生の共犯関係にある。これでは、真理をこねくり回してでっち上げるのとどこが違うのか、見分けがつかなくなる。真理は虚構の仲間となる。

ガリレオが望遠鏡という小道具を通して得た発見は、当時、捏造の疑いをかけられた。自分で作ったにすぎないものを、もっともらしく見せかけているだけではないのか、と。画像で示されるほかないものが捏造でないとどこまで言えるのか判定しにくいのは、昨今の研究不正問題に始まったことではない。自然界には存在しない新元素を巨大実験装置の中で一瞬作り出すプロジェクトなども、発明と言うほかなく、捏造とすら言いたくなる。そういった人造技術をどこまで「自然」科学と呼べるのか、わけが分からなくなる。とはいえ、まさにこれこそ、作って－見るという近代のプロジェクトの行き着いた地点にほかならない。とっくに出来上がっている周期表の空欄を埋める人工元素製造実験に、莫大な国家予算がつぎ込まれ、各国が威信をかけて競争を続けているが、その穴埋め作業など、作って－見る型探究のなれの果てではなかろうか。そこにあるのは、新しい始まりというよりは、終わり、いや、どん詰まりなのではないか。その一方で、二〇世紀に初めて作り出され、いまだに原子炉で作り出されている放射性人工元素プルトニウムは、人類が地上に存続する間、いやそれ以上、えんえんと残り続けるのである。

六　われわれの時代の根本気分

近代における科学技術の進展は、二〇世紀にかくも大躍進を遂げた。三百年かけてようやく本領を発揮する大物もいるのである。一七世紀以来の近代と、われわれの暮らす現代世界をもし分けるとすれば、その画期をなすのは、科学理論上は、古典物理学に代わって原子物理学、相対論、量子論といった新理論が次々に名乗りを上げた二〇世紀初頭であり、それが出来事となり公共の関心事となった時点は、一九四五年の原子爆弾の炸裂であった。アーレントが『活動的生』序論の最後で、そう断言していることに、私はかつて違和感をおぼえたが、次第にその通りだと思うようになった。その場合、近代と現代とは別物というより、現代世界はあくまで近代の行き着いた地点であり、その完成である。つまり、作って－見ることと相関的な「作られた世界」は、当初からそうであったように、壊れるものだということが明らかとなった。作られたものは壊れる。世界もまた壊れるのであり、そのことを実験によって確かめる可能性を、人類は手に入れたのである。

以来、世界は終わりの様相を呈している。終末論は人類とともに古いと言うこともできるが、世界の終わりを漫然と思い浮かべるのと、人類が絶滅手段を所有するに至ったのとでは、まるで話が違う。人類が自滅可能性へと差しかけられているという意味での「終わりへの存在」のことを、「自滅への共同存在」と呼ぶとすれば、それは二〇世紀半ば以来、とっくにわれわれの時代の根本規定となっている。そこから立ち昇ってくる気分は、これはもう「不安」というより、「驚愕」いや「戦慄《エントゼッツェン》」と言うべきだろう。世界内存在が何となく不安だというのではなく、地球人が作っては壊してやり散らかしているそのさまが、世界内存在そのもののエポケーとして、戦慄をもってわれわれ自身を襲う。

現代世界では、大地に棲むあり方から遊離した生き物が、地球外の一点から宇宙人として地球を眺める超越的視点を手に入れたかのようにふるまう。そして、そっとこう呟く。「人間など余計な存在でしかない。人類が滅びようが世界が終わろうが、どうでもいい。だいいち、私が死んだら何もかも終わりだ。人間の終焉を憂いてみせるのは、自分で勝手に拵えた問題を自分でこねくり回しているだけの話で、そういう議論の底が抜けていることが丸見えとなったのが現代だ。カエルのごとき生き物が、人間の尊厳などと言い出すのはお笑い草だ。なにしろ、世界はもうとっくに終わっているのだから。いや、人類が滅亡しようが地球が消滅しようが、宇宙はこれっぽっちも変わらない。つまり無だ」。

こういった荒涼たるニヒリズムにわれわれ現代人が取り憑かれる理由は、はっきりしている。人類が自滅手段を手に入れたからである。二〇世紀に二度にわたって大戦争を経験した人類は、最終殲滅兵器を開発しただけでなく、その威力をご丁寧にも実地に検証してみせた。人類が丸ごと「自滅への共同存在」となったことは、空想の話でも来世の話でもなく、それがわれわれの現実なのである。しかも、その現実そのものが仮想現実と区別できそうにないという念の入れようである。この現実感なき現実を前にして、こうなったら人間の尊厳を最後の拠りどころとするしかないと考えるのも、それがうさん臭く思えて仕方ないのも、同じ穴の狢《むじな》であり、つまり、等しく近代のどん詰まりなのである。

無の前に差しかけられたわれわれのこの状況を、かの有名な問いはとっくに先取りしていた。曰く、「なぜ無ではなくて、むしろ何かが存在するのか。というのも、何といっても、何かが有るよりも、何も無いほうが、単純で容易なのだから」。アーレントは、デカルト論のはじめにこれを引き[8]、「ライプニッツが最初に定式化した近代形而上学の根本の問い」と呼んでいる。「近代」という限定が——ハイデガーの「形而上学の根本の問い」という定式化に逆らって——入っているが、それはこの問いの矮小化ではなく、その深刻さを告げるものである。古代の形而上学者だったら、「何も無いほうが、単純で容易」だとは、口裂けて言わなかっただろう。ニヒリズムは近代に特有の症状である。

　哲学は戦慄から始まる、いや再出発する。——そう私は言い続けてきた[9]。アメリカ軍によって広島と長崎に原子爆弾を落とされて以来、数々の経験を積んできたわれわれは、世界疎外の時代の根本経験に関して、何ら不足はない。私は、東京電力福島第一原子力発電所が炉心溶融事故を起こした映像を見たときにおぼえた、あの戦慄を、決して忘れない。忘れたくても忘れられない。あのとき無気味におのれを告げていたのは、世界の終わりだった。まさしくそれが姿を現わしたのだ。そう、だからこそわれわれは、世界内存在の無に差しかけられていることの戦慄から、哲学を再開することができるのである。

註

〔1〕本章はもともと、二〇一六年六月二五日に高千穂大学で開かれた実存思想協会第三二回大会の大会講演会「ハンナ・アーレント」用の講演原稿に由来する（もう一人の講演者は、森川輝一氏であった）。実存思想協会でアーレントを特集する初めての企画であったことから、哲学者アーレントの側面をあえて強調しようとしている。

〔2〕本章でも、拙訳『活動的生』みすず書房、二〇一五年、を用いる。なお、本章では、遺著『精神の生』はひとまず考察外とし、壮年期の主著の哲学的射程にもっぱら注目する。

〔3〕トマス・クーンの師匠筋の優れた科学史家アレクサンドル・コイレ（1892-1964）とアーレントは、パリ時代以来、親交があった（『アーレント＝ヤスパース往復書簡』や『アーレント＝ブリュッヒャー往復書簡』を参照）。『閉じた世界から無限宇宙へ』の著者と近代科学の成立についてじかに交わした対話も踏まえて、アーレントは独自のガリレオ論を磨き上げた。『活動的生』第六章の原注1にも、「アレクサンドル・コイレ教授の教示による」（訳書四九一頁）とある。アーレントのガリレオ論がフッサールのそれと響き合っているのは、若き日にフッサールに親しく学んだコイレを介在させてみると、腑に落ちるところがある。現象学的な科学史研究の地下水脈の一つがここに見出される。

〔4〕講壇哲学史家がこの呼称を、主観本位の認識論的転回の意味で使ってきたのは、言葉の転用にすぎないが、近代哲学が近代科学をいかに後追いしてきたかを示すものではある。

〔5〕プラトンの「善のイデア」論のアーレントの批判については、本書第八章を参照。

〔6〕ハイデガーにおける「存在＝被制作性」テーゼについては、本書第七章を参照。

〔7〕『国家』の洞窟の比喩は、たしかにプラトンの政治哲学の中心であるが、一般に想定されているようなイデア論の核心では決してない。『国家』で述べられるようなイデア論は、むしろ、もともとは哲学的に考案されたイデアの概念が、政治にも適用できるように変換されたものにすぎない」（『活動的生』第五章原注68、訳書四八七頁）。――プラトンの「洞窟の比喩」解釈も、ハイデガーとアーレントの対決の現場の一つと見てよい。

〔8〕『活動的生』第三八節第一段落、訳書三五九頁。このライプニッツの問いは、『人間の条件』の同箇所には出てこない。

〔9〕たとえば、拙文「戦慄しつつ思考すること――ハイデッガーと「絶滅収容所」」（『創文』第四五二号、二〇

〇三年四月、創文社、所収)、拙稿「ハイデガーと政治哲学の問題――ホッブズ自然状態論の実存論的解釈」(『実存思想論集第XXI』二〇〇六年、所収)、さらに「哲学の始まりとしての戦慄」論の集成として、拙著『現代の危機と哲学』放送大学教育振興会、二〇一八年、を参照。

あとがき

本書の第Ⅱ部は「ハイデガーからアーレントへ」と題され、それを締めくくる第十二章の副題も同じである。また、本書全体の副題は「ハイデガーとアーレント」であり、こちらを副題としている章も第二部には複数ある。両哲学者を組み合わせて扱うこの大枠に関して、序で行なった本書の趣旨説明をここで補足しておきたい。

私は、本書の第七、八章として収録した原稿を書いていた一九九〇年代の終わり頃、ハイデガーの『存在と時間』の現象学的存在論が、アーレントの『人間の条件』に批判的に継承されていることに気づき、そこから「ハイデガーからアーレントへ」という研究課題の着想を得た。それが発展して「世界への愛」というアーレント譲りの問題設定となり、以後このテーマに取り組んできた。それと関連して、『死と誕生』、『死を超えるもの』、『世代問題の再燃』、その他の本を出した。とりわけ『現代の危機と哲学』（放送大学教育振興会、二〇一八年）には、「世界への愛」構想の序論という意味合いをもたせたが、本論を展開できたとまでは言えない。私はその年来の構想を近く具体化したいと願っており、そのためにこれまでの一連の準備的考察を再確認すべくまとめたのが、本書の第Ⅱ部である。

他方、本書の中心をなす問い「いのちのどこが大切なのか」にも、「ハイデガーとアーレント」の一対は深く関わっている。序でも述べたが、『存在と時間』における「死への存在」と、『人間の条件』における「最高善としての生命」という二通り問題提起に、私は思考を鼓舞されてきた。本書の端々《はしばし》にそれが表われている。そればかりではない。ハイデガーとアーレントから私が学んできた基本姿勢が、本書全体ににじみ出ている。――古代ギリシアを参照軸とする姿勢がそれである。

だが、まさにこの点に関して異議を唱える人があるだろう。つまり、古代ギリシアをなぜそこまで特別視するのか、と疑問がぶつけられるにちがいない。古典古代を模範として仰ぐのは、ハイデガーやアーレントにおいても払拭されていないヨーロッパ中心主義にほかならず、そんな旧態依然たる態度は、ギリシア起源の西洋哲学への偏向から脱して「世界哲学」に向かおうとしている二一世紀の思想動向からして、決定的に立ち遅れている、と論評されかねない。この疑義に先んじて応答せざるをえないゆえんである。

本書が批判の俎上に載せている生命尊重主義は、近代に初めて成立し現代世界に通用しているイデオロギーである。とはいえ、ひとくちに近代と言っても一筋縄では行かず、さまざまな考えが競合してきた。民族主義《ナショナリズム》のように、いのちを蔑ろにする近代思想もあり、その流れは今日なお強大な勢力を誇っている。近代の内部でのそうした競合ひいては相互依存の関係を掘り下げる必要があろう。それとともに、西欧に偏した近代化によって排除されてきた「他なる思考」を、非西欧圏の地域および近代以前の時代に見出す作業も重要だろう。生命観の多様性と相違点を、古今東西の英知から収集することは、比較思想の課題として有望だし、実際そのような試みは行われてきている。

しかしながら、古代ギリシアに、近代とはおよそ異質な、むしろ正反対と言ってよいほどの生命観があったことは、たんなる比較考察にとどまらない重要性をもつ。なぜか。

それは、近代ヨーロッパが、一方ではみずからのルーツを古代ギリシアに見出し、他方ではその「古典古代」をとうに乗り越えたと自称してきたからである。ここには、二重の詐称がある。第一に、古代ギリシアは近代ヨーロッパからして恐ろしく異質であり、前者を後者の元祖と見なすことはできそうにない。近代の生命尊重主義（ヒューマニタリアニズム）と古代の人間肯定主義（ヒューマニズム）とは真逆に近いことを、本書では見てきた。第二に、それゆえ近代は古代を超克したとは言いがたく、かえって古代は、隔絶した挑戦者として近代に立ちはだかる存在なのである。本書第二章で示した通り、ブルクハルトの紹介する古代ギリシア人の厭世主義的死生観を覗き見るだけで、心優しき現代人の正視に耐えない生命軽視がそこではまかり通っていたことを認めざるをえないほどである。

近代人にとって、それゆえわれわれ二一世紀の現代人にとっても、古代ギリシア人は極めつけのよそ者として立ち現われてくる。しかしだからといって「絶対的他者」などと誇張的に形容するのは的外れである。古代ギリシアが、古代ローマおよび中世ヨーロッパと並んで近代ヨーロッパの礎石を形づくってきたことは、何といっても否定できないからであり、つまり近代は古代とまったく無縁とは言えないからである。

古代ギリシア人は、近代人にとって、元祖に見立てたくなるほど近しい存在でありつつ、途方もない他者である。そして、だからこそ古代人は、近代の流れのうちにある現代のわれわれに自己省察を促す参照軸となりうるのである。たんなる比較対照でも外在的批判でもなく、われわれが近代精神のラディカルな自己批判を企てるうえでの恰好の題材こそ、古代ギリシアという「異境」にほかならない。

だとすれば、古代ギリシアは、数ある文明形態の一つにとどまるものではない。近代精神の系譜学においてまずもって参照されるべき大いなる非近代なのである。

今日、欧米本位の哲学観の一面性を打破し、アジア、アフリカ、少数民族の思考をも射程に収める「世界哲学」の展開に期待する声が高まっている。その遠大な試みとともに求められていると思われるのが、「古代ギリシア以来の西洋哲学の伝統」といった連続的発展史観に風穴を開け、古今の異質性と断絶性を迎え入れる宏大さである。古代ギリシア人がわれわれにとって破格の他者として異形の相貌で立ち現われるとき、われわれ現代人の自己理解そのものが動揺を来たし、根本から自己批判を迫られるのである。

西洋中心主義の超克と称して非西洋の思考を取り込んだ「世界哲学」が唱えられるとき、そこに暗々裡に西洋哲学の基準が持ち込まれ、その尺度に基づく意味づけと正当化が幅をきかせる、といったようなことがあってはならない。それは、西洋哲学の支配の貫徹以外の何物でもないからである。——それはあたかも、人間中心主義の克服と称して人命尊重主義を生き物や地球環境全般に押し広げることが、人間中心主義の続行でしかないのと同じである。さらに、男性中心主義を乗り越えると称して万人を賃金奴隷として徴用し「労働する動物」に飼い慣らすことが、男性中心主義の変態でしかないのと同様である。

本書を出版するにあたって、前著『アーレントと赦しの可能性』と同じく、春風社編集部の横山奈央さんに大変お世話になった。ロゴスデザインの長尾優さんには、今回も素晴らしい装幀で、本書をコンセプトアルバムの装いにしていただいた。二書が生まれる現場に立ち会ってくださったお二人に感謝申し上げたい。これまでと同様、ワープロ専用機時代の私の古い原稿を入力し直してくれた妻、薫にもありがとうと言いたい。

やはり前著と同じく、本書は東北大学情報科学研究科の教育研究充実経費による支援を受けて刊行される。記して感謝したい。二〇一四年に仙台に移り住んでから一〇冊目となる著書の出版に漕ぎ着けられたことを、幸せに思う。

二〇二五年二月

森　一郎

初出一覧

第一章：「**哲学にとって死はどこまで問題か**」、『東京女子大学紀要　論集』（以下『論集』と略記）第四九巻一号、一九九八年九月二四日、所収、一－三七頁。

第二章：「**いのちのどこが大切なのか――古代ギリシア人の死生観への一瞥**」、『論集』第五〇巻二号、二〇〇〇年三月一〇日、所収、二九－六五頁。

第三章：「**自然的平等について――近代道徳の系譜学のための一覚書**」、『論集』第六三巻二号、二〇一三年三月一五日、所収、一－二三頁。

第四章：「**哲学的人間学の自然主義的起源をめぐって――ホッブズの人間理解**」、『東北哲学会年報』第三〇号、二〇一四年三月三一日、所収、六一－八二頁。

第五章：「**コロナ禍はどこまで危機なのか――反時代的試論**」、佐伯啓思監修『ひらく④』エイアンドエフ、二〇二〇年一一月三〇日、所収、一三〇－一四〇頁。

第六章：「**コロナ禍において見えてきたこと――革命論序説**」、佐伯啓思監修『ひらく⑥』エイアンドエフ、二〇二一年一二月二一日、所収、一六四－一七五頁。

第七章：本書初出

第八章：「**制作と哲学、制作と政治――「ハイデガーとアーレント」のために**」、『現象学年報15』一九九九年一〇月三一日、所収、一二七－一四二頁。

第九章：「8　**死と良心――『存在と時間』Ⅳ**」、秋富克哉・安部浩・古荘真敬・森一郎編『ハイデガー読本』法政大学出

版局、二〇一四年一一月二八日、所収、七九−八八頁。
第十章：「20 **アーレント――良心をめぐって**」、秋富克哉・安部浩・古荘真敬・森一郎編『続・ハイデガー読本』法政大学出版局、二〇一六年五月六日、所収、一八七−一九四頁。
第十一章：「**どこまでわれわれは哲学をすすめられるか？**」、『ギリシャ哲学セミナー論集XIV』二〇一七年三月三一日、所収、七五−八七頁。
第十二章：「**ハイデガーからアーレントへ――世界と真理をめぐって**」、『実存思想論集XXXII』理想社、二〇一七年六月二四日、所収、五−二八頁。
＊発表媒体のみ記した。講演、シンポジウム等を機縁として成立したものに関しては、各章の最初の注にその事情を記載したので、そちらも参照。

マ行

ヤ行

ラ行

ワ行

サ行

タ行

ナ行

ハ行

人名索引

＊「アーレント」,「ハイデガー」は拾わなかった。

ア行

カ行

【著者】森一郎（もり・いちろう）

一九六二年埼玉県生まれ。東京大学文学部卒業。同大学大学院人文科学研究科博士課程中退。東京女子大学文理学部教授等を経て、現在、東北大学大学院情報科学研究科教授。博士（文学）。専攻は哲学。著書に、『死と誕生――ハイデガー・九鬼周造・アーレント』、『死を超えるもの――3・11以後の哲学の可能性』（以上、東京大学出版会）、『世代問題の再燃――ハイデガー、アーレントとともに哲学する』（明石書店）、『現代の危機と哲学』（放送大学教育振興会）、『ハイデガーと哲学の可能性――世界・時間・政治』（法政大学出版局）、『核時代のテクノロジー論――ハイデガー『技術とは何だろうか』を読み直す』（現代書館）、『ポリスへの愛――アーレントと政治哲学の可能性』（風行社）、『アーレントと革命の哲学――『革命論』を読む』（みすず書房）、『快読 ニーチェ『ツァラトゥストラはこう言った』』（講談社選書メチエ）、『アーレントと赦しの可能性――反時代的試論』（春風社）、『ニーチェ――哲学的生を生きる』（青土社）ほか。訳書に、アーレント『活動的生』、『革命論』（以上、みすず書房）、ニーチェ『愉しい学問』、『ツァラトゥストラはこう言った』、ハイデガー『技術とは何だろうか』（以上、講談社学術文庫）ほか。

いのちのどこが大切なのか　ハイデガーとアーレント

二〇二五年四月三日　初版発行

著者　森一郎《もり いちろう》

発行者　三浦衛

発行所　春風社　Shumpusha Publishing Co.,Ltd.

横浜市西区紅葉ヶ丘五三　横浜市教育会館三階

〈電話〉〇四五・二六一・三一六八　〈FAX〉〇四五・二六一・三一六九

〈振替〉〇〇二〇〇・一・三七五二四

http://www.shumpu.com　✉ info@shumpu.com

装丁　長尾優

印刷・製本　シナノ書籍印刷株式会社

乱丁・落丁本は送料小社負担でお取り替えいたします。

ISBN 978-4-86110-975-1 C0010 ¥4000E

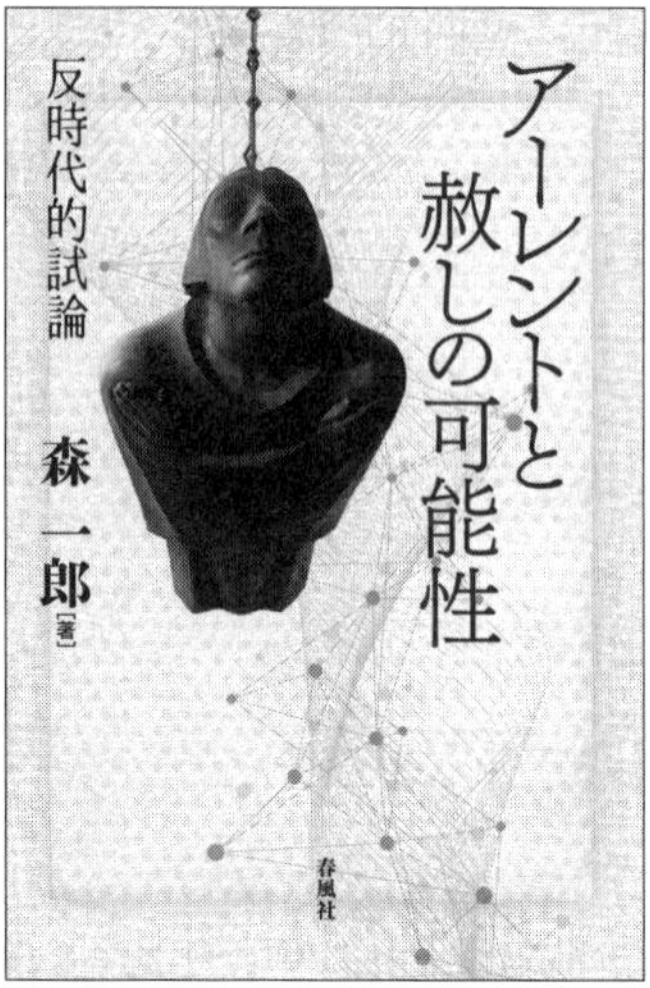
アーレントと赦しの可能性
反時代的試論
森 一郎［著］
春風社

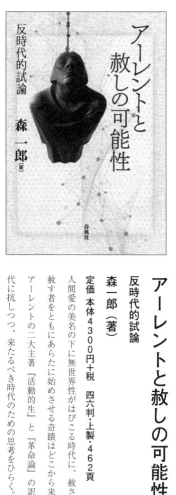